本书为中共山东省委党校（山东行政学院）创新工程科研支撑项目成果

中国农村基层政权组织建设研究

胡梦珠 著

RESEARCH ON THE CONSTRUCTION OF
RURAL GRASSROOTS REGIME
ORGANIZATIONS IN CHINA

中国社会科学出版社

图书在版编目（CIP）数据

中国农村基层政权组织建设研究 / 胡梦珠著 . —北京：中国社会科学出版社，2022.9

ISBN 978-7-5227-0751-8

Ⅰ.①中…　Ⅱ.①胡…　Ⅲ.①农村—基层组织—组织建设—研究—中国　Ⅳ.①D638

中国版本图书馆 CIP 数据核字（2022）第 142626 号

出 版 人	赵剑英
责任编辑	黄　晗
责任校对	王佳玉
责任印制	王　超

出　　版	中国社会科学出版社
社　　址	北京鼓楼西大街甲 158 号
邮　　编	100720
网　　址	http://www.csspw.cn
发 行 部	010-84083685
门 市 部	010-84029450
经　　销	新华书店及其他书店
印　　刷	北京明恒达印务有限公司
装　　订	廊坊市广阳区广增装订厂
版　　次	2022 年 9 月第 1 版
印　　次	2022 年 9 月第 1 次印刷
开　　本	710×1000　1/16
印　　张	13.5
插　　页	2
字　　数	208 千字
定　　价	78.00 元

凡购买中国社会科学出版社图书，如有质量问题请与本社营销中心联系调换
电话：010-84083683
版权所有　侵权必究

目 录

第一章　绪论 …………………………………………………………（1）
　　第一节　研究背景与意义 …………………………………………（1）
　　第二节　概念界定 …………………………………………………（4）
　　第三节　文献综述 …………………………………………………（9）
　　第四节　研究思路与内容 …………………………………………（27）
　　第五节　研究方法与资料来源 ……………………………………（29）

第二章　农村基层政权组织建设分析框架的建构 …………………（41）
　　第一节　研究视角：政府与社会 …………………………………（41）
　　第二节　理论基础 …………………………………………………（46）
　　第三节　分析框架：多阶段组织建设过程模型 …………………（62）

第三章　中国农村基层政权组织建设的历史演变 …………………（67）
　　第一节　1901—1949 年：近代农村基层政权组织建设时期 ……（67）
　　第二节　1949—1958 年：乡级政权组织建设时期 ………………（70）
　　第三节　1958—1984 年：人民公社组织建设时期 ………………（71）
　　第四节　1984—2015 年：乡镇政权组织建设时期 ………………（73）

第四章　精准扶贫战略下农村基层政权组织的建设目标
　　　　　定位调整 ………………………………………………………（77）
　　第一节　精准扶贫战略实施初期农村基层政权组织的
　　　　　　功能障碍 ……………………………………………………（77）

第二节　精准扶贫战略下农村基层政权组织的建设目标
　　　　调整 ………………………………………………………（85）

第五章　第一书记派驻与农村基层政权组织建设 ……………（94）
第一节　第一书记的派驻 ………………………………………（94）
第二节　第一书记对村党组织的改造 …………………………（98）
第三节　第一书记对村委会的改造 ……………………………（110）
第四节　第一书记对村集体经济组织的改造 …………………（126）
第五节　第一书记派驻下农村基层政权组织的建设结果 ……（143）

第六章　第一书记派驻下农村基层政权组织建设的效果测度 ……（149）
第一节　概念模型与研究假设 …………………………………（149）
第二节　问卷设计与量表检验 …………………………………（153）
第三节　数据来源与同源偏差检验 ……………………………（161）
第四节　信度和效度检验 ………………………………………（163）
第五节　描述性统计分析与假设检验 …………………………（168）
第六节　实证研究结果及讨论 …………………………………（174）

第七章　乡村振兴战略下中国农村基层政权组织建设的优化
　　　　建议 ………………………………………………………（182）
第一节　农村基层政权组织建设的顶层设计 …………………（182）
第二节　农村基层政权组织建设的政策优化 …………………（186）
第三节　农村基层政权组织建设的路径优化 …………………（192）

第八章　结论与展望 ……………………………………………（197）
第一节　主要结论 ………………………………………………（197）
第二节　研究展望 ………………………………………………（200）

参考文献 …………………………………………………………（201）

第一章

绪 论

第一节 研究背景与意义

一 研究背景

（一）农村基层治理现代化是国家治理现代化实现的关键

党的十八届三中全会首次将国家治理现代化设定为全面深化改革的总目标。国家治理现代化由治理体系现代化与治理能力现代化两部分构成，本质上指的是国家通过不断提升政府机构和制度设置的合理化程度，逐步提高国家治理能力的动态过程。国家治理现代化的实现不仅需要从中央层面加强顶层设计、优化国家治理体系，同时还需要不断加强基层治理体系和治理能力建设，巩固国家治理成果。国家治理现代化的关键在基层，基层治理体系和治理能力的提升不仅关系到不同阶段国家治理目标能否实现，同时也是稳定基层社会、维护国家长治久安的关键所在。在基层治理中又以农村基层治理为重。中国以农立国，根据国家统计局的统计数据，截至2019年年底中国仍有约5.5亿人口生活在广大的农村地区。农村基层社会的复杂性、宗族关系的紧密性、管辖区域的广阔性，使农村基层治理难度陡增。党的十九大以来，中央不断将国家治理重心下移、加大对农村基层的治理力度。可以认为，农村基层治理现代化进程牵动着国家治理现代化的步伐。农村基层治理现代化是中国国家治理现代化实现的关键。

（二）农村基层政权组织建设是实现农村基层治理现代化的基础

农村基层治理现代化并不能通过政治与行政权力的运行和社会自治

自发实现。古德赛尔认为治理所涉及的对国家法律和政策的贯彻与执行，实际上是通过由现代官僚所组成的政权组织实现的。我们并不能以整体性的思维来理解此处的政权组织。在现实中，政权组织并不是铁板一块不可分割的，而是有着明确的层级划分。农村基层政权组织深入农村社会，代表着政府同社会成员进行日常互动，并在此过程中主导着农村基层治理的过程。农村基层政权组织是农村基层治理的核心主体，是实现农村基层治理现代化的组织保障。农村基层治理现代化的实现，需要依托农村基层政权组织将制度优势转变为治理效能。因此，在实际的农村基层治理实践过程中，应当根据国家不同阶段的农村战略规划和农村社会实际问题，对农村基层政权组织进行动态调整以不断提升其治理效能。农村基层政权组织的动态建设过程同样需要治理，学术界亟须对此进行深入研究，以更好地服务于农村基层治理现代化的需要。

二 问题提出

农村基层政权组织是农村基层治理的核心组织，在农村基层发挥着贯彻与执行国家意志、回应公共需求并稳定社会秩序、塑造现代公民观念、引领经济发展的政权功能。农村基层政权组织的建设过程和质量将严重影响农村社会的稳定和基层治理成效。农村基层政权组织建设是一个动态的过程，该过程也会面临一定的建设困境，因此这一动态的建设过程本身也需要治理。那么，农村基层政权组织的建设过程包含哪些环节？各环节之间过渡转换的动力机制为何？影响农村基层政权组织建设效果的关键因素为何？如何进一步从整体上提升农村基层政权组织建设质量？本研究带着以上这些问题，系统梳理中国农村基层政权组织建设历程，并着重对精准扶贫战略实施阶段中国农村基层政权组织建设过程展开研究。

基于既有研究成果和中国农村基层政权组织建设经验，本研究拟解决以下五个科学问题：一是依据理论分析与现实观照细分中国农村基层政权组织建设阶段，并基于此构建中国农村基层政权组织建设研究的理论分析框架，回答基于何种理论框架分析农村基层政权组织多阶段建设过程的问题；二是从历时和共时角度分析精准扶贫战略下农村基层政权组织调整的触发机制，回答是何种因素推动农村基层政权组织进入新一轮调整期的问题；三是深入分析精准扶贫战略下农村基层政权组织建设的实践进路，回答农村基层政权组织具体建设路径为何的问题；四是对精准扶贫战略下农村基层政权组织建设效果进行测度，回答该时期农村基层政权组织建设效果如何的问题；五是基于精准扶贫战略下农村基层政权组织建设效果及问题，从"顶层设计—政策优化—路径优化"三大维度提出优化中国农村基层政权组织建设的政策建议，回答如何提升中国农村基层政权组织建设质量的问题。

三 研究意义

（一）理论意义

第一，本研究基于政府与社会关系研究视角，以国家政权建设理论、治理理论和政策执行系统理论为支撑，构建了用以分析中国农村基层政权组织建设的"多阶段组织建设过程模型"。遵循"目标定位—建设路径—建设效果—优化路径"的逻辑进路，本研究提出从政府与社会关系研究视角分析农村基层政权组织建设目标定位，从系统性组织建设角度探究农村基层政权组织建设实践进路，从"政府行为—农民反馈"出发测度农村基层政权组织建设效果，从问题诊断反馈角度为下一阶段农村基层政权组织建设提供优化建议这一理论分析框架，为中国农村基层政权组织建设研究提供了一个较为新颖的研究视角和系统的理论分析框架。

第二，本研究能够深化聚焦农村基层政权组织建设议题的理论研究。作为农村基层治理的核心主体，农村基层政权组织的相关研究议题广受学术界关注。但是，学者们在对农村基层政权组织的治理能力及治理效果的关注度不断增强的同时，对其组织建设过程的关注略显不足，理论研究较为薄弱。本研究聚焦农村基层政权组织建设过程，深化农村基层政权组织建设的理论研究。

（二）现实意义

第一，本研究为实践界优化中国农村基层组织建设过程提供理论指引。农村基层政权组织建设成效将会直接影响农村基层治理成效，农村基层政权组织的动态建设过程同样需要治理。科学的农村基层政权组织建设理论可以有效指导组织建设实践，做到及时规避组织建设可能出现的问题并及时对组织调整进行提示。

第二，本研究为国家调整下一阶段农村基层政权组织建设方案提供一定的参考依据。本研究着重对精准扶贫战略下农村基层政权组织建设的实践进路进行了深入的分析研究，对该时期农村基层政权组织建设效果进行了测度，在此基础之上对影响农村基层政权组织建设效果提升的关键因素进行分析讨论，并提出了下一阶段农村基层政权组织建设的优化路径，为国家调整农村基层政权组织建设方案提供一定的参考依据。

第二节　概念界定

一　政权组织

政权组织是由"政权"和"组织"所构成的一个复合概念。政权一词较早出现在《汉书·杜周传》中，"或夷狄侵中国，或政权在臣下，或妇乘夫，或臣子背君父，事虽不同，其类一也。"此处的"政权"主要指代中央集权国家的君权，即君主所掌握的政治统治权力。现代意义上的政权概念，源自西方学者对西欧民族国家政权建设过程的经验研究。蒂利将政权界定为中央政府用以控制地方的政治权力[①]；吉登斯则将政权聚焦到行政权力之上，他在《民族、国家与暴力》一书中将国家通过行政权力实现对社区的全面监控，作为现代民族国家形成的基础[②]。基于此，可以认为政权是国家政治权力与行政权力的统称，后续研究者们也大多沿用了此种概念界定。

从权力的角度来讲，政权组织就是承载并运行政治与行政权力的公共组织的统称，不少学者将其等同于广义的政府。从政府的实际运转过程上看，政治与行政权力是无法进行明确的二元界分的。在公共行政学

[①] Charles Tilly ed, *The Formation of National States in Western Europe*, Princeton: New Jersey Princeton University Press, 1975, Foreword.

[②] ［英］安东尼·吉登斯:《民族、国家与暴力》，胡宗泽等译，生活·读书·新知三联书店1998年版，第16—20页。

创立之初，威尔逊提出的政治行政二分法①就曾遭到过批判。古德诺（F. Goodnow）对政治与行政二分做出了修正，他认为政治与行政是政府行为的一体两面，"政治"是政府对国家意志的表达，"行政"是政府对国家意志的执行。②国家通过政权组织的有效运行来实现政治统治和行政管理的政权功能。可以认为，有效发挥政权功能是政权组织区别于其他公共组织的关键特征。国家通过政权组织的有效运行发挥政权功能，最终目的是提高公民的政权认同、巩固国家对政治和行政权垄断的合法性基础。

相较于西方国家而言，党组织在中国政权组织中处于核心领导位置。③针对中国政权组织的研究不能忽视党组织这一核心政权组织要素。基于以上分析讨论，本研究认为政权组织是指：通过运行国家政治与行政权力，发挥政治统治和行政管理功能的党组织与其他公共组织的统称。

二 农村基层政权组织

农村基层政权组织，从字面意义上来理解即指处于农村地区基层的政权组织，这其中涉及"农村""基层"和"政权组织"三个关键概念。农村与城市、城镇相对，指主要从事农业生产的劳动者的聚居地。基层，在中国有两种不同的含义：一是行政级别意义上的基层，县级以下的乡镇党委政府、街道办事处、城市社区和行政村的自治组织等都属于基层组织；二是组织层级意义上的基层，这是一种相对的概念，即处于组织体系最低层级的即为基层④。前者的划分相对宏观，其划分的基层内部仍有进一步细分的空间。因此，本研究选取第二种划分方法，从相对的意义上理解基层，即处于组织体系最低层级的即为基层。综合以上概念阐释和前文对政权组织的概念界定，农村基层政权组织是指处于农村组织

---

① [美]伍德罗·威尔逊：《行政学研究》，彭和平、竹立家等编译：《国外公共行政理论精选》，中共中央党校出版社1997年版，第2—14页。

② [美] F. J. 古德诺：《政治与行政》，王元译，华夏出版社1987年版，第12页。

③ 马洪伟：《国家安全场域中边疆民族地区基层政权建设探析》，《云南社会科学》2011年第2期。

④ 董伟玮：《国家治理现代化的基层行政基础》，《理论探讨》2020年第2期。

体系最低层级的,通过运行国家政治与行政权力,发挥政治统治和行政管理功能的党组织与其他公共组织的统称。

在以上的概念界定中"政治统治和行政管理"是从国家层面上对政权组织功能进行的概述。实际上,处于不同层级的政权组织,其所承担的政权功能也不尽相同。对于农村基层政权组织而言,由于其处于国家与社会相连接的特殊位置上,因而该组织所承担的政权功能也相对特殊。农村基层政权组织是国家政治与行政权力同社会进行互动的关键组织,除具有贯彻并执行国家意志的政权功能外,还承担着回应公共需求并稳定社会秩序、塑造现代公民观念、引领经济发展等政权功能。农村基层政权组织存在的意义便是在有效运行国家政治与行政权力的基础上,通过以上政权功能的有效发挥,实现对农村基层的有效治理、提升农民的政权认同,维护社会安定有序。

综合以上分析,农村基层政权组织是指处于政权组织体系最低层,通过国家政治与行政权力的有效运行,实现贯彻与执行国家意志、回应公共需求并稳定社会秩序、塑造现代公民观念、引领经济发展等政权功能的公共组织。农村基层政权组织并非特指某一层级的政权组织,而是随着国家农村基层政权组织调整不断变化的。本研究认为,国家在启动新一轮农村基层政权组织建设工作以前(2015年以前),乡镇政权组织是农村基层政权组织;而在精准扶贫战略下,国家根据贫困治理与农村发展需要调整了贫困地区农村基层政权组织建设层级,国家逐步将村级组织①建设成为农村基层政权组织,使其有效承担并发挥农村基层政权功能。

---

① 村级组织主要包括:村党组织、村民委员会、村集体经济组织、村妇代会、村团支部、村民兵连和活跃在村的社会组织,等等。村党组织、村委会和村集体经济组织是村级组织的核心组成部分,本研究主要以此三类组织为研究对象。其中,村委会组织属性较为特殊,《中华人民共和国村民委员会组织法》规定村委会为群众性自治组织但同时负有协助乡镇政府执行工作任务的职责,因此其同时具备村庄"当家人"和国家在村级层面的"代理人"的双重组织属性。本研究认为,在其国家"代理人"层面上,村委会应当具备农村基层政权组织的特征。精准扶贫战略下村委会层面的农村基层政权组织建设,也正是在其国家"代理人"层面上讨论的。

三 农村基层政权组织建设

农村基层政权组织建设是公共管理学、政治学、社会学等学科都较为关注的一个研究议题，但各学科对该议题关注的侧重点略有不同。公共管理学研究者侧重于对基层政权组织体系建构、体制机制完善、人事制度调整等方面的研究；政治学研究者多将农村基层政权组织视为一个政治分析单位，重点研究其政治角色以及由此所带来的后果，诸如对其授权来源的讨论、对其政治杠杆机能的研究等；而社会学研究者多侧重分析农村社会运行秩序对农村基层政权组织的影响作用，从多种关系的互动中讨论农村基层组织内部诸要素的运行逻辑。本研究在公共管理学学科范畴内讨论农村基层政权组织建设问题。

就目前来看，现有文献中尚无对农村基层政权组织建设概念的清晰、明确界定，研究者各有侧重分别从不同角度阐释农村基层政权组织建设。其中代表性观点主要有：农村基层政权组织建设的核心即是农村基层组织的建构和完善，主张在国家全力推进现代化的当下应当将国家行政组织建设至村一级。① 强镇扩权、提升基层干部待遇，能够有效提升基层政权组织贯彻执行国家政策、稳定社会秩序及促进乡镇经济发展的能力。② 党组织和政府组织在农村基层的建立并有效发挥社会管理职能，是农村基层政权组织建设所面临的关键问题。③ 农村基层政权组织建设包括：理顺乡镇党委政府权责配置、加强乡镇制度建设、强化乡镇稳定与发展职能建设以及提高干部素质等方面。④ 综合来看，国家通过对农村基层政权组织体系的建构、调整与完善，不断促进基层政权功能的有效发挥是农村基层政权组织建设的关键。

本研究在继承前人研究成果的基础上，将农村基层政权组织建设视

---

① 蒋达勇：《建国以来农村基层政权的建构与发展——对农村基层政权改革进路的一点思考》，《江汉论坛》2005年第6期。
② 胡新丽、吴开松：《民族地区基层政权建设的现状及改善对策——基于武陵山区的调研》，《江西社会科学》2014年第4期。
③ 李春峰：《新中国成立初期农村基层政权建设研究》，《广西社会科学》2011年第1期。
④ 朱达金、刘怡伟：《新形势下农村基层政权建设方略》，《农村经济》2013年第8期。

为由"建设目标调整期—组织建设实施期—建设效果测度期—组织建设优化期"多个建设阶段构成的动态建设过程。

四 第一书记

精准扶贫战略实施初期，村级组织治理能力不足所引起的精准扶贫政策入村"走样"，严重影响了扶贫政策效果的发挥与国家的脱贫进度。2015年4月，中共中央组织部、中央农村工作领导小组办公室、国务院扶贫开发领导小组办公室联合下发了《关于做好选派机关优秀干部到村任第一书记工作的通知》（以下简称《通知》），向建档立卡贫困村、党组织"软弱涣散"村和革命老区、边疆地区、民族地区和灾后恢复地区选派第一书记，其重点工作任务为：通过领导村级扶贫工作推动精准扶贫；通过建强基层组织、为民办事服务和提升治理水平来加强村级组织建设。

第一书记是国家通过加强农村基层政权组织建设来有效促进精准扶贫工作的开展，从各级机关、国有企业和事业单位中选拔并派驻到行政村担任党组织负责人的优秀党员干部。《通知》中规定，第一书记承担着强健基层组织、推动精准扶贫、为民办事服务和提升村级治理水平的主要职责。

"第一书记"这一称谓最早可追溯至解放战争时期。1948年，中共中央及中央军委决定将晋冀鲁豫与晋察冀两个解放区及其领导机构合并，成立华北局、华北联合行政委员会和华北军区，由刘少奇兼任华北局第一书记，薄一波任第二书记。新中国成立后，中央逐渐在各地方局、省（市、区）设第一书记职位。自20世纪50年代起，省（市、区）委、县委也逐渐开始设置第一书记职位。第一书记总揽辖区范围内的一切党政事务，下设第二书记、第三书记作为辅助，除此之外按照工作分工的需要，另设工业书记、农业书记、文教书记等职位。

虽然第一书记这一职位曾经实际存在过并为地区发展做出了突出贡献，但该职位却并未在党章中作出过明确规定，仅有少量党的文件笼统地提及过第一书记这一称谓。1980年党的十一届五中全会通过的《关于党内政治生活的若干准则》中规定："书记或'第一书记'要善于集中大家的意见，不允许搞'一言堂'、家长制。"从上述表述中可以看出，第一书记对辖区内的党政事务具有总的领导权。党的十二大对党章中党的领导原则等相关内容进行了完善与修订，1982—1985年，各地方党委逐渐改换了第一书记的称谓。党的十三大后，纪委第一书记的称呼也被取消，第一书记职位逐渐淡出党史舞台。尽管如此，第一书记职位背后所蕴含的地区党政总负责人的职位责任却被精准扶贫战略实施阶段出现的第一书记所继承，国家希望现阶段的第一书记能够像曾经的"第一书记"那样在其任职区域内承担党政总负责人的角色并发挥关键性的组织建设作用。

第三节　文献综述

一　国家政权建设下的农村基层政权组织建设研究

农村基层政权组织是国家政权组织体系的一部分。因此，农村基层政权组织建设包含在国家政权建设的内容之中。学术界最早是以民族国家为研究单位进行国家政权建设研究的，对农村基层政权组织建设的研究包含在了国家政权建设研究之中。

以查尔斯·蒂利为代表的研究者最早对西欧民族国家的形成过程进行了系统的研究，在总结西欧民族国家建设经验的基础上提出了国家政权建设理论。查尔斯·蒂利在对第二次世界大战后西欧民族国家的形成过程进行研究时，发现战争提升了国家向社会汲取资源的需求，推动了民族国家的建设进程。查尔斯·蒂利将国家政权建设概括为，国家权力通过向社会渗透实现对分散的社会权力整合的过程，其目的是扩大君主对地方的控制权。[1] 吉登斯进一步将国家政权建设的目的具体化为通过国家行政权实现对社会的有效监管。[2] 国家权力是国家政权建设的核心要素，迈克尔·曼更加偏向于对国家权力的类型学研究，他将国家权力划

---

[1] Charles Tilly ed, *The Formation of National States in Western Europe*, Princeton: New Jersey Princeton University Press, 1975, Foreword.

[2] ［英］安东尼·吉登斯：《民族、国家与暴力》，胡宗泽等译，生活·读书·新知三联书店1998年版，第50—59页。

分为专断性权力与基础性权力两类,现代国家建构中不断向基层社会渗透的正是国家基础性权力。①

国家政权建设理论是对西欧国家现代化过程的经验性总结,揭示了西欧民族国家形成过程中国家权力由地方分散向中央聚合的过程。国家政权建设理论是指导农村基层政权组织建设研究的基础性理论。马克思、恩格斯利用国家政权建设理论对俄国等国家的政权建设问题进行了研究,并在此基础上进一步阐述了国家政权起源、职能以及组织形式等问题。列宁在此基础上又进一步分析了苏维埃政权建设问题,充实了国家政权建设理论。

西方早期的国家政权建设理论多是用较为宏观的话语来对国家建设过程进行整体性概括,并未出现专门针对基层政权组织的相关研究。但是,国家政权建设理论的提出与成熟,为研究基层政权组织建设问题提供了理论基础。19世纪末20世纪初,不少外国学者开始运用国家政权建设理论对中国农村基层政权组织建设问题展开研究,产生了丰富的学术成果。

孔飞力是较早利用国家政权建设理论对中国农村基层政权组织建设问题开展研究的汉学家,他通过对晚清地方官僚制建设的研究发现:国家通过地方精英加强基层政权组织建设,产生了地方势力膨胀的消极后果。② 此后,杜赞奇对新中国成立前中国华北农村地区的农村基层政权组织建设进程进行研究,认为该阶段国家通过与地方精英结盟的方式,利用庙会组织、商会组织等进行农村基层政权组织建设但却产生了"国家政权内卷化"的问题,该阶段国家对农村基层政权组织的建设并不成功。③ 新中国成立后,西方学者对中国农村基层政权组织建设的关注点开始转向基层政权体制建设,以及基层政权组织在社会与经济发展中所起到的作用方面。Vivienne Shue 的研究发现,改革开放前的人民公社时期,

---

① 迈克尔·曼:《社会权力的来源》(第二卷·上),陈海宏译,上海世纪出版集团2007年版,第68—69页。
② 张静:《国家政权建设与乡村自治单位——问题与回顾》,《开放时代》2001年第9期。
③ [美]杜赞奇:《文化、权力与国家:1900—1942年的华北农村》,刘东、王福明译,江苏人民出版社1996年版,第58—60页。

中国农村基层政权组织呈现蜂窝状结构。[1] Helen F. Siu 也有同样的发现，并用行政细胞模型对其进行概括。[2] 与 Vivienne Shue 和 Helen F. Siu 研究角度不同，Jean C. Oi 从经济发展角度对农村基层政权组织的功能进行概括，认为农村基层政权组织起到了组织群众发展生产、为国家建设汲取农村资源的作用，总体来看，农村基层政权组织起到了活跃经济的功能。[3]

从整体上看，运用国家政权建设理论来对中国农村基层政权组织进行研究的学者多将基层政权组织建设看作是国家政权建设过程中"政权下乡"的结果。农村基层政权组织是国家政权组织体系的一部分，是国家进行政权建设的工具。该研究视角解释了自上而下的国家权力渗透对农村基层政权组织建设的影响作用，对中国农村基层政权组织建设研究产生了深远的影响。

二 农村基层政权组织建设目标定位研究

世纪之交，农村基层政权组织建设目标定位问题逐渐成为学术界和国家政策研究部门关注的焦点。人民公社解体后，国家开始通过设立乡镇政府和实行村民自治的方式进行农村基层政权组织重建。20 世纪 90 年代，由乡镇机构膨胀和农民负担加重引发了干群矛盾紧张问题，随后中国农村地区的"三农"问题逐渐浮出水面。部分学者将日益严重的"三农"问题的责任归咎于农村基层政权组织建设定位不当，这使农村基层政权组织建设目标定位问题成为该时期的学术研究焦点。

学者们围绕农村基层政权组织建设定位问题形成了两大研究进路：一是对农村基层政权组织的实然运作状态进行分析研究，探讨农村基层政权组织的角色属性，主要回答乡镇政权是什么的问题；二是从应然层

---

[1] 刘姗姗：《精准扶贫与服务型政权的建设研究》，硕士学位论文，南昌大学，2019 年，第 3—4 页。

[2] 刘姗姗：《精准扶贫与服务型政权的建设研究》，硕士学位论文，南昌大学，2019 年，第 3—4 页。

[3] Jean C. Oi, "The Role of the Local State in China's Transitional Economy", *China Quarterly*, No. 144, 1995, pp. 1132–1149.

面上讨论农村基层政权组织建设方向问题，主要讨论农村基层政权组织何去何从的问题。从逻辑上看，本研究认为对农村基层政权组织实然角色属性的讨论是研究其建设方向的前提与基础，只有对农村基层政权组织的实然状态进行准确的认识，才能明确其建设的应然方向。本部分首先介绍该阶段农村基层政权组织角色属性的相关研究。

专注农村基层政权组织角色属性的研究者，通常从农村基层政权组织所处的政治社会结构和制度环境出发，分析讨论农村基层政权组织随具体的环境变动而展现出的不同的行为逻辑。农业税费体制改革前，农村基层政权组织的中心工作是以税收工作为主的农业资源汲取。与此同时，经营与管理农村集体经济也是农村基层政权组织的重点工作任务之一。基于此，在税收工作和市场化因素的影响下，农村基层政权组织更多地表现出一种谋利倾向。农业税费取消后，国家进行的分权改革又使农村基层政权组织处于一种财权不足而事权增多的境地，在财政压力下农村基层政权组织开始将发展经济、扩大财政收入作为中心工作。由此，不少研究者将该时期农村基层政权组织的角色属性定位为"企业经营者""谋利型政府"和"地方法团主义"等。例如，杨善华等将农村基层政权组织称为"谋利型政权经营者";[1] 张静在《基层政权：乡村制度诸问题》中将基层政权组织称为"政权经营者",[2] 等等。这些研究者普遍将研究聚焦于农村基层政权组织本身，探讨其在各方因素影响下所表现出来的整体性的实然运作状态。

此后，学者们逐渐注意到处于官僚体系末端的农村基层政权组织会受到国家与社会关系变动的影响，进而产生不同的行为选择。学者周飞舟考察了农业税费改革后乡镇政府同县级政府之间的财政关系变动情况，认为农业税费改革使国家与农村社会的关系发生转变，农村基层政权组织的中心工作开始从"征粮纳税"转变成"争资跑项"，农村基层政权组织对县级财政的依赖逐渐增大。由此，农村基层政权组织角色开始由

---

[1] 杨善华、苏红：《从"代理型政权经营者"到"谋利型政权经营者"——向市场经济转型背景下的乡镇政权》，《社会学研究》2002年第1期。

[2] 张静：《基层政权：乡村制度诸问题》，社会科学文献出版社2018年版，第36—37页。

"汲取型政权"向"悬浮型政权"转变。① 与此同时，来自政府官僚体系与社会等方面的因素也会对农村基层政权组织的实然角色属性产生影响。饶静等研究了农业税费改革和乡镇机构改革对农村基层政权组织行为逻辑变动的影响，发现改革后的农村基层政权组织人权、事权缩小，成为依附县级政权组织的"依附型政权"。② 此时，面对多元化的乡村社会，农村基层政权组织只能通过变通的方式执行上级政策，出现了诸多行为失范问题。欧阳静认为，县乡两级政府组织运作特点、乡镇中心工作以及乡村的社会特性会共同影响农村基层政权组织特性，后税费时代乡镇政权组织表现出"维控型政权"的特点。③

有别于对农村基层政权组织角色属性的讨论，部分学者和国家政策研究部门更加关注农村基层政权组织下一步的建设定位与改革方向问题。由于学术界普遍将"三农"问题的根源归咎于农村基层政权组织（该时期主要是指乡镇政权组织），因此，该部分研究者主张从农村基层政权体制改革入手来有效解决"三农"问题。学术界对乡镇政权组织的去留及具体的改革方案存在不小的争议，根据学术观点的差异具体可划分为"撤乡派"和"保乡派"两种主流学术观点。

"撤乡派"以郑法④、于建嵘⑤、徐仁璋⑥等学者为代表，他们认为乡镇政府是农民税收负担的主要压力源，乡镇机构臃肿所产生的税收增加使乡镇政权的"掠夺性"突出；同时，乡镇政府也对村民自治和农村地区民主政治的发展产生了一定的限制作用。因此，综合考虑以上原因，持该论点的研究者普遍支持撤销乡镇政府，推行乡镇自治。

---

① 周飞舟：《从汲取型政权到"悬浮型"政权——税费改革对国家与农民关系之影响》，《社会学研究》2006 年第 3 期。
② 饶静、叶敬忠：《税费改革背景下乡镇政权的"政权依附者"角色和行为分析》，《中国农村观察》2007 年第 4 期。
③ 欧阳静：《"维控型"政权 多重结构中的乡镇政权特性》，《社会》2011 年第 3 期。
④ 郑法：《农村改革与公共权力的划分》，《战略与管理》2000 年第 4 期。
⑤ 于建嵘：《乡镇自治：根据和路径》，《战略与管理》2002 年第 6 期。
⑥ 徐仁璋：《中国乡镇改革的未来走向探析》，《中国行政管理》2006 年第 6 期。

"保乡派"以徐勇①、吴理财②、贺雪峰③等学者为代表，他们认为乡镇政府作为最基层的一级完备的政府，国家宪法赋予了其存在的合法性；从农村基层社会的实际情况出发，越发原子化的乡村社会和贫困的农村现实都需要乡镇政府的存在并有效发挥治理作用；对于乡镇政府来讲，现阶段最重要的是改革而非撤销。然而，在"保乡派"内部学者之间的学术观点亦有所不同。以徐勇为代表的学者坚持"县政、乡派、村治"，即简化乡镇职能并将乡镇政府转变为县政府的派出机构乡公所。而以贺雪峰为代表的学者认为应当对乡镇政府进行法治化、行政化改革，并在此基础上加强乡镇政府的职能。

当然，也有部分学者就乡镇政权组织撤留问题持中立态度，认为应当根据各地实际情况来综合判断乡镇政权组织的去留问题，不能一概而论。

三 农村基层政权组织建设实施路径研究

农村基层政权组织建设路径的探索始于清末新政。但直至20世纪初，针对该探索实践的学术研究才逐渐兴起。20世纪20年代至改革开放前为农村基层政权组织建设路径的探索阶段，在该研究阶段，学术界对农村基层政权组织建设的相关研究经历了由乡村建设、乡村自治到农村基层政权体制建设研究的转变。该研究阶段学者们以自下而上的研究视角，探索农村基层政权组织的建构问题。

20世纪20年代，频繁的社会动乱与自然灾害导致中国农业破产、乡村危机以及乡村社会的衰败与式微。此时，"乡村建设"议题取代了19世纪末的"工农立国之争"，开始成为学术界关注与争论的焦点。

乡村建设理论的探讨根植于对农村问题的解读。顾复等将农业劳动问题、农村土地问题以及农村生活水平列为农村建设的基础性问题，并

---

① 徐勇：《县政、乡派、村治：乡村治理的结构转换》，《江苏社会科学》2002年第2期。
② 吴理财：《乡政新论》，《开放时代》2002年第5期。
③ 贺雪峰、董磊明：《农村乡镇建制：存废之间的思考》，《中国行政管理》2003年第6期。

将此系列问题的根本症结归为土地私有制度,从经济角度界定乡村问题。① 显然,经济分析并不能涵盖乡村问题的全部。杨开道等人进一步将农村教育问题、组织问题与经济问题一道列入农村问题的研究框架之中,形成了对农村问题研究的综合论述。②

对乡村问题的界定终究不是目的,以问题为导向的农村基层政权组织的复兴路径研究才是根本。在梁漱溟看来,国内外军事政治经济冲击对中国乡村造成了严重破坏,导致传统社会组织崩溃、文化失调、经济凋零,应从乡村内部培育自身的政治经济力量,以重构社会组织架构、实现乡村自治。③ 据此,梁漱溟从三方面阐释并实施了乡村建设:其一,以新礼俗建设为基础,依托"乡约"与乡农学校重塑乡村组织架构;其二,通过知识分子与乡村民众的结合解决农村问题,实现社会关系的调整和农村经济的自立;其三,以教育完成社会改造。晏阳初等更加强调教育在乡村改造中的作用,认为乡村社会改造的核心是"民族再造",而"实验的改造民族生活的教育"是实现民族再造的关键途径。二者皆希望通过教化培育乡村力量,实现乡村自治,自下而上地构建农村基层政权及其组织。

梁漱溟④、晏阳初⑤等人从政治、经济、教育三方面总括性地解答了乡村建设的路径选择问题,虽见解独到但并未准确把握当时的农村社会结构,因而难以洞察乡村发展问题的本质。乡村建设运动终因"乡村不动"而失败。理论界开始从实地调查入手,探究现实的社会结构与组织同农村基层政权组织建设与乡村发展之间的关系问题。

---

① 王先明:《走进乡村——20世纪以来中国乡村发展论争的历史追索》,山西人民出版社2012年版,第96—98页。
② 杨开道:《农村问题》,世界书局1930年版,第5、44—61页;孙本文:《中国社会问题》,青年书店1939年版,第40页。
③ 王先明:《走进乡村——20世纪以来中国乡村发展论争的历史追索》,山西人民出版社2012年版,第105页。
④ 王先明:《走进乡村——20世纪以来中国乡村发展论争的历史追索》,山西人民出版社2012年版,第104—113页。
⑤ 王先明:《走进乡村——20世纪以来中国乡村发展论争的历史追索》,山西人民出版社2012年版,第113—116页。

大量调查证据显示：人口过密化、家庭过大、耕地狭窄、生产效率低已成为当时限制农民生活水平提高与乡村整体发展的重要因素；另外，以家族为中心的乡村自治组织在组织生产、金融流通、抵御灾害、自卫等方面发挥着重要作用。部分学者开始将研究目光转向乡村组织，注意到精英、家族、组织与农村基层政权组织之间的关联，并进一步分析其对农村基层政权组织建设的作用和影响。基于调研，沿乡村社会结构研究进路的学者倡导通过人口控制与乡村工业化道路，实现乡村复兴；而对乡村组织研究的学者则逐渐关注到地方自治之于中国农村基层政权组织建设的重要性。本研究更加关注后者。

早期的地方自治研究多是作为乡村社会控制的基础性研究而出现的，研究主要集中在自治理论、保甲与乡约制度两个方面。前者侧重于从组织角度，运用历史与比较研究方法，对地方自治原理、构成要素、目标进行研究和阐释。后者主要从制度角度挖掘中国传统的乡村制度资源，研究保甲、乡约的社会控制功能与作用机理，以发挥其组织、教化功能，提升农民的自组织能力。外在组织制度的研究符合当时的政治要求，但未能自下而上地洞察中国乡村社情对乡村自治的反作用：组织能力、纪律习惯的缺乏，小农经济下连带关系的弱化甚至缺失，致使在"散漫无力"的中国乡土社会之上难以产生真正的乡村自治。也就是说，基于当时中国农村社会的特点，很难自下而上地通过乡村自治的方式建立起农村基层政权组织。

乡村建设运动和地方自治均未通过自下而上的途径建立起农村基层政权组织，这使学者们开始将研究目光转向对中国共产党领导下的基层政权组织建构路径。革命时期，中国共产党以"政党下乡"的方式，通过在根据地建立党组织网络的形式，实现了对农民群众的组织与动员。[1]新中国成立之初，国家通过自上而下的国家权力机构的设立完成了国家政权组织体系的建设，在农村地区建立起了乡村政权组织。但 Vivienne Shue 却认为，虽然新中国成立之初国家权力通过机构设置延伸到了基层

---

[1] 徐勇：《政权下乡：现代国家对乡土社会的整合》，《贵州社会科学》2007 年第 11 期。

社会，但是该时期国家权力却存在横向扩展不足与制度性不强的问题。①土地改革与合作化运动对农村基层政权组织的建设与巩固起到了很大的推动作用。新中国成立初期，乡村政权的稳固是与土地改革和农业合作化运动分不开的。土地改革后，农村地区的地主与绅士阶层不复存在，这使得国家政权与农民的关系由国民党时期的政权、地主与乡绅、农民的非直接关系，转变为国家政权与农民直接的双向关系，大大提高了国家对农民社会的整合力度。在合作化时期，通过人民公社体制实现了政权结构、税收单位和土地所有制的统一，该时期的农村基层政权组织建设成功地为国家工业化发展汲取了资源。

20世纪70年代后期，随着家庭联产承包责任制的推行，乡村社会的公共事务管理主体涣散，亟须探索利于农村发展的新型农村基层政权体制。1987年《中华人民共和国村民委员会组织法（试行）》颁布，"乡政村治"模式基本确立。② 20世纪末，由于乡镇机构膨胀、农村基层政权组织的逐利性突出所引发的严重的"三农"问题，引起了中央的高度重视。2000年，国家开始启动新一轮的乡镇机构改革工作，通过适时推动基层政府职能转变、加强农村基层政权组织建设，以提升农村基层政权组织对乡村社会的治理能力。相应的，该时期学术界对农村基层政权组织建设路径的研究也渐次转向乡镇机构改革、农村基层政权组织治理能力提升的相关研究方面。

21世纪初，学术界开始围绕乡镇机构改革的必要性及乡镇机构撤并的具体问题展开讨论。农业税费改革前，乡镇机构膨胀问题严重。究其原因，彼时的乡镇财税制度、人事制度为乡镇政府人员、机构膨胀提供了空间；同时，传统计划经济下的政企不分、政事不分以及政府管得过多，也是引起乡镇政府机构膨胀的主要原因。乡镇政府机构膨胀被认定为是引起"三农"问题的根源，学者们普遍认为应当从转变乡镇政府职能入手进行乡镇机构改革，以有效减轻农民负担。从新中国成立以来乡

---

① 刘姗姗：《精准扶贫与服务型政权的建设研究》，硕士学位论文，南昌大学，2019年，第3—4页。

② 张厚安：《乡政村治——中国特色的农村政治模式》，《政策》1996年第8期。

镇政府职能演变的规律上看，乡镇政府一直存在管理职能不断强化和服务职能相对较弱的问题。乡镇政府职能转变的关键就是提高其服务性职能，增强乡镇政府公共服务能力；同时，应当加强乡镇监督体系建构，防止乡镇机构改革陷入"改革—膨胀—改革"的怪圈。除此之外，王挺革认为应按照"企业化"政府的方式对乡镇政府机构进行改革，建议积极发展社会组织分担政府管理工作。[①] 吴理财从国家整合转型的视角来研究乡镇改革，认为当下乡镇改革的关键是实现乡镇政权由汲取式向供给式整合转变，为乡村社会发展提供高质量的公共服务。[②]

随着乡镇机构改革的不断推进和撤乡并镇、乡镇机构精简的逐步完成，学术界对乡镇政府去留的争论逐渐停止，对乡镇政府应当加快职能转变、建设服务型政府的呼声逐渐高涨。在此基础之上，学者们开始探讨农村基层政权组织的治理能力提升路径。乡镇机构改革后，农村基层出现了较为严重的"治理缺位"现象。在治理权威性资源流失、物质性资源匮乏以及权力性资源收缩等复杂多变的外部变量因素的制约之下，农村基层政权组织的乡村治理能力很容易被异化。农村基层政权组织位于国家政权体系与乡村社会的连接点上，其治理能力受三方面因素的影响：一是农村基层政权组织自身的治理能力；二是其有效对接乡村社会，确保农村基层政权组织功能在基层社会可以有效发挥的能力；三是村级组织的治理能力。

农业税费改革与乡镇机构改革缓和了乡村关系，农村基层政权组织的治理能力得到了一定程度的提升。随着乡镇机构改革的不断深入，学术界对农村基层政权组织治理能力问题的研究逐步由乡镇改革转向乡村组织关系与村级组织建设及其治理能力方面。乡村两级组织建设与村级组织治理能力提升成为该阶段农村基层政权建设的关键路径。

相关研究成果逐渐关注到国家农村基层政权组织建设重心开始下移，其农村基层政权组织建设的重点开始由乡镇层级向行政村一级转移，国家已经表现出希望将村级组织建设成为农村基层政权组织的意向。尹利

[①] 王挺革：《乡镇机构改革务求突破三道难关》，《理论前沿》2000年第1期。
[②] 吴理财：《逼出来的"乡派"式改革》，《决策》2005年第4期。

民、刘承贵认为，在新时期，如何切实推进农村村民自治同国家治理体系与治理能力现代化的有效衔接，是有效提升农村基层治理水平、夯实国家治理基础的关键。① 相关研究指出，税费时代乡镇政府为了能够有效完成国家税收任务并执行计划生育等政策，同村干部群体形成了相互庇护的乡村利益共同体，而此处的村干部成为类似于杜赞奇研究中的"赢利型经纪"。由于乡村利益共同体的存在，产生了国家资源下乡后的"富人治村"现象和"精英俘获"问题。由此，国家向农村基层输入的资源越多，村庄富人与乡村精英群体势力就会愈加强大，农村基层政权组织的公共性就越难以保证，农村基层政权组织的合法性基础就越低，逐渐形成了"基层治理内卷化"现象。

除了乡村干部利益共谋问题，村级组织因"软弱涣散"而无法有效承接农村基层政权组织传达的治理任务是抑制农村基层政权组织治理能力提升的关键。例如，刘建平等指出，新时期国家通过资源下乡与政策执行两种主要的方式进行农村基层政权组织建设，但却因为村庄的"无主体性"而导致了农村基层政权组织与村级对接效率低的问题，因此，村级组织建设是提升农村基层治理效果的关键。② 杨华等的研究发现，国家基础性权力通过乡镇部门对接乡村社会但效果不佳，其实质是因为乡村两级组织之间未能实现有效对接，村庄治理主体和村庄治权未能有效地承担其相应的治理责任。③ 进一步来说，在对村级组织体系的研究中，学者们多聚焦于村党组织的组织领导能力和村委会的村民自治能力方面。例如，尹杰钦④、周忠丽等就认为农村基层治理能力建设的关键在于农村

---

① 尹利民、刘承贵：《半竞争性选举、权力继替与基层非正式治理——以江西 W 村第九届村委会选举为个案》，《福建行政学院学报》2015 年第 4 期。
② 刘建平、陈文琼：《"最后一公里"困境与农民动员——对资源下乡背景下基层治理困境的分析》，《中国行政管理》2016 年第 2 期。
③ 杨华、袁松：《中心工作模式与县域党政体制的运行逻辑——基于江西省 D 县调查》，《公共管理学报》2018 年第 1 期。
④ 尹杰钦、甘信芝、黎力：《农村基层党组织社会治理创新面临的挑战及其归因》，《当代世界与社会主义》2016 年第 6 期。

基层党组织建设。① 何金凤等认为村党组织弱化是导致农村基层治理混乱、领导力不足以及农村基层政权组织功能难以得到有效发挥的关键所在。② 陈建平等针对村干部做了一项研究，认为在村级组织中存在的"小微腐败"问题也是严重影响村级治理质量的因素之一。③

村级组织衰微是导致农村基层政权组织功能障碍的重要原因，不少学者将村级组织衰微问题的关键归咎于村干部的治理能力不足。例如，王思斌将乡村社会治理失序归咎于由"乡干部—村干部—村民"组成的农村基层管理系统的失调，而处于该系统核心位置的村干部行为是影响系统管理效能的关键要素。④ 贺雪峰与阿古智子进一步将"行为动机"引入村干部角色行为的分析框架之中。⑤ 他们认为，村干部扮演的角色同其逐利动机与具体所得相关：（1）当村干部追求社会性收益且易获得时，村干部通常会选择扮演"保护型经纪人"角色；（2）当追求正当工资收益且易获得时，村干部会徘徊于当家人与代理人此"双重角色"之间；（3）当村干部主要追求灰色收入时，则会扮演"赢利型经纪人"角色；（4）当既无社会性收益，又无法获得正当经济收益，而又缺乏灰色收入时，村干部则成为消极无为的"撞钟者"。国家取消农业税后，村干部与农民的关系进一步疏离，农村普遍出现了"干部不找农户、农户不找干部"的"两不找"现象，这进一步固化了村干部"撞钟者"的形象。而在另一方面，国家乡村治理转型对村干部提出了更高的工作要求，在新农村建设、土地确权等工作推进过程中，村干部不胜任问题逐渐暴露出来。这一方面是由于村干部待遇低、激励不够所致；另一方面则是由于

---

① 周忠丽、周义程：《资源下乡背景下农村基层党组织凝聚力弱化困境及其排解》，《南京农业大学学报》（社会科学版）2018 年第 6 期。

② 何金凤、王晓荣：《农村党组织治理能力提升与基层政治生态优化》，《理论学刊》2016 年第 3 期。

③ 陈建平、胡卫卫、郑逸芳：《农村基层小微权力腐败的发生机理及治理路径研究》，《河南社会科学》2016 年第 5 期。

④ 王思斌：《村干部的边际地位与行为分析》，《社会学研究》1991 年第 4 期。

⑤ 贺雪峰、阿古智子：《村干部的动力机制与角色类型——兼谈乡村治理研究中的若干相关话题》，《学习与探索》2006 年第 3 期。

村干部文化程度普遍偏低、年龄偏大导致的工作能力不足所致。① 国家解决该问题的基本思路有二：一为通过职业化与行政化优化村干部激励系统；二为向村级组织引入新的治理要素，以改造村级组织干部结构、提升村干部综合素质水平。从具体实践结果上看，第一种思路在提升村干部治村能力方面收效甚微。因而，国家开始通过向村组织输送大学生村官与驻村干部等外部治理要素的方式重塑村治主体，提升村干部群体的治理能力，最终实现国家力量对农村发展的引领。

可以认为，在该阶段国家开始借助大学生村官、驻村干部等"嵌入型村干部"为政权组织建设工具，通过政府力量介入的方式进行村级组织建设，以逐渐整合村级组织诸要素，使村级组织能够有效发挥农村基层政权组织功能。

"嵌入型村干部"的概念最早是由郑明怀②提出的，指的是诸如大学生村官、驻村干部等入驻村庄的外来干部，是城镇化背景下政府力量介入农村社会，以推动农村基层干部队伍结构调整来促进农村基层政权组织建设的重要手段。自1995年大学生村官项目在江苏试点以来，学术界对该项目启动的目的形成了三种不同的认识。第一种观点是"就业论"，大学生村官的出现主要是为了解决高校就业难题。第二种观点是"民主推动论"，通过大学生村官的植入推动农村基层民主朝公平、多样化的方向发展。第三种观点是"现代国家建构论"，以大学生村官为代表的"精英下乡"是现代国家用以推动农村基层政权组织建设的手段。此种观点从国家治理现代化视角出发，将大学生村官项目视为优化村级干部结构和制约本土精英权力的工具。

对大学生村官项目实际效果的研究也同样发现，大学生村官进村确实有利于促进村干部队伍年轻化、知识化，也能够较好地提升村级信息化管理水平与治理能力；部分地区大学生村官还通过创办项目提升村民收入，促进了新型农民的培育，促进了农村基层政权组织功能的有效发挥。但大学生村官的质量与就职稳定性却不容乐观：从村官报考动机上

---

① 申端锋：《乡村政治研究评述：回顾与前瞻》，《中国农村观察》2006年第5期。
② 郑明怀：《大学生村官角色研究》，《内蒙古社会科学》（汉文版）2010年第5期。

看,大部分报考者仅将其作为职业过渡,无心在农村踏实工作;而大学生村官缺乏基层工作经验几乎是被公认的一大软肋;同时,政策对大学生村官身份界定的模糊性导致其岗位可替代性强,大学生村官的优势无法有效发挥,甚至工作开展不顺;工资待遇低、工作绩效与流动关联度低,导致的激励不足使大学生村官无法安心扎根农村。另外,就大学生村官群体本身而言,其工作幸福感偏低、心理压力大与留任意愿偏低等也直接影响了该项制度的可持续性。近几年,大学生村官的选聘规模不断缩小,不少地方已开始对在职者分流解聘。

根据制度变迁理论,关键行动者不胜任产生的制度危机往往会倒逼制度变革。大学生村官政策的式微使国家开始调整对农村基层政权组织的改造工具,驻村干部、第一书记等作为新一轮国家建设农村基层政权组织的工具被"嵌入"到村干部队伍当中。[①] 相较于《关于引导和鼓励高校毕业生面向基层就业的意见》对大学生村官任助理等职位的模糊政策定位,《关于做好选派机关优秀干部到村任第一书记工作的通知》将第一书记定位为农村基层组织的核心领导角色,其中心任务即为加强农村基层党组织建设与提升治理水平。可见,从大学生村官到第一书记,政策更替的背后是中央政府对乡村社会治理力度的加大,是政府力量推动农村基层政权组织建设的又一次尝试。

四 农村基层政权组织建设效果评价研究

政权组织是国家这一抽象概念的具体体现。国家进行政权组织建设的目的就是有效提升国家治理的合法性基础,而此种合法性基础源自民众对国家统治正当性的认可与支持。[②] 公民对政权的认同度是评价国家政权建设效果的核心指标。

从历史上看,通过政权组织建设提升民众对国家政权的服从和支持,即提升民众对国家政权的认同度,是历朝历代国家长治久安的基础。政

[①] 付建军:《精英下乡:现代国家整合农村社会的路径回归——以大学生村官为例》,《青年研究》2010 年第 3 期。

[②] 彭勃:《自我、集体与政权:"政治认同"的层次及其影响》,《上海交通大学学报》(哲学社会科学版) 2010 年第 1 期。

权组织承担着复杂的社会治理任务，其社会治理效果将会影响民众对政权的认同度。既有研究指出，政权组织腐败、政治体制改革滞后或分配正义不足等都是影响民众政权认同度的重要因素。

1960年前后，L. 派伊提出了政治认同的概念。① 政权认同属于政治认同，它是一个心理过程，受到客观政治绩效的影响，是个体身份归属感、价值与制度认同的统称。认同是个体在理性认知的基础上，对一事物情感上的接受和行为上支持的统称。美国政治学家威尔特·A. 罗森堡姆更加强调心理认同的重要性，在他看来民众会对他们感觉想要效忠或者是尽个人义务的单位或者团体表示认同。② 个体的自我政治认同和组织（集体）认同将会对政权认同产生巨大影响。其中，个体的自我认同源自个体在政治体系内部同组织内个人、群体或规则进行互动的过程中，逐步将政治组织规则内化遵守并对组织产生出一种心理依附的状态。③ 组织认同是行为体在同政权体系进行日常互动的过程中，通过个人理性判断而对政权体系产生的一种心理认同和支持。④

在此基础之上，以戴维·伊斯顿为代表的学者开始注意到行为支持对于政权认同的重要性，并认为行为支持也是政权认同的一种重要的表现形式。⑤ 伊斯顿认为，民众对于那些心理上表示认同的当局输出的政策或行为会给予行为上的支持，以表示自己对其的认同态度。当个体经过主观意识的判断从心理上接受并认可某一政权后，就会积极参与并支持该政权体系的有效运转，并且积极地遵守该政权体系的规则。⑥

政权认同具有建构性的特点，政权组织在与民众互动的过程中可以通过政权组织建设行为提高民众对政权的认可度。其中，个体的自我认同是基础，个体通过自我认同的搭建形成组织认同；在组织认同的形成

---

① 薛洁：《政治认同：现代国家观念的心理基础》，《社会科学战线》2017年第11期。
② [美] 威尔特·A. 罗森堡姆：《政治文化》，桂冠图书有限公司1984年版，第69页。
③ 周小李、刘琪：《大学生网络政治参与对其政治认同影响的实证研究》，《高教探索》2018年第12期。
④ 陈道银：《政治认同建设与构建社会主义和谐社会》，《天府新论》2006年第5期。
⑤ 左殿升：《网络时代大学生政治认同差异研究》，博士学位论文，山东大学，2020年，第6—7页。
⑥ 李素华：《意识形态：政治认同的理念性资源》，《上海行政学院学报》2013年第3期。

过程中，公民通过与政权组织这一大集体的互动逐步形成政权认同。最终，心理上的政权认同可以通过行为支持表现出来，并在此过程中为"政权—公民"之间紧密的相互依赖关系提供稳定的支撑。

五 "第一书记"政策对农村基层政权组织建设的作用研究

随着对第一书记驻村扶贫研究的不断深入，学者们逐渐开始关注到第一书记政策的扶贫溢出效应。部分研究者已经察觉到第一书记对乡村基层产生的影响并不仅仅停留于贫困治理领域，国家期望"第一书记"政策能够产生扶贫溢出效应，在更深层次上改善农村基层治理和组织建设现状。[①] 既有研究成果就"第一书记"政策对农村基层党建、村民自治和村集体经济发展的影响进行了较为深入的研究。

在农村基层党建方面，第一书记通过选育农村基层党组织带头人并加强基层党建，有效巩固了农村基层治理的组织基础。[②] 第一书记作为国家派驻入村的党员干部，拥有国家赋予的合法性基础；村支书代表着强大的基层自治力量，拥有来自农民认同的合法性基础，二者结合有效提升了村级组织权力行使的合法性程度。

在对村民自治的影响方面，第一书记作为外来帮扶力量可以通过协助村委会解决财政困难、中立地解决村"两委"矛盾与干群矛盾，提升村民自治能力，协助破解村民自治困境。同时，第一书记协助村庄民主政治制度建设，对提升村民自治能力起到了至关重要的作用。

村集体经济是农村基层治理的经济基础，第一书记通过为村庄注入发展资源，改善了村庄发展的基础设施条件，为村庄经济发展打下基础；通过产业发展带动村集体经济建设，为农村基层治理提供了有力的经济保障。[③] 同时，第一书记作为政府力量的代表，能够有效弥补贫困地区因

[①] 谢小芹：《"双轨治理"："第一书记"扶贫制度的一种分析框架——基于广西圆村的田野调查》，《南京农业大学学报》（社会科学版）2017 年第 3 期。

[②] 徐明强、许汉泽：《新耦合治理：精准扶贫与基层党建的双重推进》，《西北农林科技大学学报》（社会科学版）2018 年第 3 期。

[③] 陶正付、李芳云：《"第一书记"助农村党建民生双提升——山东省"第一书记"制度建设实践探析》，《中国特色社会主义研究》2016 年第 5 期。

经济发展条件落后而产生的市场力量不足的问题，提升地方经济发展动力。

从整体上看，第一书记的派驻对于增进村庄公共领导力水平、合理化村级干部结构、基层组织再造、规范村级民主治理、提升村级经济文化建设水平，均具有较大的提升作用。① 更重要的是，第一书记嵌入村治主体之中，与村干部就基层治理分工配合形成"双轨双层"治贫格局，有效整合各方资源，在一定程度上巩固了农村基层政权的村级治理基础。

学者们在对第一书记影响农村基层治理水平研究的基础上，开始深入探讨其对农村基层政权组织建设的影响作用，最终得出结论：第一书记对农村基层政权组织建设与巩固产生了积极影响。其中代表性的观点有：第一书记驻村扶贫有效解决了因基层政府人力不足、村级组织软弱涣散、乡村社会原子化所产生的基层政权不稳的问题；第一书记在国家与社会之间发挥着接点作用，将国家政策资源与社会帮扶资源进行整合注入村庄，起到了高效对接国家基层政权组织与乡村社会的作用；国家通过第一书记团结村干部，在基层政权组织和村民之间搭建起了能够促使双方直接有效对接的渠道。

六　文献述评

综合既有研究可以看出，聚焦农村基层政权组织建设的相关研究成果已相当丰富。从学科上看，多学科交叉融合是农村基层政权组织研究的突出特点，公共管理学、政治学、社会学对该问题的研究贡献突出。从具体的研究进路上看，学术界对农村基层政权组织建设的研究形成了两条主要的学术演进脉络：一是从现代国家建构这一宏观背景出发，从整体上讨论农村基层政权组织从建构到不断完善的发展历程；二是以提升农村基层治理水平为目标导向，聚焦农村基层政权组织建设，深入剖析组织建设困境、组织建设工具选择以及组织建设效果评价等，期望通

---

① 王亚华、舒全峰：《第一书记扶贫与农村领导力供给》，《国家行政学院学报》2017 年第 1 期。

过不断完善农村基层政权组织提升基层治理效果及巩固政权。在这两条研究进路的共同推动下，农村基层政权组织建设的研究不断升温。既有研究成果对于系统研究中国农村基层政权组织建设议题具有以下启示。

第一，农村基层政权组织建设过程研究，存在组织建设目标定位、具体建设路径、建设效果评价和组织建设优化的逻辑进路。既有农村基层政权组织建设研究成果丰厚，对其研究成果进行分类可以大致掌握系统研究农村基层政权组织建设议题的一般过程。农村基层政权组织建设的目标定位是基础，特定时期农村基层政权组织建设的目标定位会受到来自政府与社会双方因素的影响；农村基层政权组织建设的目标定位决定其具体的建设路径选择；农村基层政权组织建设效果评价既代表着当前阶段的建设成效，又为下一阶段农村基层政权组织建设指出了优化方向。这为构建本研究的整体研究思路提供了有益启示。

第二，在精准扶贫战略实施阶段，农村贫困治理效果同农村基层政权组织建设水平之间关系密切。已有研究揭示了精准扶贫所面临的两个主要贫困治理困境：瞄准机制困境、基层干部和组织治贫能力不足。而这两种贫困治理困境皆是由农村基层政权组织建设不足所引起的。具体来说，农村基层政权组织建设不足导致其无法通过有效规制基层干部和村级组织的治理行为，实现国家扶贫资源向贫困家庭的精准有效传递。因此，既有研究不再将精准扶贫单纯看作是一个减贫过程，而是将其与农村基层政权组织建设联系起来，认为国家在完成精准扶贫目标的过程中推动了农村基层政权组织建设。

第三，第一书记驻村扶贫具有建设农村基层政权组织的政策目的与作用效果。虽然针对"第一书记"政策的既有研究成果多是在讨论其减贫机理与贫困治理成效，但部分新近研究已经发现，第一书记驻村扶贫对农村基层政权组织建设起到了正向促进作用。既有研究成果指出，第一书记在国家与乡村社会之间起到了连接作用，并通过介入基层党建、村民自治和村集体经济发展过程建设与巩固了农村基层政权组织。这为本研究系统深入地探讨第一书记介入农村基层政权组织建设过程提供了分析思路和研究基础。

既有研究成果内容丰富，为本研究提供了丰厚的理论研究基础和有益启示。但关于中国农村基层政权组织建设的相关研究，仍然存在进一步深入研究的空间。

第一，对中国农村基层政权组织建设过程的系统研究还有待进一步提升。事实上，农村基层政权组织建设并不是一蹴而就的，而是一个在渐进调整中不断适应国家治理与社会发展需求的过程。从相对微观的角度来看，农村基层政权组织建设过程又可进一步细分为不同的组织建设阶段，各阶段的建设重点有所区别，影响各阶段建设效果的因素也不尽相同。农村基层政权组织建设过程同样也需要治理，亟须对该建设过程进行系统深入的研究，以提升政府对该建设过程的治理质量。

第二，对精准扶贫战略下农村基层政权组织建设目标定位问题，仍有待深入分析讨论。已有研究虽然注意到近年来中央政府开始通过强镇扩权和加强村级组织建设的方式推进农村基层政权组织的建设与巩固，但就是否应当重新定位农村基层政权组织的建设层级仍未达成共识。应当结合中央政府的战略部署与乡村的社会特质，对精准扶贫战略下农村基层政权组织的建设目标进行准确定位。

第三，对精准扶贫战略下农村基层政权组织的具体建设路径缺乏系统研究。研究者多已意识到当下农村基层政权组织建设的关键在于村级组织建设，但缺乏对具体建设路径较为系统、深入的研究。既有研究多单方面专注于各村级组织建设问题，研究较为分散，就如何通过对村级组织系统而全面地改造，使各村级组织之间建立起相互联系，使其有效承担起农村基层政权功能并提升其基层治理能力方面的研究还比较薄弱。

第四，对农村基层政权组织建设效果测度的研究还尚显薄弱。既有研究多通过质性研究的方法对农村基层政权组织建设效果进行分析讨论，定量测量运用相对较少。同时，研究者多以整体性的国家政权组织建设效果为测量对象，单独针对农村基层政权组织建设效果的测度相对较少。

第四节 研究思路与内容

一 研究思路

围绕本研究的核心研究议题，结合文献回顾、质性分析、定量研究等，遵循"理论研究—实证分析—政策建议"的研究进路，具体研究思路如下：首先，基于政府与社会关系研究视角分析农村基层政权组织动态调整的深层机理，基于国家政权建设理论、治理理论和政策执行系统理论，构建用于分析中国农村基层政权组织建设过程的"多阶段组织建设过程模型"，搭建本研究的理论分析框架；其次，基于中国农村基层政权组织建设的历史演变与现实困境，厘清精准扶贫战略下农村基层政权组织的建设目标定位；再次，以第一书记建设农村基层政权组织的具体路径为主线，深入分析精准扶贫战略下中国农村基层政权组织建设过程；最后，测度精准扶贫战略下农村基层政权组织建设效果，并针对建设效果与问题提出下一阶段中国农村基层政权组织建设的优化建议。

二 研究内容

第一，农村基层政权组织建设的理论分析框架建构。本部分通过对传统国家与社会关系研究视角的修正，提出本研究所使用的政府与社会关系研究视角。借鉴国家政权建设理论、治理理论与政策执行系统理论和既有研究成果，在对农村基层政权组织建设过程进行细化和分解的基础上，建构用以分析中国农村基层政权组织建设过程的"多阶段组织建设过程模型"，为本研究提供理论指引。

第二，中国农村基层政权组织建设的历史演变与精准扶贫战略下农村基层政权组织的建设目标定位调整。本部分在"多阶段组织建设过程模型"理论分析框架下，从历时和共时角度分析精准扶贫战略下农村基层政权组织调整的触发机制；基于多源流理论分析开启精准扶贫战略下农村基层政权组织建设"政策之窗"的动力机制，并阐释建设目标。

第三，第一书记派驻与农村基层政权组织建设。本部分在"多阶段组织建设过程模型"理论分析框架下，基于对"第一书记"政策的实证分析，探究精准扶贫战略下农村基层政权组织建设的实践进路。以第一书记建设农村基层政权组织的具体路径为线索，分析第一书记与农村基层政权组织各要素之间的互动关系。

第四，第一书记派驻下农村基层政权组织建设的效果测度。本部分在"多阶段组织建设过程模型"理论分析框架下，结合"政府行为—公民反馈"理论模型,利用结构方程模型测度第一书记派驻下农村基层政权组织建设的效果,为下一阶段农村基层政权组织建设优化建议的提出奠定基础。

第五,乡村振兴战略下中国农村基层政权组织建设的优化建议。本部分根据前文理论分析和实证研究结果,从"顶层设计—政策优化—路径优化"三个维度提出优化农村基层政权组织建设的政策建议,为乡村振兴战略下农村基层政权组织建设提供借鉴参考。

第五节 研究方法与资料来源

一 研究方法

(一)参与式观察法

参与式观察法原是人类学研究中的一种基础性研究方法,现被广泛运用于社会科学研究之中,成为社会科学研究者田野工作的主要研究方法之一。参与式观察法十分强调要以平等的、理解的态度深入被观察者之中,以"局内人"的角色摒除研究者对被观察对象的偏见,可以有效克服所获资料的非典型性问题。[1] 根据参与观察者角色选择差异,有隐蔽观察者与公开观察者两种研究角色,笔者在研究过程中灵活使用了以上两种观察者角色。参与式观察法主要用于对第一书记派驻下农村基层政权组织建设具体实践进路的研究,通过对第一书记、村干部、乡镇干部等行为主体的工作行为,以及他们与农户互动行为的长时间的参与观察,能够更为详细、准确地分析农村基层政权组织的建设过程。

(二)深度访谈法

深度访谈,顾名思义,就是通过与受访者面对面的深入交谈的方式更为细致地了解事件经过,并就访谈中发现的新线索进行更加深入的追踪。精准扶贫战略下农村基层政权组织建设的目标定位与实践进路是本研究的研究重点,通过深度访谈挖掘农村基层政权组织建设目标定位的调整过程和具体建设实践的路径,能够更好地服务于本研究。自 2018 年

---

[1] 蔡家麒:《试论田野作业中的参与观察法》,《云南民族学院学报》1994 年第 1 期。

3月起，笔者就本研究的核心议题先后对100余位受访者进行了深度访谈，受访者中包括了县级领导干部、县脱贫攻坚指挥部工作人员、县扶贫移民局工作人员、乡镇领导干部及各部门工作人员、村级干部、第一书记、驻村工作队员、帮扶责任人、村民（包括贫困户与非贫困户）等，全方位地掌握了详细的一手研究资料。

（三）案例研究法

案例研究法是较为常用的一种实地研究方法。研究者通常围绕具体的研究问题，选择一个或多个场景为研究对象，深入实地进行系统的研究并详细搜集材料、数据，用以剖析某一社会问题背后的实质性理论。本研究考虑到农村基层政权组织建设过程的抽象性，选择通过具体的案例研究来揭示第一书记介入下的农村基层政权组织建设的具体过程。

（四）问卷调查法

本研究通过问卷调查法获取第一书记派驻下农村基层政权组织建设效果评价调查问卷的原始数据。在前期定性研究和文献研究的基础上，采用5级李克特量表制定农村基层政权组织建设效果评价的测量量表，为下一步的实证检验提供数据资料。为保证本研究的测量量表所获取数据的可靠性和有效性，在正式测试之前进行了两轮预测试，通过信效度检验剔除了部分题项，形成了最终的调查问卷。调研团队共发放问卷700份，其中重庆230份、四川235份、云南235份。剔除部分无效问卷后，共回收有效问卷612份，问卷回收率为87.4%，符合有效样本量达到测试题项数量5倍的样本有效性与完整性要求。

二 资料来源

本研究所使用的资料来源于以下三个方面：一是文献资料，主要包括：图书、学术期刊、报刊、学位论文等，主要通过图书馆、网络数据库等方式获取；二是政府部门的资料，主要包括：政策文件、政府公报、统计年鉴，主要通过网络检索、实地调研、访谈等方式获取；三是调研资料，既包括访谈材料又包括问卷数据，主要通过实地调研获取。由于调研资料对支撑本研究至关重要，本节就调研点选取过程、参与式观察村基本情况和受访者基本情况进行详细说明。

（一）调研点选取

本研究实证研究部分重点关注精准扶贫战略实施阶段的农村基层政权组织建设问题，因此着重选取贫困村作为本研究的调研点，调研资料主要用以支撑实证部分的研究。

笔者以贫困地区的建档立卡贫困村为抽样框，综合考虑各地农村基层政权组织建设进程、贫困发生率和地理区位等多方面因素选取调研点，并以"最大差异信息饱和法"确定所调研的行政村数量，即获得足够反映研究主题的信息且不再出现差异性（例外）信息而结束调查时的样本量，以下详述调研点的具体选取过程。

2015年，中共中央、国务院《关于打赢脱贫攻坚战的决定》中指出，当下中国剩余的7000万贫困人口主要分布在中西部地区的12.8万个贫困村中。依据《2017年中国农村贫困监测报告》数据显示：按照现行国家农村贫困标准[①]测算，截至2016年底[②]有一半以上的（51.9%）农村贫困人口集中在中国西部地区[③]。因此，本研究将调研点选取的区域范围进一步集中到西部地区。

截至2016年底，在西部地区12个省份中农村贫困地区贫困人口呈现非均质分布的特征（见图1-1）。西部贫困地区贫困发生率极差较大（约10.5个百分点），贫困发生率由高到低大致可被划分为三个等级：甘肃、云南、西藏、新疆、贵州、陕西和青海7个省份贫困发生率均处于10%—15%之间；广西、四川、宁夏和内蒙古4个省份的贫困发生率均在5%—10%之间；仅重庆贫困发生率低于5%，为4%。为使所选取的调研点能够覆盖到不同贫困深度的地区，综合考虑可行性与便利性，以分层抽样方式选取：云南（高贫困发生率）、四川（中等贫困发生率）、重庆（低贫困发生率）作为调研区域。

云南省贫困人口呈中间少、四周多的分布态势，大致以其省会昆明

---

① 我国现行农村贫困标准为2300元（2010年不变价）。

② 2016年底的数据是本研究在进行研究设计时的全国最新贫困人口统计数据。因此，本研究选取2016年底的贫困人口统计数据作为选取调研点的依据。

③ 西部地区包括内蒙古、广西、重庆、四川、贵州、云南、西藏、陕西、甘肃、青海、宁夏、新疆12个省份。

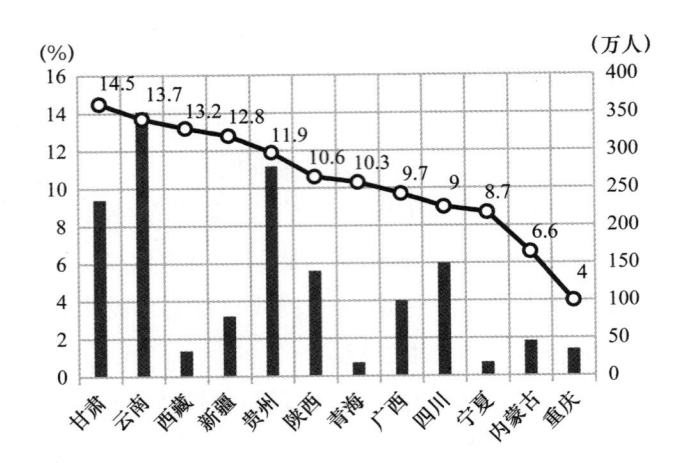

图 1-1　2016 年西部地区贫困地区贫困人口与贫困发生率统计

资料来源：《2017 年中国农村贫困监测报告》。

为圆心，向西、向南至国界贫困发生率逐渐增加，直至怒江与迪庆"三江并流"地区贫困程度最深；自昆明以东至川滇黔三省交界处的昭通，贫困发生率逐渐增加。根据前期预调研情况，云南省昭通市农村贫困状况在全省范围内具有典型性，能够代表云南省整体贫困状况，其辖区范围内农村基层政权组织建设进程也同样具备典型性与代表性。因此，以立意抽样方式选取云南省昭通市威信县 SH 乡 TC 村，MG 乡 SB 村、MH 村；镇雄县 GZ 乡 GZ 村，HS 乡 HS 村、XMD 村、DHD 村、XHD 村作为本研究的调研点。

四川省贫困人口主要分布在乌蒙山区、秦巴山区、藏区三个地区，其中大凉山地区贫困面广、贫困程度深、贫困时间长且脱贫难度大。在凉山州辖区范围内，安宁河谷流域贫困发生率较低，其余区域贫困发生率较高。综合考虑地理区位因素及贫困发生率，在前期预调研的基础之上，以立意抽样方式选取四川省凉山州喜德县 MS 镇 XS 村，EN 乡 EN 村、APL 村；甘洛县 SJ 镇 JG 村，PC 镇 ZM 村作为本研究的调研点。

重庆市 9 个国家级贫困县主要分布在其辖区范围内的东部、东北部和东南部地区。重庆市整体经济发展水平较高，辖区范围内贫困发生率较低，各贫困县的贫困程度及发展状况并不存在非常大的差异，其农村基层政权组织建设进程也较为趋同。在前期预调研的基础之上，综合各方面考虑，以立意抽样的方式选取开州区 HY 镇 LWP 村，QK 镇 QK 村；酉阳县 TG 镇 TX 村，QQ 乡 QQ 村作为本研究的调研点。

在此基础之上为兼顾研究的广度与深度，本研究选取四川省喜德县 MS 镇 XS 村，重庆市酉阳县 TG 镇 TX 村，云南省威信县 SH 乡 TC 村进行参与式观察研究；在其余乡镇和村庄进行深度访谈和问卷调查，详见表 1-1。另外，遵从学术规范和学术伦理，本研究所有地点均做了匿名化处理。

表 1-1　　　　　　　　　　调研点汇总

省份	县	乡镇	村
四川省	喜德县	MS 镇、EN 乡	XS 村*、EN 村、APL 村
	甘洛县	SJ 镇、PC 镇	JG 村、ZM 村
重庆市	开州区	HY 镇、QK 镇	LWP 村、QK 村
	酉阳县	TG 镇、QQ 乡	TX 村*、QQ 村
云南省	威信县	SH 乡、MG 乡	TC 村*、SB 村、MH 村
	镇雄县	GZ 乡、HS 乡	GZ 村、HS 村、XMD 村、DHD 村、XHD 村

注：*表示进行参与式观察的村。

（二）参与式观察村基本情况

本研究以代表性和研究便利性为调研点选取原则，在前期预调研的基础上，综合考虑各地农村基层政权组织建设进度、贫困状况以及地理区位等因素，根据分层抽样与立意抽样，最终将四川省喜德县 MS 镇 XS 村、重庆市酉阳县 TG 镇 TX 村和云南省威信县 SH 乡 TC 村作为进行参与式观察的样本村。现将三个样本村的基本情况概述如下。

1. 四川省喜德县 XS 村①

XS 村位于四川省喜德县西北部，距离喜德县城约 16 千米。XS 村平均海拔在 2400—4500 米之间，自然资源丰富，草场和林地较多。现有耕地 980 亩，林地 18009.86 亩，高山草地 29167 亩，退耕还林地 1314.5 亩。XS 村水资源及牧草资源丰富，村民以传统农业、畜牧养殖业为主。XS 村下辖 3 个村民小组，共有人口 332 户 1298 人。XS 村 2014 年开始建档立卡工作，识别出建档立卡贫困人口 60 户 279 人，贫困发生率为 22.9%。2016 年底，全村贫困发生率降低至 1.5% 以内，实现了整村脱贫。

XS 村村"两委"班子由村三职人员组成，分别为：村支部书记、村民委员会主任和村文书。第一书记派驻之前，XS 村暂未设立单独的村务监督委员会，对村委会的监督职责暂由村党支部代为承担。

XS 村是四川省有名的以村级党建带动村集体经济发展的行政村。2010 年前后，XS 村还是一个位于大凉山腹地贫穷落后的小山村，村民以务农为生，过着三餐洋芋的生活，基本无村集体经济收入。第一书记派驻之前，XS 村仅有党员 23 名且文化程度均在小学及以下，80% 以上的党员年龄超过 55 岁。村支书巴九 LM（63 岁）是个退伍军人，对党建及村务工作积极性很高，但迫于 XS 村贫穷落后状态下党员积极性不高和村民内生动力不足等限制，村级组织建设工作一直无法启动。村三职干部迫于生计无暇顾及村务工作，村级组织建设薄弱。由于凉山州贫困问题突出，2010 年前后国家便开始通过财政转移等方式对该地区进行帮扶。XS 村村干部由于工作能力有限且人力不足，无法组织开展村级扶贫工作，XS 村的扶贫工作一直处于搁置状态。

2012 年，四川省 AJ 局开始对口帮扶 XS 村。自 2014 年下半年起，四川省 AJ 局开始选派优秀干部派驻到 XS 村任第一书记，协助 XS 村村"两委"开展扶贫工作，并在此过程中推动农村基层政权组织建设。XS 村第一任第一书记以村级党建为突破口恢复村级组织活力，为此专门创办了

---

① XS 村相关数据为研究团队 2019 年 5 月至该村调研时由 XS 村村委会提供，数据更新至 2019 年 4 月底。

四川省第一个"农民夜校"以丰富党建形式。"农民夜校"在四川省引起了轰动，各地纷纷效仿 XS 村开始举办"农民夜校"。随后，第一书记带领村三职干部创办村集体经济组织，以科学合理规划组织机构和相关制度为基础，以"党建+产业"的方式在村党支部的领导下通过大户带动创办了天 S 泉水厂，取得了很好的经济收益。2016 年 XS 村成功脱贫摘帽，XS 村从贫穷落后村一跃成为经济强村。2017 年初，XS 村第一位第一书记派驻期满，四川省 AJ 局又向其选派了第二位第一书记，在带领 XS 村村"两委"开展扶贫工作的同时，着力推进 XS 村村级组织建设。2018 年初在四川省统一调配下，向 XS 村派驻了 3 名驻村工作队队员（第一书记任驻村工作队队长），协助第一书记开展派驻村村级组织建设工作。XS 村"党建+产业"的农村基层政权组织建设成功模式，成为四川省其他贫困村学习模仿的样板。

由于 XS 村农村基层政权组织建设周期长、建设效果突出，该村已探索出较为成熟的以村级党建带动村集体经济发展的农村基层政权组织建设模式。对该成熟模式的总结，可以有效帮助农村基层政权组织建设的后进村学习先进的建设经验。因此，选择 XS 村作为本研究参与式观察的行政村之一。

2. 重庆市酉阳县 TX 村[①]

TX 村是酉阳县 TG 镇的四个贫困村之一，幅员面积 7.325 平方千米，有林地 5199 亩、耕地 3570 亩、荒山 1448 亩、饲料地 476 亩、自留地 295 亩、水域 64 亩。TX 村位于酉阳县西部，距离县城 26 千米，交通便利。村内基础设施条件较好，有村小一个（可容纳 1200 名学生）、卫生站一个、服务综合楼一个、水库一个。TX 村辖 11 个村民小组，人口共 1159 户 4047 人（男性 2069 人、女性 1978 人），其中有劳动力 1945 人、外出务工 1124 人。TX 村自 2014 年起开始实施建档立卡，经过几轮动态调整，截至 2019 年 7 月底，全村共有建档立卡贫困人口 142 户 599 人，贫困发生率为 14.8%。贫困户中主要致贫原因及占比分别为：因学致贫 94 户

---

① TX 村相关数据为研究团队 2019 年 8 月至该村调研时由 TX 村村委会提供，数据更新至 2019 年 7 月底。

415 人，占比为 69.3%；因病致贫 43 户 169 人，占比为 28.2%；因残致贫 1 户 6 人，占比为 1%；其他原因致贫 4 户 9 人，占比为 1.5%。

TX 村村"两委"班子成员共 8 人，分别为：村支部书记、村委会主任、妇联主席、文书、综治专干、计生专干、扶贫专干和支委委员（其中一人兼综治专干）。村务监督委员会共有 5 人组成，其中设村监委会主任 1 名、村监委会成员 4 人。

TX 村是重庆市有名的"上访村"，村干部与村民之间的矛盾十分突出。严重的干群矛盾源自村干部的不作为和乱作为（腐败问题）行为，以及由此导致的村级治理混乱。2016 年以前，TX 村村级组织"软弱涣散"问题非常严重。村"两委"班子成员因受家族势力影响，内部派系政治问题突出。TX 村共有凡、喻、刘、王四大姓氏家族，村支书姓喻、村主任姓凡，二人及其所领导的村党支部和村委会自成一派，各自为自家家族谋利，村党支部与村委会之间的矛盾非常突出。在这种情况下，村党支部和村委会干部常年不在职，且均不愿意组织、解决村内公共事务。TX 村村级党建常年停滞，村党支部几乎丧失了组织凝聚力；由于村"两委"矛盾突出，村党支部根本无法实现对村委会的有效领导；村级公益事业（如村庄农田水利灌溉、道路修缮等）均处于停滞状态；村集体经济组织建设由于责任不明，一直未能启动。

2014 年，酉阳县启动精准识别工作，按照当地工作安排此项工作是在村党支部的领导下由村"两委"干部协作开展的。由于 TX 村村"两委"矛盾突出，因此，当村支书喻 JG 接到精准识别任务后，便私下将建卡户指标分给了自家亲戚和村党支部成员。村主任凡 YX 得知此事后不服，便组织村民进行上访。调研中，据 TG 镇党委副书记介绍，2017 年某日国家信访局共接待上访者 17 人，其中 9 人来自重庆市酉阳县 TX 村，这引起了从中央到地方的高度重视（古 JM，20190814M54）。与此同时，由于 TX 村村干部内部、干群之间矛盾突出，因此精准扶贫工作也一直无法开展。自 2017 年起，TX 村成为酉阳县农村基层政权组织建设的重点村。

2017 年初，酉阳县向 TX 村派驻第一任第一书记接管村内的扶贫工作以及村级其他事物，并重点就村级组织问题进行整顿。TG 镇镇党委定期对 TX 村村级组织建设状况进行考核。2017 年中，酉阳县进一步加大对 TX 村的农村基层政权组织建设力度，向 TX 村派驻两名驻村工作队员与第一书记组成驻村工作队（队长由第一书记担任），带领村"两委"开展村级扶贫工作、协助第一书记对 TX 村开展党建工作，并在此基础上整顿村委会、启动村集体经济组织建设计划。2019 年 3 月，酉阳县将一名市派第一书记分配到 TX 村，着力解决村级组织建设问题，原第一书记任驻村工作队副队长，协助工作。

由于 TX 村村级组织薄弱，第一书记派驻后会对 TX 村村级组织体系进行全方位的改造，这也保证了第一书记介入下其农村基层政权组织建设过程的完整性。同时，由于 TX 村村级组织建设已引起了由中央到地方的高度关注，地方政府会对其农村基层政权组织建设过程进行全程跟踪考核，因此，该村农村基层政权组织建设过程规范化程度较高，具有一定的代表性。基于此，本研究选择 TX 村作为参与式观察的村庄之一。

3. 云南省威信县 TC 村①

TC 村是位于云南省威信县 SH 乡东南角的一个典型的贫困村落，距离威信县城约 23 千米。TC 村平均海拔 1500 米，地处高山陡坡地带，地势陡峭，是 SH 乡一个比较落后的行政村。TC 村土地资源丰富，耕地、荒山、荒坡面积大。现有田地、耕地总 1800 亩，其中耕地 600 亩、水田 1200 亩、林地 5000 余亩。TC 村基础设施建设较为落后，精准扶贫启动以前，村内仅有一条通村土路，仅有一口水井用于农田灌溉，村便民服务中心办公室一间。TC 村下辖 4 个村民小组，共有人口 315 户 1152 人。TC 村 2014 年开始启动建档立卡工作，识别出建档立卡贫困户 93 户 403 人，贫困发生率为 35%，其中，低保兜底 56 户 155 人。TC 村计划 2019 年底实现整村脱贫。

TC 村村"两委"班子成员共 4 人，分别为：村支部书记、村委会主任、村文书和妇女主任。第一书记派驻之前，TC 村暂未设立单独的村务

---

① TC 村相关数据为研究团队 2018 年 8 月至该村调研时由 TC 村村委会提供，数据更新至 2018 年 7 月底。

监督委员会，村务监督委员会的相关职责暂由村党支部代为承担。

TC 村是云南省威信县比较典型的贫困村。2014 年初威信县开始启动精准扶贫工作，县级工作落实到乡镇后需要通过村级组织的政策执行才能使贫困户享受到政策福利。但据威信县脱贫攻坚指挥部工作人员介绍，当扶贫任务下达到乡镇后就出现了问题，由于村级组织普遍存在"人少、能力差、工作不在状态"的情况，因而扶贫政策无法进村入户。这一现象在云南省威信县非常普遍，问题的关键就在于村级组织建设薄弱，无法承担上级交办的任务。TC 村的村级组织建设状况非常典型，可以算得上是威信县贫困村整体状况的一个缩影。TC 村村级组织建设的突出问题主要表现在：村党支部建设落后，凝聚力不足；村干部与村民关系紧张、村民对村干部的信任度低，以及由此造成的村民自治问题突出；村集体经济组织长期处于"虚置"状态；村干部履职能力不足；等等。基于此，自 2015 年起，威信县开始以村级组织整顿为抓手，加强农村基层政权组织建设。

2015 年底，威信县开始向 TC 村派驻第一书记，以村级党建为抓手推动 TC 村的脱贫攻坚工作。2017 年，威信县又进一步向 TC 村派驻驻村工作队协助第一书记开展工作。2018 年初，TC 村第一任第一书记届满，威信县向 TC 村派驻了第二任第一书记，着力推动基层组织建设以及村合作社建设工作。

TC 村是云南省威信县一个非常典型的贫困村，其原村组织情况及第一书记对村级组织的建设过程具有一定的典型性与代表性。因此，选取 TC 村作为本研究的样本村，并对其进行参与式观察研究。

（三）受访者基本情况

本研究所选择的关键受访者为第一书记、村干部以及乡镇干部。同时，为确保资料搜集和研究的完整性、可靠性，本研究将受访者范围扩大至驻村工作队队员、县级扶贫干部、农民群体（包括贫困户与非贫困户）和帮扶企业，先后对 100 余位受访者进行了深度访谈。现将部分受访者基本信息在表 1 - 2 中呈现，遵从学术规范和学术伦理，本研究对所有受访者的姓名进行了匿名化处理。

表1-2　　　　　　　　　　受访者基本情况（部分）

编号	姓名	年龄	性别	身份	政治面貌	地区
1	刘ZY	52	男	第一书记	中共党员	重庆酉阳
2	阿木LR	29	男	第一书记	中共党员	四川甘洛
3	王XY	27	男	第一书记	中共党员	云南威信
4	廖C	26	男	第一书记	中共党员	四川甘洛
5	吴ZY	28	男	第一书记	中共党员	云南镇雄
6	刘CY	30	男	第一书记	中共党员	四川喜德
7	贾YG	41	男	第一书记	中共党员	四川喜德
8	袁B	30	男	第一书记	中共党员	重庆开州
9	黄DC	31	男	第一书记	中共党员	云南镇雄
10	彭DJ	43	男	驻村工作队副队长	中共党员	重庆酉阳
11	姚HM	38	男	驻村工作队队员	中共党员	重庆酉阳
12	刘Y	42	女	驻村工作队队员	中共党员	重庆酉阳
13	唐JH	41	男	驻村工作队队员	群众	四川甘洛
14	瓦扎ZX	34	男	村支书	中共党员	四川喜德
15	阿边QM	39	男	村支书	中共党员	四川喜德
16	朱TF	44	男	村主任	中共党员	重庆开州
17	凡YX	44	男	村主任	群众	重庆酉阳
18	陆SM	33	男	村副主任	群众	云南镇雄
19	王KU	41	男	村文书	中共党员	重庆酉阳
20	张YA	37	男	村组长	群众	云南威信
21	戴XY	46	男	县扶贫移民局科员	中共党员	云南镇雄
22	王XD	55	男	县脱贫攻坚指挥部副指挥长	中共党员	云南威信
23	沈X	27	男	镇委副书记/县扶贫移民局党办（挂职）	中共党员	四川喜德
24	邓Y	41	女	区组织部科员	中共党员	重庆开州
25	古JM	54	男	镇党委副书记	中共党员	重庆酉阳
26	刘W	45	男	镇党委书记	中共党员	四川甘洛
27	罗YS	31	男	镇党委书记	中共党员	四川甘洛
28	王W	27	男	乡长	中共党员	四川喜德

续表

编号	姓名	年龄	性别	身份	政治面貌	地区
29	贾SJ	35	男	镇包村干部	群众	云南威信
30	许X	26	女	镇包村干部	中共党员	重庆酉阳
31	沙SG	46	男	TX公司经理	群众	云南威信
32	王SC	46	男	种养殖大户	中共党员	云南镇雄
33	吃SZ	37	男	种养殖大户	群众	四川甘洛
34	许HJ	32	女	贫困户	群众	重庆开州
35	洪SJ	54	男	一般农户	群众	重庆酉阳

注：该表信息由笔者根据深度访谈对象个人信息整理自制。

同时，本研究对访谈记录进行编码，例如：阿木LR，20190715M29，阿木LR是受访者的姓名，20190715是调研时间，M表示性别男性（女性表示为F），29代表受访者的年龄。访谈文字资料以论据呈现时，括号标注资料来源（阿木LR，20190715M29）。

第二章

农村基层政权组织建设分析框架的建构

从清晰明确的研究视角出发，选择契合研究问题的基础理论作为指导，搭建有效的分析框架是进行科学研究的逻辑起点。本章节首先通过对传统国家与社会关系研究视角的修正，提出本研究所使用的政府与社会关系研究视角，并阐述该研究视角之于本研究的契合性。其次，系统介绍本研究所选取的国家政权建设理论、治理理论与政策执行系统理论三个基础理论，阐述其对于指导本研究的适切性。最后，在对农村基层政权组织建设过程进行细化和分解的基础上，综合研究视角与基础理论构建解释农村基层政权组织建设的"多阶段组织建设过程模型"，作为本研究的理论分析框架，为下文研究的开展提供理论指引。

第一节 研究视角：政府与社会

科学合理的研究视角的选取是开展研究的前提条件。农村基层政权组织处于国家治理体系与乡村社会的连接点上，对农村基层政权组织建设的研究有必要回归到国家与社会的关系之中。但本研究认为，广义国家概念要素的多元性降低了其概念的解释力，易使研究陷入"整体性同质化"的困境。因此，本节在对国家与社会关系研究视角进行系统回顾的基础上，将国家概念进一步聚焦到政府层面。

一　国家与社会关系研究视角的内容及解释限度

（一）国家与社会关系研究视角的主要内容

从学术研究的发展脉络上来看，国家与社会关系研究视角经历了由国家与社会二分论（国家中心论和社会中心论）向国家与社会互动论的转变。

国家中心论强调的是国家对社会的影响和控制作用，认为国家优先于市民社会。国家是社会陷入不可解决的自我矛盾，分裂为不可调和的对立面却又无法摆脱这些对立面时，出于对冲突控制的需要而产生的一种表面上凌驾于社会之上的力量。公民让渡自己的部分权利以订立契约的形式形成国家，其主要目的是在调和分化的特殊利益与普遍利益的基础上整合社会利益。市民社会介于国家与家庭之间，它的出现晚于国家。因而，国家的存在是市民社会产生的前提，而在市民社会中存在的利益分化与冲突又进一步印证了国家存在的必要性及合理性。蒂利与吉登斯是国家中心论的主推者。在他们看来，现代国家建构的过程即是国家权力不断向社会渗透的过程，在此过程中伴随着国家组织机构的下移与官僚化的深入，产生的最终结果是国家对社会的整合、国家动员能力与对社会监控能力的增强。

社会中心论始于西方学者对市民社会的研究，它强调社会力量发展壮大对国家空间产生的一种挤压作用。[1] 东欧剧变、苏联解体后，西方学术界掀起了对市民社会研究的热潮，学者们普遍认为是市民社会的兴起与斗争推动了欧洲国家的政治转型。市民社会作为一个相对独立的实体，其在抵抗国家专制、保护公民自由、推动代议制与资本主义发展方面都起到了重要作用。[2] 社会中心论以西方公共空间与公民社会发展逻辑为参照，认为基层自治空间的发展与壮大将会逐渐同国家产生一种相互分离与制衡的趋势。社会中心论主张通过社会力量限制国家权力，通过自下

---

[1] 邓正来、景跃进：《建构中国的市民社会》，《中国社会科学季刊（香港）》1992年第1期。

[2] 邓正来、J.C.亚历山大：《国家与市民社会：一种社会理论的研究途径》，中央编译出版社1999年版，第1—21、431—443页。

而上的基层社会关系与秩序的重塑影响国家与社会的关系。

20世纪末，学术界关于国家与社会关系的研究逐渐由单向度的因果关系研究转向了双向互动的动态研究。国家与社会互动论逐渐取代了国家与社会二分论，成为研究国家与社会关系的主流研究视角。

国家与社会互动论是建立在对市民社会理论适用性反思的基础上的。学者邓正来等认为，中国现实中的国家与社会并不是二元对立的，而是存在一个彼此交汇的"第三领域"。[1] 在"第三领域"中，国家与社会力量都起到重要作用，同时又会在互动中产生出超越国家与社会影响的自身逻辑特性。"第三领域"研究范式认为，在乡村基层治理空间中国家与社会力量是相互渗透与融合的，国家在进行乡村治理的过程中往往会采取吸纳社会力量的"简约治理"模式，呈现出一种国家与社会协商共治的状态。[2] 在"第三领域"研究范式的指引下，部分学者开始探究在国家和社会力量的共同作用下维系地方秩序的机制与逻辑。"地方秩序"研究范式将国家与社会治理力量融为一体，认为基层政权组织对地方秩序的维系主要依靠的是非正式制度与非官僚治理机制，并且在此过程中地方精英与上层精英存在意识形态与治理目标的一致性。除"地方秩序"研究范式外，"社会中的国家"研究范式同样也强调国家与社会力量在乡村治理中的不可分割性。同时，该研究范式侧重以微观视角对国家与社会力量进行分解，认为国家与社会内部皆为非均质的，国家与社会力量的合作实为其内部各部分之间的分工配合。[3]

国家与社会关系研究视角自20世纪90年代被邓正来等学者译介至中国以来，便逐渐成为分析中国乡村治理问题的主流研究视角。[4] 早期研究者多选取国家中心论或社会中心论，对研究问题进行单方面的分析解读，随后转向国家与社会互动论。在较早的研究中，研究者多将国家与社会

---

[1] 黄宗智：《中国研究的范式问题讨论》，社会科学文献出版社2003年版，第260页。
[2] 黄宗智：《集权的简约治理——中国以准官员和纠纷解决为主的半正式基层行政》，《开放时代》2008年第2期。
[3] 李姿姿：《国家与社会互动理论研究述评》，《学术界》2008年第1期。
[4] 丁惠平：《"国家与社会"分析框架的应用与限度——以社会学论域中的研究为分析中心》，《社会学评论》2015年第5期。

看作是完全二元对立的。随着研究的不断深入，学者们逐渐意识到国家与社会内部诸要素在互动中的复杂关联性。

(二) 国家与社会关系研究视角的解释限度

自国家与社会关系研究视角引入中国以来，由于其同中国社会发展轨迹的契合性而迅速成为一种具有普适意义的研究视角。学者们在研究中对该研究视角进行不断修正而使其日臻完善。但不少学者在运用该研究视角对学术问题进行研究时也发现，国家与社会关系研究视角本身也存在一定的解释限度。

总括而言，国家与社会关系研究视角解释限度主要体现在以下三个方面。其一，该研究视角易于将研究问题置换为国家与社会影响力的比对研究。以国家与社会关系研究视角分析研究问题，会存在简约化研究问题的风险，研究者会更关注对比国家与社会二者影响力大小，而忽视对此二元界分之下行动者之间的微观互动机制的研究，从而降低该研究视角的解释力。其二，该研究视角容易诱导研究者进入一种整体性思维之中。研究者易于将国家与社会看作是两个相互独立的研究实体，进而研究二者之间的互动关系，易于陷入一种同质化研究的思维倾向。其三，该研究视角存在一定程度的解释悖论。由于国家与社会概念的宏观性特质，致使研究者在实际研究中容易将实际研究客体简约化为具体事物，由此获得的研究结论是否可以推论至国家与社会层面仍存质疑。

从某种程度上讲，国家概念的宏观性是使国家与社会关系研究视角存在一定程度的解释限度的根本原因。国家概念由领土、人民、主权、政府四大核心要素构成。如若将国家简约化为一个整体性的分析单位，则不免会因国家概念的多元性而使研究陷入概念指代不明的困境。因此，在借用国家与社会关系研究视角对研究问题进行分析讨论时，应当根据特定的研究议题明确国家概念的具体指向，以提高该研究视角对研究议题的解释效度。

二 政府与社会关系研究视角及与本研究的契合

本研究关注中国农村基层政权组织建设议题，主要讨论中央政府阶段性的农村发展战略调整，及基层政府持续性地同农村社会的互动，对农村基层政权组织建设过程产生的影响。可见，政府是本研究的重点分析对象之一，至于国家概念中的领土、人民、主权等要素则并不是本研究的研究重点。基于此，如果直接将本研究的核心议题纳入国家与社会关系分析框架之中，不免会因国家概念的多元性而使研究陷入概念指代不明的困境。因此，本研究将国家概念进一步聚焦至政府层面，提出政府与社会关系研究视角，以期从政府与社会互构的角度更好地揭示农村基层政权组织建设的动因、过程与效果。

透过政府与社会关系研究视角对农村基层政权组织建设过程进行解读，应当注意区分不同层级政府对农村基层政权组织建设过程影响的差异性。本研究重点关注中央政府和基层政府（县级以下政府）对农村基层政权组织建设过程产生的影响。

中央政府通过阶段性的农村发展战略调整，对农村基层政权组织的建设目标定位、功能与结构调整产生影响。中央政府根据国家发展规划制定阶段性的农村发展战略，通过自上而下的科层体系将政策与资源向基层传递，最终依托农村基层政权组织贯彻落实。中央政府为保证政策执行与具体行政任务的完成质量，会根据特定时期的农村发展战略对农村基层政权组织目标、功能和结构进行调整，以确保其能够胜任特定时期的农村工作。例如，20世纪60年代，工业化提升了国家对农村地区经济资源的汲取需求，中央政府在农村地区建立起人民公社体制，依托其管理农民和发展生产。

基层政府通过派驻干部（如第一书记）和提供政治、资源、技术支持的方式介入农村基层政权组织建设过程，并同农村社会产生持续性的互动。在现实的社会治理领域中，基层政府与农村社会并非完全是二元对立的，而是存在一个彼此力量相互融合的场域。其中，政府力量会借助组织、人员等进入该场域，同社会自治力量相互配合以达到一种对农村社会进行有效治理的均衡状态。在农村基层治理中，政府与社会力量是彼此互补的。政府负有对社会进行有效治理的义务。当社会自治力量羸弱时，政府力量应及时通过人员派驻、组织建设等方式向基层治理场域输送政府治理力量以保证乡村社会治理的稳态，否则乡村社会很有可能会陷入一种治理失序的状态之中。同样，当社会自治力量增强时，政府力量应当逐步收缩其在基层治理场域中的作用范围，为社会自治力量留出足够的发挥作用的空间。

政府与社会关系研究视角对本研究具有适切性。本研究在梳理中国农村基层政权组织建设历史演进脉络的基础上，着重分析精准扶贫战略下农村基层政权组织建设问题。在精准扶贫战略下，村级组织松散、治理能力羸弱导致扶贫资源由乡镇政府向贫困群体的精准有效传递受阻，农村基层贫困治理问题凸显，亟须中央政府通过政策供给和基层政府力量介入，重建农村基层政权组织①以提升其贫困治理的有效性、稳定乡村社会秩序。在此过程中，中央政府对农村贫困地区的精准扶贫战略要求，将会决定农村基层政权组织的建设目标定位、组织结构与功能的调整方向；基层政府将会通过派驻干部的方式介入农村基层政权组织建设过程，影响其建设进度与质量。与此同时，农村基层政权组织建设过程也是政府与社会力量在基层治理场域进行双向互动、彼此影响的过程，社会力量也会对农村基层政权组织的建设过程产生影响。基于此，我们选取政府与社会关系研究视角用于指导本研究的分析过程。

第二节　理论基础

基础性理论在科学研究中发挥着重要的指导作用。选择同研究问题相契合的基础性理论，既为研究的开展提供理论指引，同时也为构建科学有效的分析框架奠定基础。笔者选择国家政权建设理论、治理理论与政策执行系统理论来作为本研究的基础性理论。

一　国家政权建设理论

（一）国家政权建设理论的主要内容

国家政权建设即国家依托一定的社会经济条件并依照民主法治原则，

---

① 此处的"重建农村基层政权组织"是指将村级组织建设成为能够有效发挥贯彻与执行国家意志、回应公共需求并稳定社会秩序、塑造现代公民观念、引领经济发展等政权功能的农村基层政权组织的过程。

建立与完善合理且能对社会及民众进行有效监管的官僚体系,并通过机构下沉与现代官僚派驻实现对基层社会的权力渗透与监督控制的过程。

国家政权建设理论（state-building/making theory）源自第二次世界大战后西方学者对西欧国家现代化过程的经验性理论总结。学者们通过梳理欧洲现代民族国家的形成历史,发现各国之间的军事竞争驱使国家政权开始加强对地方的控制,以汲取自身发展所需的资源。因此,西欧国家的形成往往都伴随着国家权力向乡村社会的渗透以及对资源的攫取。民族国家现代化进程中,里程碑式的建设结点是现代政府的形成。而现代政府的合法性提升,源自对民众权利的维护并不断得到人民认同。因此,当现代政府出现后,国家政权建设的关键路径就转变为通过加强政府建设以将更多的社会成员组织起来,提升政府的社会内聚能力,以整合更大范围的人民认同。[1] 蒂利据此将国家政权建设概括为：国家力量对分散的社会权力进行整合,以实现对底层社会控制的过程。[2] 吉登斯的观点与蒂利类似,他在《民族、国家与暴力》一书中将国家通过行政力量实现对社区的全面监控作为现代民族国家形成的基础,而现代民族国家的建设目标即是建构一个受政府严密监控的有边界的社会。[3] 国家政权建设理论强调政府对社会的管理、监督与控制,揭示了在西欧民族国家形成的过程中国家将分散的地方权力向中央集聚,并通过官僚机构的下沉（即各级政府建设）逐步实现国家权力向地方渗透的过程。

国家政权建设的核心是国家权力,重点关注如何凭借基层政权组织建设更好地实现国家权力向社会渗透的问题。而在不同的历史发展阶段,国家权力的概念内涵也不尽相同。迈克尔·曼将国家权力划分为专断性权力与基础性权力两类,专断性权力指的是部分政治精英通过对政权的非民主性运作而行使的权力；基础性权力则是指国家由上至下的制度性

---

[1] 纪程：《"国家政权建设"与中国乡村政治变迁》,《深圳大学学报》（人文社会科学版）2006 年第 1 期。

[2] Charles Tilly, *The Formation of National States in Western Europe*, Princeton: New Jersey Princeton University Press, 1975, pp. 1 – 10.

[3] [英]安东尼·吉登斯：《民族、国家与暴力》,胡宗泽等译,生活·读书·新知三联书店 1998 年版,第 50—59 页。

权力，表现为国家的制度建设与政令执行的能力，基础性权力自上而下贯穿整个社会。① 学者黄冬娅进一步将国家基础性权力具体化为经济政策执行能力、社会公共服务供给能力与公共秩序维护能力三大方面。② 现代国家政权建设，关键在于其基础性权力建设，即建立国家基础性权力机构并不断提升其有效运转的能力。③ 可以认为，国家基础性权力影响社会能力的强弱是评判现代国家政权建设成功与否的关键性指标。

1. 国家政权建设理论下农村基层政权的重要性

国家基础性权力影响社会能力的强弱取决于基层政权的建设效果。国家政权体系由中央政权、地方政权和基层政权构成。④ 其中，中央政权是相对于地方政权而言的，表现为一种二元界分——非地方的皆为中央。地方政权有广义与狭义之分：广义的地方政权是与中央政权相对而言的，其中包括了基层政权；⑤ 而狭义的地方政权则与基层政权相对，将基层政权排除在其概念范畴之外。基层政权则是指处于政权组织体系最底层的政权，它处于国家政权体系的最末端，是国家政权与社会进行互动的关键性部位。⑥ 国家基础性权力并不能直接对基层社会产生影响，它产生于中央，需经由国家政权体系内部层层传导，最终由处于国家政权体系末梢的基层政权对社会发挥实质性的作用和影响。由此可以看出，国家基础性权力能够在社会中发挥作用，是建立在中央政权对地方政权和基层政权有效控制以及确保基层政权功能发挥的基础上的。一般而言，中央政权会通过"压力型体制"来实现对地方政权较为有效的控制。但由于

---

① ［英］迈克尔·曼：《社会权力的来源》（第二卷·上），陈海宏译，上海世纪出版集团2007年版，第68—69页。

② 黄冬娅：《国家基础权力研究述评：基于财政分析的视角》，《中山大学学报》（社会科学版）2010年第4期。

③ 赵晓峰、魏程琳：《行政下乡与自治下沉：国家政权建设的新趋势》，《华中农业大学学报》（社会科学版）2018年第4期。

④ 唐鸣、朱可心：《对基层政权定位的重新认识》，《中州学刊》2019年第12期。

⑤ 中国宪法规定："中央和地方的国家机构职权的划分，遵循在中央的统一领导下，充分发挥地方的主动性、积极性的原则。"宪法将省级、县级、乡级人民代表大会和人民政府都归入地方各级人民代表大会和地方各级人民政府的范畴，由此可见，从广义上讲非中央即为地方。

⑥ 杨志军、尹红群：《"国家政权建设"范式与民国时期地方政权研究》，《求索》2006年第10期。

基层政权所处位置的特殊性降低了中央政权对其控制的有效性——基层政权与社会力量互嵌易于造成公私利益胶着，使其容易产生"自主"活动空间，最终导致其与国家（中央政权）的关联度降低。① 由此可见，加强国家对基层政权的有效管控、确保基层政权能够有效释放国家基础性权力作用，是国家政权建设的关键环节。

不少学者指出，农村基层政权是中国国家政权的重点建设环节，同时也是中国国家政权建设的薄弱环节。② 传统中国以农业为立国之本，因而农村社会的现代化在国家现代化中有着举足轻重的政治意义。但很显然，传统农村社会普遍缺乏自发现代化的动力与资本。在此种情况下，国家通过建设与调整农村基层政权来实现对乡村社会的现代化改造，就成为中国国家政权建设的重要使命。自新中国成立至20世纪末，国家通过对农村基层政权的不断调整，经由"地方权威的官僚化"与"地方权威的组织合理化"，逐步实现了国家政权对乡村社会的整合。当前阶段，中国国家政权建设的重点仍在农村，而位于国家与乡村社会"接点"位置的农村基层政权则是国家政权建设的关键所在。

在国家政权建设理论框架下，中国农村基层政权组织建设的目的是更好地发挥国家基础性权力的作用，进一步巩固与提升国家政权建设效果。国家政权建设效果主要体现在国家权力渗透下国家治理能力的增强，以及公民权利义务扩大过程中民众对政权认可度提升两个方面（其中后者是国家政权建设的最终目的），农村基层政权在这两个方面均发挥着独特的功能和作用。

2. 国家权力渗透下农村基层政权的功能

国家政权建设理论强调国家权力向基层社会的渗透。蒂利通过对16—18世纪西欧民族国家形成过程的研究发现，通过"官僚化"手段推动国家权力进入基层社会是西欧民族国家政权建设的普遍规律；国家权力的渗透、分化以及对基层社会管控的增强是国家政权建设的主要特

---

① 吴理财：《村民自治与国家政权建设》，《学习与探索》2002年第1期。
② 徐勇：《政权下乡：现代国家对乡土社会的整合》，《贵州社会科学》2007年第11期。

征。[①] 杜赞奇在对1900—1942年中国华北农村基层政权建设过程进行研究后也得出相似的结论——不论出于何种目的，所有的中央或地区政权都企图通过机构设置和人员派驻的方式将权力延伸至乡村基层。[②]

国家权力向农村基层社会的渗透需要由农村基层政权来完成，国家能否实现对农村基层政权的管控以使其充分发挥相应的功能和作用，决定了国家权力渗透效果与国家政权建设的成败。成功的国家权力渗透，需要有效发挥农村基层政权对乡村社会的动员、整合与治理的功能和作用，具体表现为有效贯彻国家意志、回应公共需求与稳定社会秩序、引领地方经济发展等。

徐勇对中国农村基层政权建设过程进行了研究，强调了农村基层政权动员、整合与治理功能的发挥会对国家权力渗透效果产生深刻影响。[③] 区别于西欧国家，中国农村地区的政权建设所面对的是一个高度分散的乡土社会。国家政权建设的首要任务就是依托自上而下的政权体系建设，尤其是农村基层政权建设，来实现国家对乡村社会的组织化、动员与整合。从传统到现代，在乡村层面上国家"政权下乡"经历了由"无根统治"向"国家扎根"的转变。新中国成立之初的土地革命与农业的社会主义改造，突破了乡村传统"胥吏"势力对政权渗透的阻隔，重构了农村基层政权并使其社会动员与治理功能得到了有效发挥，实现了国家对农村社会的高度整合。[④] 土改时期国家派驻的土改工作队与新吸收的乡村党员共同推动了农村基层政权建设，国家力量通过该部分乡村领导者进入农村社会并由其实现国家意志的有效贯彻。至人民公社解体前，国家通过机构设置与人员派驻建构起了较为完善的农村基层政权组织体系，国家权力可以通过农村基层政权实现对乡村社会的有效治理与经济引领。

---

① Charles Tilly, *The Formation of National States in Western Europe*, Princeton: New Jersey Princeton University Press, 1975, pp. 1–10.

② [美]杜赞奇：《文化、权力与国家——1900—1942年的华北农村》，王福明译，江苏人民出版社2010年版，第206—210页。

③ 徐勇：《"行政下乡"：动员、任务与命令——现代国家向乡土社会渗透的行政机制》，《华中师范大学学报（人文社会科学版）》2007年第5期。

④ 徐勇：《"政策下乡"及对乡土社会的政策整合》，《当代世界与社会主义》2008年第1期。

而村民自治时期国家对农村基层政权的管控力度有所减弱,基层政权扩张权力以增进自身利益,由此导致了其政策执行、社会治理与经济建设职能弱化。学者付建军将该时期农村基层政权建设存在的问题归结于体制内农村精英群体的"未官僚化",认为要想进一步推动国家政权建设,实现国家权力向乡村的渗透,就要进一步利用"官僚化"手段加强对农村精英的管控,以进一步发挥农村基层政权的功能和作用。①

吴毅等学者在具体区分乡村公共权力性质的基础上,将国家权力渗透下的农村基层政权的功能和作用具体化为:有效贯彻国家意志、回应公共需求与稳定社会秩序、引领地方经济发展等操作性指标。②(1)有效贯彻国家意志。借用英国学者迈克尔·曼对国家权力的分类,农村基层政权同样也包含专断性权力与基础性权力两部分,专断性权力应当被控制,但作为有效贯彻、执行国家决策的基础性权力的运行则应当被支持。有效贯彻国家意志是指有效执行国家政策并实现国家发展规划在乡村社会的落实等。③(2)回应公共需求与稳定社会秩序。社会赋权强弱将会直接影响国家政权建设效果,而社会赋权源自乡村基层政权对社会需求的回应与社会秩序的稳定。回应公共需求与稳定社会秩序指的是农村基层政权所应当提供的公共服务和所应发挥的社会治理作用。④(3)引领地方经济发展。农村基层政权对地方经济发展的引领与控制能力,同其对社会的整合与调控能力之间有着正相关关系。引领地方经济发展并非自身经营,而是以诸如制定地方发展规划等方式给予经济发展引导。

3. 公民政权认同下农村基层政权的功能

国家政权建设理论强调公民政权认同度提升是国家政权建设的最终目的,同时也是评价国家政权建设效果的核心依据。就该层面,国家政

---

① 付建军:《精英下乡:现代国家整合农村社会的路径回归——以大学生村官为例》,《青年研究》2010年第3期。
② 吴毅:《治道的变革——也谈中国乡村社会的政权建设》,《探索与争鸣》2008年第9期。
③ 申恒胜:《"分配型政权":惠农政策背景下基层政权的运作特性及其影响》,《东南学术》2013年第3期。
④ 欧阳静:《"维控型"政权 多重结构中的乡镇政权特性》,《社会》2011年第3期。

权建设理论较为关注在国家政权建设过程中，公民素质提升、乡村社会公共秩序建立以及公民对国家政权认同感的形成等问题。在提出国家政权建设的"权力渗透"理论的同时，蒂利提出了"民族形成"的概念，认为"民族形成"代表着公民对国家政权的认可、忠诚和参与。[1] 张静接受了这一概念，并利用此概念视角来审视中国的农村基层政权建设。[2] 在她看来，国家政权建设并不仅仅只是权力向基层渗透和组织、制度建立的过程，还应当建立起国家与农民之间的相互依存关系，不断提升农民对政权的认同度。但从结果上看，近代中国国家政权建设并未动摇农村传统权威在基层社会中所处的中心位置，而作为公民基本素质的权利义务观念也并未在农民中形成。

公民的政权认同需要通过农村基层政权相应功能和作用的发挥而获致。例如，张静通过对20世纪末中国农村基层政权运行状况进行研究后发现，国家权力对农村基层政权控制的无力使得基层政权与社会结构的利益分离产生了紧张和不安，使农村基层政权道德权威与管辖的合法性下降、社会赋权减弱、公民认同降低。[3]

公民政权认同度的提升需要充分发挥农村基层政权紧密国家与公民关系的功能和作用，具体表现为：上达民意、代表并有效反映公民需求，塑造现代公民观念与公共精神等方面。

吴传毅强调农村基层政权具有紧密国家与公民关系的功能和作用。[4] 农村基层政权处于国家政权体系末端，直接嵌入乡村社会内部，它需要通过落实农村政策、提供公共服务、维护乡村秩序稳定与增加农民福祉等职能的发挥，起到紧密联系国家与社会的纽带作用。农村基层政权的存在及其功能的发挥应当能够有效构建起"国家—公民"的现代关系——农村基层政权通过基础性权力的行使而获得乡村社会支持与农民

---

[1] Charles Tilly, *The Formation of National States in Western Europe*, Princeton: New Jersey Princeton University Press, 1975, pp. 1–10.

[2] 张静：《基层政权：乡村制度诸问题》，社会科学文献出版社2018年版，第5—8页。

[3] 张静：《基层政权：乡村制度诸问题》，社会科学文献出版社2018年版，第321—325页。

[4] 吴传毅：《乡镇政权建设的调查与思考》，《国家行政学院学报》2012年第2期。

认可，不断增强国家与农民之间的互赖关系。

欧阳静等学者进一步将紧密国家与公民关系的功能具体化为：上达民意、代表并有效反映公民需求，塑造现代公民观念与公共精神等操作性指标。① （1）上达民意、代表并有效反映公民需求。欧阳静强调乡镇政权应当具备回应社会需求的主动性与能力。饶静等指出，税费改革后乡镇政权由于财政主要转靠上级转移支付，因而其回应社会需求的能力降低。这直接导致的后果便是基层政权的"悬浮"与干群关系紧张，农村基层政权紧密国家与公民关系的功能弱化。韩鹏云进一步指出，乡镇政权位于国家与社会之间，既是国家政治和行政体制的末梢又是乡村社会的管理者。② 乡镇政权连接国家与农民桥梁作用的发挥，取决于其是否可以有效代表与回应公共需求，承担起稳定乡村社会的缓冲器的功能与作用。（2）塑造现代公民观念与公共精神。徐勇、贺雪峰等学者从村民自治实践入手，分析村民自治在村级场域中的运作过程及其对农民民主意识启蒙的作用，研究结果显示，村民自治在很大程度上锻炼了农民的民主思维与能力。③ 但是，乡村社会的非制度性权威也在不断地侵蚀与异化着村民自治。可以说，在很多情况下，地方利益主导下的乡村集体行动的逻辑左右着乡村政治，同时也在不断地形塑着农民对政府的情感态度。因此，对乡村社会非制度性权威的"阅读理解"有助于更加清晰地揭示国家政权在乡村的建设过程，以及乡村现代化所遇到的种种阻力。吴毅认为，现阶段乡村治理的改善并不仅是单向度的行政体制重塑、政府权力下沉以及基层治理能力的提升，农民的市民化同样重要。如何提升农民的权利义务观念，以及如何引导农民的行为逻辑进而形成有序合作博弈的新秩序，最终能够让现代化的公共秩序在乡村社会中建立，是国家

---

① 欧阳静：《"维控型"政权 多重结构中的乡镇政权特性》，《社会》2011年第3期；饶静、叶敬忠：《税费改革背景下乡镇政权的"政权依附者"角色和行为分析》，《中国农村观察》2007年第4期。

② 韩鹏云：《乡村研究视阈中的国家与社会关系理论——脉络检视与范式反思》，《天津行政学院学报》2012年第6期。

③ 徐勇：《村民自治：中国宪政制度的创新》，《中共党史研究》2003年第1期；贺雪峰：《村民自治的功能及其合理性》，《社会主义研究》1999年第6期。

政权建设的应有之义。

（二）国家政权建设理论对本研究的指导意义

农村基层政权组织是国家政权在农村基层的建设载体与依托。政权建设是国家建设的内核，但政权建设是无形的，其只有落实到政权组织建设层面才能真正实现对国家政权的建设。因此，政权建设与政权组织建设是互为表里和内在统一的，国家政权建设理论对于农村基层政权组织建设研究有着直接的指导意义。作为本研究的基础性理论，国家政权建设理论在协助本研究厘定农村基层政权组织功能、评价农村基层政权组织建设效果等方面提供了理论指导。

第一，国家政权建设理论提示农村基层政权组织应当具备并有效发挥贯彻与执行国家意志、回应公共需求并稳定社会秩序、塑造现代公民观念、引领经济发展的政权功能。国家政权建设理论认为，农村基层政权组织是国家政权向乡村社会延伸的神经末梢，国家政权需要通过农村基层政权组织来贯彻与执行国家意志。而作为国家政权组织体系深入乡村社会的部分，农村基层政权组织所应当具备的首要功能便是回应公共需求与稳定社会秩序，并在此基础上塑造现代公民观念、引领经济发展，以达到紧密连接国家与农民的政权建设目的。

第二，国家政权建设理论为评估农村基层政权组织建设绩效提供了理论指导。国家政权建设理论认为，提升公民的政权认同度是政权建设和政权组织建设的最终目的。因此，农村基层政权认同度的提升是评估第一书记派驻下农村基层政权组织建设效果的关键指标。

二 治理理论

（一）治理理论的主要内容

"治理"（governance）一词最早出现在1989年世界银行报告《撒哈拉以南非洲：从危机到可持续增长》中，该报告首次使用了"治理危机"（Crisis in Governance）概念，并将"治理"一词的概念界定为：对公共领域事物的有效管理。在这份报告中，以世界银行为首的国际组织对资金援助的国家设定了一系列的援助条件，意在通过限制政府行为来进一步促进经济自由化，最终目的是提升援助效益。自概念提出以来，治理便被广泛运用并迅速发展成为理论与实践领域的热词,随后被西方理论界引入政治发展研究的领域之中。

詹姆斯·N. 罗西瑙是治理理论的主要创始人,他对治理的概念内涵进行了清晰明确的界定。罗西瑙认为,治理与传统的统治与管理存在明显的区别,它是一种以共同目标为导向形成的一种活动过程,该活动过程未必需要政府主导或参与,这一过程本身也并不总是需要依靠国家强制力量来进行推动。① 库伊曼和范·弗利埃特对罗西瑙所提出的治理概念表示认同,并指出治理过程所产生的秩序并不是依托外力建构的,治理作用的发挥多是依靠行动者之间所进行的有序互动。② 虽然学者们对治理理论内涵的具体表述莫衷一是,但其核心思想却是清晰而又明确的,即:治理区别于传统的统治与管理,其并不强调政府在治理过程中的核心主导作用,认为治理是多元主体合作互动的过程。

然而,西方治理理论的兴起是基于对现代化转型背景下政府与市场双失灵问题的回应。"等级式国家协调的优势已经失去……市场协调的优势也已失去"③,找寻一种能够化解福利政策与官僚机构效率低下问题的有效途径,推动了治理理论的产生。理论产生的特定背景就决定了治理理论本身存在一定的局限性。

治理理论的核心理念为"去国家化"和"多中心治理主义"。治理理论认为,由于官僚机构臃肿与政府行政效率低下,传统的国家管理模式已无法通过高效的资源配置进一步推动国家发展,因而推崇"去国家化",以多中心治理来替代低效的政府管理。例如,罗兹指出,治理是作为最小国家的管理活动,它强调的是通过政府公共部门与民间私人部门的互信合作来实现社会控制。④ 大政府管理的低效导致了对政府分权的呼

---

① [美]詹姆斯·N. 罗西瑙主编:《没有政府的治理》,张胜军、刘小林等译,江西人民出版社 2001 年版,第 317—338 页。

② 俞可平:《治理与善治》,社会科学文献出版社 2000 年版,第 2—3 页。

③ F. W. Scharpf, "Games Real Actors Could Play: Positive and Negative Co-Ordination in Embedded Negotiations", *Journal of Theoretical Politics*, No. 1, 1994, p. 37.

④ Rhodes R. A. W., "The New Governance: Governing without Government", *Political Studies*, No. 1, 1997, pp. 652-667.

呼,治理要求政府退回间接掌舵者的角色,网络成为实际的治理主体。同样,埃莉诺·奥斯特罗姆和奥利弗·威廉姆森也强调了由社会组织等多元主体参与的多中心治理,可以有效避免公共物品提供的低效率。① 在治理的"去国家化"和"多中心治理主义"理念之中,隐含着对国家权威力量的弱化和对社会力量的强调,形成了"社会中心主义"的逻辑进路。

治理理论虽然在一定时期内化解了西方的公共管理危机,促进了国家管理效率的提升,但社会中心主义逻辑下国家力量的弱化在很大程度上却诱发了西方国家的"治理危机"。学术界开始从理论维度与实践维度出发,反思引发治理危机的深层次原因。

从理论维度上看,治理理论缺乏强有力的约束性权力保障,其根源在于该理论所主张的去国家化理念。治理理论强调对政府权力的限制,主张多元主体间通过平等协商的方式解决公共问题,很显然,治理与政府是难以融合的。治理理论对社会中心主义的强调,使得政府力量很难在治理过程中发挥实质性作用,这是诱发治理失败的主要根源之一。

从实践维度上看,社会中心主义逻辑下的治理在实际运行过程中的效果也并不理想。由于政府的缺席,世界各国的治理实践均出现了不同程度的"治理失灵"问题。正如弗朗西斯·福山所言,是政府的软弱无能导致了治理的失败。治理产生于社会力量较为成熟的西方国家,该理论的适用对社会发育的程度有着较高的要求。而对于后发国家来讲,在社会发育程度较低的情况下,去政府化的治理理论的运用不仅可能无法达到预期效果,还很有可能引发国内的治理危机与政治动荡。

基于此,鲍勃·杰索普等人提出了政府主导治理过程的"元治理(Meta-governance)"理论,在治理之中重塑政府的过程主导与规则制定的角色和作用。② 元治理理论对政府作用的强调,"在一定程度上纠正了治理理论的社会中心主义取向"③。元治理理论是对多中心治理理论中政府、

---

① 孔繁斌:《公共性的再生产:多中心治理的合作机制建构》,江苏人民出版社2008年版,第38页。

② Bob Jessop, *The Future of the Capitalist State*, Cambridge: Polity Press, 2002, pp. 242 – 243.

③ 李新廷:《新时代中国特色社会主义国家治理的理论进路、政治逻辑与价值追求》,《山东师范大学学报》(人文社会科学版)2019年第2期。

社会与市场作为平等治理主体理念的反思与修正，该理论认为在具体的治理过程中政府、社会和市场并非处于平行位置，政府主导着治理过程。元治理意味着国家应该在治理过程中起到监管、协调、引导等作用，并且承担着协调治理所需资源的重要作用。[①] 元治理是对治理的治理，同治理理论有所区别，该理论较为突出政府在治理过程中的主导作用，认为政府应当采取措施解决治理过程中所产生的低效与民主问题。然而，元治理也并非要求重返政府一元主导的统治或管理模式。在杰索普看来，政府主要通过制度设计、提供战略规划、协调治理场域内各自组织的目标、行动及后果等方式来实现对治理网络的有效治理。[②] 基于杰索普的元治理策略，陶芬格和索伦森更为系统地将元治理中的政府治理策略归纳为网络规划、网络设计、网络管理、网络参与四项。[③] 其中，网络规划是指政府影响治理网络的目标、财政与制度基础；网络设计是指政府会对治理网络的构成主体、涉及范围、制度程序等方面进行干预；网络管理是指政府通过多种方式的激励，来降低治理网络内部的冲突、降低交易成本并为治理网络中的行动者提供支持；网络参与是指政府对治理网络的政策议程、政策选择和政策制定进行影响的过程。

可见，元治理理论对治理理论的局限性进行了有效修正。元治理理论进一步突出了政府在治理网络中的主导地位，相较于强调多中心治理主义的治理理论而言，元治理理论更加适合对中国问题的分析和阐释。同样应当注意的是，利用元治理理论对农村基层政权组织建设问题进行讨论时，仍然应当注意党组织在治理网络中所发挥的主导作用。

（二）治理理论对本研究的指导意义

农村基层政权组织的建设过程，实质上是建构能够对乡村社会进行有效治理的治理网络的过程。在村级治理场域中，社会与市场等行为主体所构成的松散的治理网络由于缺乏有效的约束机制，而无法自发形成促使治理目标达成的秩序与行为。此时，需要政府力量的介入，通过合

---

① Bob Jessop, *The Future of the Capitalist State*, Cambridge: Polity Press, 2002, pp. 242-243.
② Bob Jessop, *The Future of the Capitalist State*, Cambridge: Polity Press, 2002, pp. 242-243.
③ Eva Srensen and Jacob Torfing, "Making Governance networks Effective and Democratic through Meta-governance", *Public Administration*, Vol. 87, No. 2, 2009, pp. 246-247.

理的治理策略将村治主体组织起来，实现对村级公共事务的有效治理。可见，作为本研究的基础性理论，治理理论为指导农村基层政权组织建设过程的研究提供了理论指导。

第一，治理理论多元互动合作治理的理念提示在农村基层政权组织建设中，应当在政府主导下有效激发多元治理主体的能动性，提升组织的治理效能。治理理论认为在治理过程中政府的能力是有限的，应适时推动由政府主导的一元治理模式向多主体参与式治理模式转变。因此，在农村基层政权组织建设过程中应当有效提升各村治主体的治理能力，并明确各主体的治理职责，在政府力量的主导下有效提升组织的治理效能。

第二，治理理论中的元治理理论指明了代表政府力量的第一书记在农村基层政权组织建设过程中所应承担的角色和作用。陶芬格和索伦森对元治理政府治理策略的阐释中，将网络规划与网络设计设定为政府在主导治理网络建构过程中所应发挥的作用。[1] 以该理论为指导，第一书记在农村基层政权组织的建设过程中，应当有效承担起设计组织目标、财务与各项制度的职责并协助理顺各村治主体之间的关系。

第三，治理理论中的元治理理论也同样提示出，代表政府力量的第一书记在农村基层政权组织运行中所应承担的角色和作用。同样的，陶芬格和索伦森对元治理政府治理策略的阐释中，将网络管理和网络参与设定为政府在主导治理网络运行过程中所应发挥的作用。以该理论为指导，第一书记在农村基层政权组织运行过程中，应当有效承担起降低组织网络内部冲突和交易成本的职责，并为组织内部行动议程的设定提供指导。

三 政策执行系统理论

（一）政策执行系统理论的主要内容

"政策执行是一个动态的过程，它是政策执行者通过建立组织机构，

---

[1] Eva Srensen and Jacob Torfing, "Making Governance networks Effective and Democratic through Meta‑governance", *Public Administration*, Vol. 87, No. 2, 2009, pp. 246–247.

运用各种政策资源，采取解释、宣传、实验、实施、协调与监控等各种行动，将政策观念形态的内容转化为实际效果，从而实现既定政策目标的活动过程。"① 政策执行是政策过程的中介环节，是将政策目标转化成政策现实的唯一途径。20 世纪 60 年代，公共政策的研究重点开始由政策制定转向政策执行与评估方面。这种转向一方面是得益于政策理论研究的迅猛发展，另一方面则是由现实问题所驱动的。20 世纪 60 年代，美国的系列社会改革政策多未取得既定政策目标，这开始引起公共政策研究者的思考：为何设计良好的公共政策无法取得预期成效？因此，进入 20 世纪 70 年代以后，政策执行开始成为公共政策研究者的重点关注领域，学者们开始对基层政策执行过程进行系统研究，将研究对象聚焦于政策执行过程当中的多元行动者。

政策执行系统理论（a model of the policy implementation process）是由美国俄亥俄州立大学的范米特和范霍恩在《政策执行过程：一个概念性框架》（*The Policy Implementation Process: A Conceptual Framework*）一书中提出的，该理论又被称为"范米特—范霍恩政策执行系统模型"。② 政策执行系统理论的提出是建立在前期公共政策执行研究成果的基础之上的。伊斯顿最早提出了政策绩效（Performance）概念，以区别于传统研究中的政策（Policy）概念，并在此基础上详细阐释了环境要素可能会对政策执行产生的影响。③ 紧接着，米特与沙堪斯基两位学者在伊斯顿研究进展的基础上进一步提出了政策传递模型（The Policy Delivery System），将"需求与资源""转换过程"要素加入影响政策执行的因素之列，并提出应当在政策执行的过程中注意"绩效反馈"和"外部环境"等因素对政策执行过程诸要素的影响。④ 米特与沙堪斯基的政策传递模型虽然进一步

---

① 陈振明主编：《政策科学》，中国人民大学出版社 1998 年版，第 276 页。
② 范米特、范霍恩：《政策执行过程：一个概念框架》，转引自柴宝勇、周君玉：《农村网格化管理政策执行研究——基于政策执行系统理论的实证分析》，《中国行政管理》2020 年第 1 期。
③ 柴宝勇、周君玉：《农村网格化管理政策执行研究——基于政策执行系统理论的实证分析》，《中国行政管理》2020 年第 1 期。
④ 柴宝勇、周君玉：《农村网格化管理政策执行研究——基于政策执行系统理论的实证分析》，《中国行政管理》2020 年第 1 期。

丰富了政策执行的影响要素，但却缺乏对从政策到绩效的政策执行全过程诸微观环节的详细考察。

基于此，范米特和范霍恩就政策执行过程问题进行了系统研究。他们将政策执行过程的起始端与终端设定为"政策"与"绩效"，并在此二者之间将政策执行过程细化为6个具体要素：政策目标与标准（Standards and Objectives）、政策资源（Resources）、组织间通信及强化活动（Inter-organizational Communication and Enforcement Activities）、政策执行机构的特点（Characteristics of the Implementing Agencies）、政治、经济与社会环境（Economic, Social and Political Conditions）、执行者的政策处置（The Disposition of Implementers），各要素间的具体结构关系如图2-1所示。

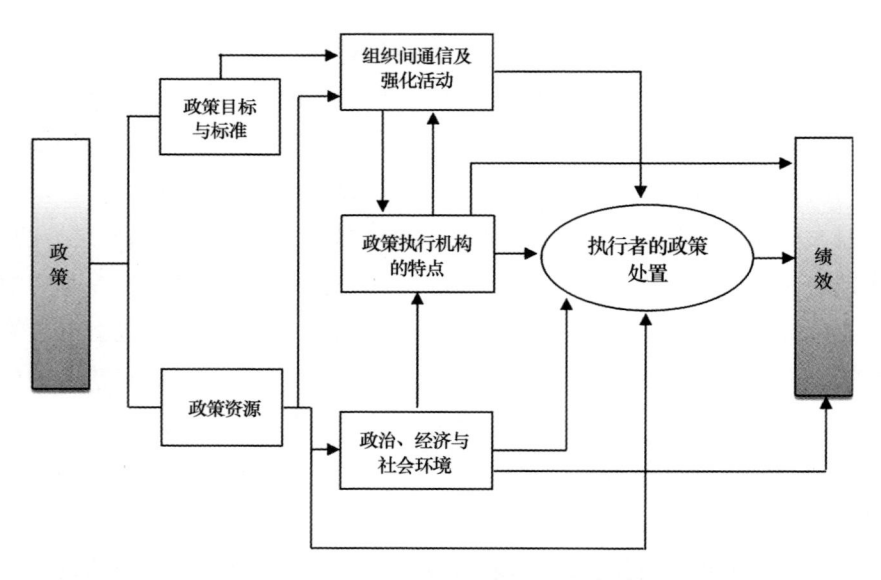

图2-1 范米特—范霍恩政策执行系统模型

1. 政策目标与标准。准确确定政策的目标与标准，是进行政策执行过程分析的前提与基础。清晰明了的政策目标与标准是评估政策绩效的标杆。但在现实的政策中，仍然存在不少政策目标与标准模糊的政策。对于此类政策而言，由于政策目标与标准的模糊而无法准确设定其政策绩效评估指标，这将会在很大程度上影响政策执行效果。

2. 政策资源。政策资源顾名思义就是指支持政策执行的基础性的资源或其他激励措施。经合法化程序后进入政策执行阶段的公共政策，均附带不同数量和性质的政策资源。政策资源数量的多寡与性质也是影响政策执行绩效的重要因素之一。

3. 组织间通信及强化活动。此处的组织间信息及强化活动是指为政策执行机构提供政治、技术支持和各项援助。组织间的信息沟通是一个非常复杂的过程，高效的信息沟通与互动能够有效提高政策执行效率，进而提升政策执行效果；但低效的信息沟通和互动，则会对政策执行起到一定程度的阻碍作用。

4. 政策执行机构的特点。政策执行机构的特点是影响政策执行效果的核心要素之一，主要包括：机构领导者能力、机构规模及内部结构的合理性、机构的资源、组织活力等。高效的政策执行机构能够有效提升政策执行绩效。

5. 政治、经济与社会环境。政策执行过程处于一定的政治、经济与社会环境之中，环境要素会通过影响政策执行过程来间接作用于政策绩效。此处所讲的政治、经济和社会环境包括但不限于利益集团的支持、支持政策执行的资金、公众舆论环境，等等。

6. 执行者的政策处置。政策执行的关键在于执行者，执行者的执行能力和意愿会直接影响政策执行绩效。在范米特和范霍恩看来，以下三个方面的要素将会影响执行者的政策执行意愿与能力：执行者的政策理解程度、执行者对政策的反应方向（支持、中立还是拒绝）、执行者对政策的反应强度。

相较于传统政策执行理论而言，政策执行系统理论更加强调政策执行过程中各环节的次序，以及在此次序基础上各环节小目标的实现。可见，政策执行系统理论更加关注基层政策执行过程，并在对政策执行各环节进行细分的基础上，阐释各执行环节之间相互影响的顺序关系。政策执行系统理论的提出推动了政策执行研究的跨越式发展。[1]

---

[1] 柴宝勇、周君玉：《农村网格化管理政策执行研究——基于政策执行系统理论的实证分析》，《中国行政管理》2020年第1期。

(二) 政策执行系统理论对本研究的指导意义

精准扶贫战略实施阶段农村基层政权组织建设，实际上是经由"第一书记"政策执行过程来实现的。"第一书记"政策执行发生在村级场域，由于村级组织内部及其外部环境的复杂性、多变性，致使第一书记通常会采取非常规性的政策执行手段来实现政策目的。因此，各行政村"第一书记"政策执行过程往往很难呈现出同质性的执行规律，这增加了研究者对"第一书记"政策执行过程及其影响因素研究的难度。政策执行系统理论为指导开展"第一书记"政策执行过程的研究提供了政策执行环节划分的理论指导，并为分析影响该项政策执行效果的因素提供了思路。

第一，政策执行系统理论提示应当分阶段对"第一书记"政策执行过程进行系统研究。政策执行系统理论认为，政策目标首先通过组织间通信及强化活动作用于政策执行机构，政策执行机构将政策目标传递给具体执行者，最终转化为政策的实际效果。该政策执行阶段划分同样适用于"第一书记"政策。所不同的是，在农村基层政权组织建设层面，政策客体为目标组织（在本研究中为村级组织），政策执行者（第一书记）通过影响目标组织产生政策的实际效果，因此将政策执行系统模型运用到农村基层政权组织建设领域时，应当做出适当调整，将目标组织纳入政策执行系统模型之中。

第二，政策执行系统理论指出了可能影响"第一书记"政策执行效果的影响因素。政策执行系统理论认为政策目标与标准、政策资源、组织间信息及强化活动、政策执行机构的特点、政治经济与社会环境、执行者的政策处置六项，是影响政策执行效果的主要影响因素，这为本研究分析"第一书记"政策执行效果的影响因素提供了理论指导。

第三节 分析框架：多阶段组织建设过程模型

此处笔者借鉴文献综述部分提炼出的农村基层政权组织建设研究的逻辑进路，将农村基层政权组织建设过程划分为："建设目标调整期—组织建设实施期—建设效果测度期—组织建设优化期"四个主要阶段。此四个阶段揭示出农村基层政权组织建设从酝酿到实施组织建设行为，再到对组织建设效果进行系统评估的全过程，最终评估结果会转化成为优化建议作用于下一个组织建设酝酿阶段，共同构成一个多阶段组织建设周期。

中国农村基层政权组织作为政府在社会治理场域发挥政权功能的组织载体，其组织目标定位、组织结构与功能调整，会受到特定时期政府与社会关系的影响。运用政府与社会关系研究视角分析农村基层政权组织建设时，"政府"包含运用政策工具指导农村基层政权组织建设的中央政府，以及通过介入农村基层政权组织建设过程同农村社会进行互动的基层政府[①]；"社会"指的是能够参与和影响农村基层政权组织建设过程的社会力量，主要包括农民个体、自治组织等。中央政府通过阶段性的农村发展战略调整，对农村基层政权组织的建设目标定位、功能与结构调整产生影响，并通过政策供给、资源调配等方式，指导基层政府介入农村基层政权组织建设过程，以确保其能够胜任特定时期的农村工作。基层政府通过派驻干部（如第一书记），并为其提供政治、资源、技术支持，介入农村基层政权组织建设过程，在基层治理场域中同农村社会进行持续性的互动。在基层治理过程中，政府与社会力量间是相互配合、彼此互补的。国家政权建设理论就基层政府与社会间持续的互构过程进行了系统的阐释，该理论认为，基层政府与社会组织在持续的互动中改变着彼此的目标、结构与规则；而政府与社会力量之间的平衡状态，需要发挥政府自主性，通过吸纳与管控社会予以实现。政府并非是隔离于社会之外的稳定实体，基层政府与农村社会之间存在一个互嵌的、动态变化的模糊地带。基层政府应当充分发挥其自主性，根据社会力量的结构性变动，以政策为调控工具，通过吸纳、控制或赋权等方式来维持政府与社会力量在基层治理中的平衡。具体的，基层政府通过干部派驻介入农村基层政权组织建设过程，通过农村基层政权组织吸纳社会力量并促进社会力量成长，或通过与社会力量合作完成治理任务的过程，满足社会需求、促进社会发展。

---

① 同前文，此处的基层政府指县级以下政府。

当基层治理中政府与社会力量由平衡转向失衡时，即进入农村基层政权组织建设的目标调整期。从结构性角度分析，来自政府、社会和农村基层政权组织三个方面的因素，都可能会破坏基层治理中政府与社会力量的平衡状态，引发社会问题。例如，贺雪峰等指出，后税费时代村干部治理能力不足，是导致乡村治理失序、社会问题频发的根源所在。政策总是以解决特定社会问题为导向的，社会问题被政府认识并准确界定是开启政策议程的基础性条件。[①] 金登认为，除现实的社会问题（问题流，Problem Stream）外，政治流（Political Stream）与政策流（Policy Stream）同样也是开启"政策之窗（Policy Windows）"所必不可少的前提条件。[②] 其中，政治流指的是社会问题引起政府关注后，在政府内部产生的政治紧迫感，政治流的出现会增加该社会问题被提上政策议程的机会；政策流则指的是出现与特定社会问题解决相匹配的行动方案，政策流对于推动政策议程的构建至关重要。根据金登的多源流理论，问题流、政治流与政策流"三流"汇聚是开启"政策之窗"的基础。[③] 此时，通过"政策企业家"的努力政策之窗便会开启，推动指导农村基层政权组织建设的新政策出台。准确确定政策目标是进行政策执行过程分析的前提与基础。新政策出台后，应当依据国家农村基层政权组织建设要求，并结合该组织的建设现状对政策目标进行细分，以便明确组织建设实施期的工作任务指向。

政策制定并明确政策目标后即进入政策执行期，农村基层政权组织建设也由目标调整期过渡至组织建设实施期。范米特与范霍恩认为，在政策执行过程中政府会直接或间接地通过组织间通信及强化活动等方式，为政策执行机构（执行者）提供政治支持、技术支援和各种帮助，协助

[①] 贺雪峰：《是谁在当村干部？》，《决策》2015年第10期。
[②] 方浩、杨建：《基于多源流模型视角的政策议程分析——以共享单车为例》，《电子政务》2019年第1期。
[③] 方浩、杨建：《基于多源流模型视角的政策议程分析——以共享单车为例》，《电子政务》2019年第1期。

其适应政策执行环境。① 例如，在"第一书记"政策执行过程中，乡镇政府依托乡镇驻村制为第一书记的派驻提供政治支持与技术援助等，协助其顺利入村。对于农村基层政权组织建设而言，最为关键的莫过于主导组织建设过程的政策执行机构与执行者。政策执行机构（执行者）作为政府力量的代表进入农村基层治理场域建设农村基层政权组织的过程，实质上是建构能够对乡村社会进行有效治理的治理网络的过程。元治理理论强调政府力量在治理网络建构中的主导作用。指出政府力量应通过组织目标设计、制度构建、合理化组织结构等方式进行治理网络建构，并有效指导组织运行以激发多元治理主体的能动性、提升组织的治理效能。政策执行者介入农村基层政权组织的建设过程，通过促进组织功能的有效发挥，实现提高农民农村基层政权认同度的政策效果。基于此，农村基层政权组织（在"多阶段组织建设过程模型"中将其称作"目标组织"）同样也是影响政策绩效的重要因素之一。除此之外，政策执行过程也会受到外部政治、经济等环境要素的影响。

阶段性的农村基层政权组织建设效果评估可以指导优化组织建设行为。依据国家政权建设理论，农民的农村基层政权认同度的变化是衡量农村基层政权组织建设效果的关键指标。行为公共管理学认为，当公民接收到政府的行为输出后，会在对该行为进行理解、认知的基础上构建出其对政府的特定认知，而公民对政府行为的认知能够增强或降低其对政府的认同度。② 可见，政府通过政策执行过程对农村基层政权组织进行建设，该建设阶段后农村基层政权组织行为对提升农民农村基层政权认同度的作用程度，可以有效评估农村基层政权组织的建设效果。最后，根据效果评价结果，从农村基层政权组织建设的顶层设计、政策优化和具体实施路径优化等方面系统提出组织建设优化方案，反馈给下一个组织建设酝酿阶段，进一步提升农村基层政权组织建设质量。

---

① 柴宝勇、周君玉：《农村网格化管理政策执行研究——基于政策执行系统理论的实证分析》，《中国行政管理》2020年第1期。

② Jones B. D. , "Bounded Rationality and Political Science: Lessons from Public Administration and Public Policy", *Journal of Public Administration Research and Theory*, Vol. 13, No. 4, 2003, pp. 395 – 412.

以上各阶段共同构成"多阶段组织建设过程模型",该模型为本研究的理论分析框架(见图2-2)。

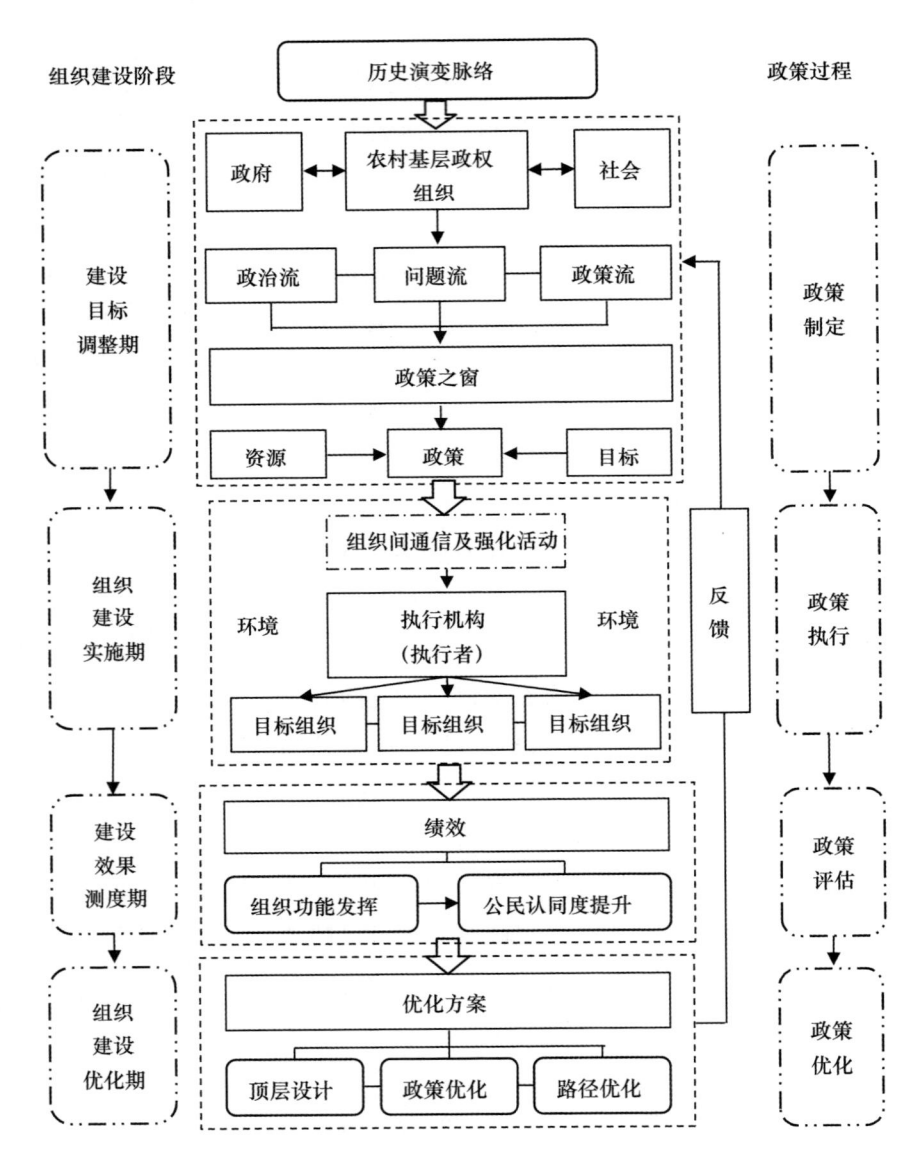

图 2-2 多阶段组织建设过程模型

第三章

中国农村基层政权组织建设的历史演变

农村基层政权组织是现代国家建构过程中"政权下乡"的产物。新中国成立以前,中国农村基层政权组织建设处于探索阶段。新中国成立以来,中国农村基层政权组织建设经历了乡级政权组织建设阶段(1949—1958 年)—人民公社组织建设阶段(1958—1984 年)—乡镇政权组织建设阶段(1984—2015 年)三个阶段。从政府与社会关系研究视角出发,农村基层政权组织是政府在基层治理场域发挥治理功能的组织载体,不同时期政府与社会力量的结构性变动会对农村基层政权组织结构、功能与建设目标层级定位产生不同程度的影响。

第一节 1901—1949 年:近代农村基层政权组织建设时期

近代农村基层政权组织建设始于清末"新政",结束于新中国成立前夕。该时期农村基层政权组织的建设目标层级由县级逐渐下沉,组织功能由前期的税收与社会管控逐步转向对农民群众的组织与动员。

在传统中国"皇权不下县,县下行自治"的治理格局当中,乡村绅士阶级在很长的一段时间里一直处于乡村权力结构的关键位置,主导着乡村治理过程。乡绅通过科举及第获得进县和省衙见官的特权,因而被赋予了作为官府与平民中间人的地位和作用。该部分群体的个人利益与公共利益具有高度的趋同性,或其本身具有协调个人与公共利益使其具有一致性的能力,并以此获得公共权威。他们经常关心其所在区域内农村的公共事务、组织公共设施建造、解决耕作中出现的公共问题，并作为国家与百姓之间的连接体"上达民情"。

清末"新政"颁布了《城镇乡地方自治章程》和《府厅县地方自治章程》实行地方自治，政府增加对地方的赋税征收并开始介入乡村社会。据学者黄宗智的研究，政府权力对乡村社会的介入首先找到了作为乡村利益代表的乡村绅士，依靠其进行税负征收。[1] 村庄公共利益同政府摊派的任务之间往往存在无法协调的矛盾，这就使乡绅的乡村公共利益代表者的身份基础不再纯粹。尤其是清末"新政"以后，大部分乡绅被推举为村正或村佐，承担税务征收工作。政府沉重的税负使乡绅阶级逐渐失去了其赖以存在的公共权威。尤其是民国废除科举及抛弃儒学为正宗后，乡绅阶级失去了国家制度性支撑与常规的流动渠道，那些身负科举功名的乡绅逐渐被挤出地方政府，其职位被新式学校出身的官吏取代。这导致传统乡绅阶级内部开始出现分化，饱学之士的乡绅精英纷纷走出乡村，进入都市。政治环境的转变推动了农村基层治理人员的替代，素质较低的土豪劣绅则留居乡野，开始把控乡村治理权。该部分群体由于缺乏国家制度性的保障，故而开始与军阀势力勾结。与此同时，民国时期"赢利型经纪"[2] 开始大量出现，政府试图通过对农村基层治理人员"官僚化"以规避"经纪"对乡村政权组织建设带来的阻碍作用，进一步加强对农村地区的控制。

辛亥革命推翻了延续两千多年的封建帝制，动荡时期亟须建立起自上而下的政权组织体系，以维持社会稳定并实现有效的社会治理。战争时期的政权组织是通过军事征服建立起来的，政权组织建设又需要进一步为军事服务。因而，民国时期亟须在乡村发展"准国家行政人员"的农村士绅来解决国家的军费筹集问题。官僚化的土豪劣绅一方面拥有着政府赋予的权力，另一方面又同乡村社会保持着密切联系，但又不受农村文化权威的约束。该部分群体的官僚化并不代表政府在广大的农村地

---

[1] ［美］黄宗智：《华北的小农经济与社会变迁》，中华书局1986年版，第284—300页。

[2] 学者杜赞奇用"经纪"一词来描述清末乡村治理主体的变化，认为清末民初政府通过收费经纪来实现对乡村社会的统治，并将"经纪"具体区分为"赢利型经纪"和"保护型经纪"两类。

区建立起了现代意义上的官僚体系，出于政府的财力限制与国内外动荡的政局形势，当时的国民政府并不能实现对该部分群体的有效监控。在该阶段政府在农村地区的统治权相对较弱，地方公权大部分被土豪劣绅掌控。"土豪劣绅一般都兼作收捐人、庙宇管事、公有土地管事、公有粮仓管事，等等。"① 官僚化的土豪劣绅以政府代理人的身份在乡间活动，尤其是在南京国民政府恢复保甲制度后税赋增加，他们以暴力强制性手段缴征税役，充分显示了农村基层政权组织的"掠夺性"，降低了农民对农村基层政权的认同。

可以看出，当时农村地区由半官僚化的土豪劣绅构成的基层政权组织并没有在乡村治理中起到稳定社会秩序的作用，也无法在国家与社会之间起到"上传下达"的中间载体的作用，反而向上截留了国家税收，向下侵占国家统治权"中饱私囊"，不断加剧政权组织的内卷化程度。政府与乡村社会的关系逐渐疏离，农村基层政权组织建设并不成功。革命推翻土豪劣绅阶级，打破既有的乡村权力结构成为国共两党的共识。

中国农民的数量相当庞大，他们是相对分散且外在于政治的一部分群体。政府在农村进行政权组织建设的核心任务就是将分散的农民组织起来，整合到政治体系当中。国民政府在乡村进行政权组织建设的失败经验表明：通过与部分地方乡绅的结盟虽然能在短时间内达到从农村汲取资源的目的，但并不能更进一步地实现有效的社会治理。科举废除之后，虽然乡绅阶层没落了，但根植于中国乡村几千年的传统文化印记使中国广大农村地区仍旧处于一种分散自治的状态，各种原生社会势力的存在使得乡村社会的权力分散且多元。亨廷顿认为，"一个处于现代化的社会，其政治共同体的建立，应当在'横向'上能将社会群体加以融合，在'纵向'上能把社会和经济阶级加以同化"②。中国共产党在中国的现代国家转型阶段很好地完成了这一任务。"一个政党如果想首先成为群众性的组织，进而成为政府的稳固基础，那它就必须把自己的组织扩展到

---

① [苏] A. B. 巴库林：《中国大革命武汉时期见闻录（1925—1927年中国大革命札记）》，郑厚安等译，中国社会科学出版社1985年版，第86页。

② [美] 塞缪尔·P. 亨廷顿：《变化社会中的政治秩序》，王冠华等译，生活·读书·新知三联书店1989年版，第366页。

农村地区。"① 中国共产党正是通过在广大的农村地区建立起基层党组织的方式，来实现对农村基层治理人员的改造和对农民的组织与动员的。

在土地革命时期，中国共产党开始大范围地让党员深入农村开辟新的革命根据地，剥夺乡绅权力并重建乡村政权组织。深入农村的党员一方面组织和动员农民群众参与革命斗争；另一方面不断吸收先进的农民积极分子入党，并组建农村基层党组织。中国共产党通过在农村发展党员并建立基层党组织，将其领导体制向乡村基层社会扩展，构建起有效连接国家与农民的中间型组织载体。与此同时，农村基层党组织通过吸收积极分子将传统的乡村精英转变为党员，并成为该时期的农村基层治理主体。农村党员来自草根群众，其地位获得的必要条件有二：其一，具有积极的"政治表现"，动员、组织和教育群众；其二，密切联系群众并取得群众的信任和支持。由此，农村党员与农民群众的联系十分紧密，能够有效实现"向上传达农民意见、向下宣传政策"，中国共产党通过农村党员和基层党组织初步实现了对农民的组织与动员。

第二节 1949—1958 年：乡级政权组织建设时期

在乡级政权组织建设时期，国家将农村基层政权组织的建设重心置于乡村一级。与此同时，政府通过向农村派驻工作队、建设农村基层党组织等方式，巩固农村基层政权组织。在该时期，中国农村基层政权组织的中心工作任务是进行土改与社会管理。

新中国成立之初的乡级政权组织基本保留了根据地时期苏维埃政权组织结构。1950 年底，政务院先后颁布了《区人民政府及区公所组织通则》《乡（行政村）人民政府组织通则》以及《乡（行政村）人民代表会议组织通则》等系列政策法规，将乡与行政村设立为农村政权机关，执行上级政府与本级人民代表会议决议的各项议案；执行上级政府的各项政策。根据以上政策法规，中央政府在全国不同地区建立起了两种不

---

① ［美］塞缪尔·P. 亨廷顿：《变化社会中的政治秩序》，王冠华等译，生活·读书·新知三联书店 1989 年版，第 401—402 页。

同形态的农村基层政权组织架构①。一种是"区村制",即在县下设区,区下设行政村;一种是"区乡制",即在县以下设县派出机构——区公所,其下设乡。

1950—1954年,中国北方地区农村基层政权组织架构为"区政权组织—乡(村)政权组织"两级制,南方地区一般为乡政权组织一级制。在此阶段,中央政府为服务于部分地区土改需要②和有效发挥基层政权组织的社会管理作用,全国普遍缩小乡的辖区规模实行"小乡制"。同时,中央政府开始统筹安排向农村基层派驻土改工作队,协助村干部进行土地改革与乡村社会改造。除工作队外,具有准政权组织性质的农会和农村基层党组织也为该时期政府工作任务在农村地区的落实发挥了重要作用。

1954年的《中华人民共和国宪法》与《中华人民共和国地方各级人民委员会组织法》取消了行政村建制。随后,为服务于农村合作化运动的生产发展需要扩大了乡的辖区范围,并进一步加强乡级政权组织机关的干部力量,以提升农村基层政权组织的能动性。但为了服务于村政需要,部分地区仍由乡人民代表兼任村主任开展日常工作。1958年人民公社体制正式建立,村乡制被废止。

第三节 1958—1984年:人民公社组织建设时期

20世纪50年代后半期,农业合作化建设成为中央政府农村工作的重点任务。人民公社建设时期,工业化提升了国家对农村地区经济资源的汲取需求,增大了政府对农村地区的管控力度,促使农村基层政权组织建设的行政层级下移。与此同时,土地改革对传统乡村自治力量的摧毁使基层治理中社会力量弱化,亟须政府组织介入弥补乡村自治能力的不足。基于此,中央政府在农村地区建立起自上而下的人民公社组织,通

---

① 简称"村乡制"。
② 新中国成立之初至合作化运动前,华东、中南和西南各省的新解放区还并未完成土改任务。

过公社、生产大队、生产队三级组织体系实现对乡村社会的全面有效管理。

1956年，中共中央、国务院颁布的《关于加强农业生产合作社的生产领导和组织建设的指示》中对合作社的管理体制与管辖范围作了原则性规定，合作社主任成为农村基层的关键性职位。1958年8月，中央政治局扩大会议通过了《中共中央在农村建立人民公社问题的决议》（以下简称《决议》）将人民公社规定为农村基层政权组织单位，该政权组织单位包含公社、生产大队、生产队三级政府序列，各级均设有党组织并建立起了以党为领导核心的集权体制。《决议》同时对人民公社内各级组织机构的权责范围进行了规定：公社负责管理片区内的政权、生产以及生活，担负盈亏；生产大队分片管理工农商学兵；生产队负责组织生产劳动。人民公社成为集党、政、经于一体的农村基层政权组织。1962年9月，《农村人民公社工作条例修正草案》（"农业六十条"）对人民公社的组织体系做了系统修正，人民公社组织体系虽然形式上由党组织体系和政府行政组织体系构成，但实际实行政社合一。人民公社由社党委统一领导，由公社、生产大队、生产队分级管理，各级组织机构权力分工明确。中央政府通过人民公社组织建设实现了对乡村社会的全面、有效管理，使政府与农村社会紧密相连，实现了政令上传下达的畅通，结束了中国农村"一盘散沙"的状态，实现了对农村地区的有效治理。[①]

但是在该阶段，政府并未完全实现对社队干部的官僚化，人民公社干部为国家干部，但大队及以下干部则仍属于农民。据统计，20世纪80年代，全国共有农村脱产、半脱产的生产队干部3700多万人，管理着全国597.7万个生产队。[②] 生产队干部除自身劳动所得外，还额外享有误工补贴。各级政府对半官僚化的生产队干部的管控权仍然有限，人民公社后期生产队干部的逐利性逐渐凸显，农村基层政权组织的公共性难以保障。与此同时，人民公社下农民生产积极性逐渐降低，这使得农村基层

---

① 杜润生：《杜润生自述：中国农村体制变革重大决策纪实》，人民出版社2005年版，第20页。

② 李学举、王振耀、汤晋苏：《中国乡镇政权的现状与改革》，中国社会出版社1994年版，第13—19页。

政权组织建设出现"根部不稳"之势,农村不稳定,整个政治局势就不稳定,国家亟须对此进行调整。

第四节 1984—2015 年:乡镇政权组织建设时期

一 1984—2000 年:乡镇政权组织重建时期

农村分田到户后,人民公社随之解体。该时期国家整体性的城乡发展战略并没有发生根本性变化,中央政府仍需来自农村地区的税收推动工业发展。与此同时,1982 年政府将计划生育确立为基本国策,作为中国人口主要聚居地的广大农村地区成了计划生育的重点区域。人民公社体制解体后,中央政府亟须对农村基层政权组织架构进行调整,以确保其对农村地区的有效治理和国家政策的贯彻落实。该时期乡镇政府为农村基层政权组织的建设核心,各地乡镇政府通过设立村公所并依托乡镇驻村制实现对广大农村地区的有效治理。

1982 年第五届全国人民代表大会通过新修订的《中华人民共和国宪法》(以下简称 1982 年《宪法》),将以乡镇党委政府为核心的乡镇政权组织设定为中国农村基层政权组织。人民公社改为乡、民族乡、镇;原人民公社党委改为乡、民族乡、镇党委,人民公社管理委员会改为乡、民族乡、镇人民政府;在村一级,村民委员会取代了生产大队,村民委员会被规定为基层群众性自治组织,这有别于被其替代的负有政治与行政双重职能的生产大队;原来建立在生产单位的党支部回归行政区域,设立村党支部。[①]

1982 年《宪法》对村委会属性的定位在一定程度上代表着政府力量在村级的"撤退",至于采取何种过渡措施来填补村一级政权组织的缺位问题,当时的官方文件及领导人讲话中并没有明确提及。由此产生的后果便是:缺乏集体经济支撑的行政村开始空壳化,乡镇同村级组织之间的联系出现梗阻,农村基层政权组织作为联系国家与社会纽带的功能弱化,其所肩负的社会与经济功能发挥受阻。部分省、市开始探索组建乡

---

① 田穗生、罗斌:《地方政府知识大全》,中国档案出版社 1994 年版,第 683 页。

镇人民政府的派出机构——村公所，以加强乡镇政权组织对农村地区的管理力度。村公所内设书记、村长、副村长3—5人不等，村公所干部由乡镇政府考聘，负责落实乡镇工作并协调管区内各村委会之间的关系。村公所的出现解决了乡镇政府无法实现对乡村社会有效管控的问题，在一定程度上消除了阻碍农村基层政权组织紧密联系政府与社会功能发挥的障碍，乡镇干部通过村公所干部可以有效地落实上级交办的征粮纳税与计划生育等工作任务。

1983年《关于实行政社分开建立乡政府的通知》规定建立乡财政，同时在乡一级建立党委、政府和经济组织，乡镇政权组织开始直接领导农村集体经济组织；1985年财政部公布的《乡（镇）财政管理试行办法》中将乡财政收入具体划分为国家预算收入、预算外收入和自筹资金；1986年，国家对乡镇政府进行了财权与人事权扩大化改革，由于当时并未同时设置健全有效的权力监督机制，最终导致了乡镇机构膨胀。1992年乡镇管理体制调整，中央开始对乡镇政府的人员编制进行限制，但收效不佳。1993年中共中央7号文件规定，乡镇不再设置村公所。如此一来，乡镇政权向村一级延伸的组织依托就不存在了，为确保农村工作的正常开展，乡镇驻村制逐步建立并填补了村公所撤销后的行政空缺。

实际上，自乡镇政权组织开始直接经营集体经济并建立起乡级财政后，其逐利性便日渐凸显，与农民的关系开始日渐疏离。其根源有二：一是乡镇政权组织并不善于经营集体经济，以至于部分乡镇负债日增；二是乡镇机构膨胀日趋严重，政府用于人事经费的开支巨大。乡镇财政中国家预算收入和预算外收入都是固定的，因此，乡镇政权组织便只能通过扩大自筹资金数目来解决财政负债与人事开支不足等问题。自筹资金增加部分多来自向农民收取的统筹款项和各种类型的罚款，农民负担增加，直接导致了乡镇政权组织与农民关系的紧张。与此同时，人事经费支出与乡镇负债也导致了乡镇政权组织对农村公共服务与公共产品供给能力的降低，农村建设落后。反观乡村社会内部，由于受市场经济思想的影响，村民原子化现象加剧，村庄共同体意识趋于瓦解，维系村庄秩序的信任与舆论力量减弱，农村地区正逐渐走向失序。在此情况下，

"三农"问题①逐渐凸显,乡镇政权组织的合法性危机逐渐出现。

基于此,1993—2000 年,中央政府逐渐对乡镇政权组织进行了乡镇合并、精简机构和缩小财政供养人员等改革,以期缓和干群关系紧张和日益严重的"三农"问题。

二 2000—2015 年:乡镇政权组织改革时期

20 世纪 90 年代以来,乡镇政权组织的机构膨胀和农民负担加重导致的农村基层政权组织的合法性危机,严重影响了政府对农村地区的有效管理,引起了乡村社会失序与干群关系紧张等问题。进入 21 世纪,政府开始着手通过农业税费体制改革配套乡镇机构改革等方式对农村基层政权组织进行调整。乡镇政权组织改革时期,中央政府通过实施乡镇撤并、乡镇机构改革、人员精简和职能转变等措施来提升乡镇政权组织的治理能力。

2000—2005 年,乡镇机构改革的重点是缩减乡镇数量与乡镇政府机构和编制数,同时伴随着农村税费体制改革的推进,乡镇财权被不断上收。2000 年,以中共中央、国务院下发的《关于进行农村税费改革试点工作的通知》(以下简称《通知》)为标志,中国农村税费体制改革正式启动。《通知》指出,进行农村税费体制改革是为了减轻农民负担,规范农村税费制度,从根本上治理对农民的各种乱收费,切实减轻农民负担。国家首先在安徽省进行农业税费改革试点,乡镇机构改革被作为配套改革措施同步推进,该时期的乡镇机构改革仍以"乡镇撤并、机构人员精简并缩小财政支出"为重点。据统计,截至 2001 年底,全国共有乡镇40161 个,相较 1999 年减少 4580 个。2004 年中央一号文件《关于促进农民增加收入若干政策的意见》提出要进一步精简乡镇机构并缩减乡镇财政供养人员,稳妥有序地进行乡镇建制调整,部分符合条件的地区可实行行政村撤并。响应中央精神,各地又进行了新一轮的乡镇撤并与机构调整,截至 2005 年全国乡镇总数减少至 35509 个。

从 2005 年下半年开始,乡镇职能转变开始成为国家乡镇体制改革的

---

① "三农"问题主要是指:农业不发达,农村不兴旺,农民不富裕。

重点。在国家的政策调整下，乡镇政权组织逐步由"汲取型"向"服务型"转变。2005年7月，国务院发布的《关于2005年深化农村税费改革试点工作的通知》中将转变政府职能设定为乡镇机构改革的重点，并强调要精简机构、人员并提高行政效率。2005年底，十届全国人大常委会第十九次会议经表决通过了《关于废止中华人民共和国农业税条例的决定》，决定自2006年1月1日起取消农业税及其他专门面向农民的收费。农业税的全面取消，意味着乡镇政权组织将不再承担国家的税收工作，乡镇财政开始转向依靠国家转移支付；与此同时，农业税的全面取消也为乡镇职能转变提供了有利契机。①

2006年，中央政府以新农村建设为抓手，着力推动乡镇政府职能转变。中共中央、国务院在《关于推进社会主义新农村建设的若干意见》（以下简称《若干意见》）中指出要进一步推进乡镇机构改革，转变政府职能，控制并缩减乡镇机构编制；同时，该项政策还表示要加快推进"省直管县"财政管理体制和"乡财县管乡用"财政管理方式的改革。这表明，国家开始进一步上收乡镇财权，并在转变乡镇政府职能的过程中不断简政放权（事权）。《若干意见》同时指出，乡镇政府应"加强社会管理和公共服务职能"，这意味着乡镇政权组织的职能开始从注重经济增长向提供公共服务与推动经济发展转变。2009年《中央机构编制委员会办公室关于深化乡镇机构改革的指导意见》提出，乡镇机构改革要在2012年基本完成。2012年11月，党的十八大报告进一步将加强基层公共服务供给置于深化乡镇体制改革的突出位置，并进一步扩大乡镇政权组织的经济社会管理权限。

截至2012年底，历时12年的乡镇机构改革基本完成。至精准扶贫战略实施（即2015年）前，乡镇政权组织初步建立起了精简高效的组织机构，并基本实现了由单一的经济增长向社会管理、公共服务与经济发展并重的职能转变。

---

① 曲延春：《乡镇机构改革三十年：实践演进与理论研究的双重审视》，《东岳论丛》2014年第8期。

第四章

精准扶贫战略下农村基层政权组织的建设目标定位调整

本章首先对精准扶贫战略实施初期贫困地农区村基层政权组织的功能障碍进行系统分析，阐述该时期对农村基层政权组织建设目标定位进行调整的必要性。在此基础上，基于多源流模型解析精准扶贫战略下农村基层政权组织建设"政策之窗"开启的动力机制，并阐释其建设目标。

第一节 精准扶贫战略实施初期农村基层政权组织的功能障碍

本节通过分析精准扶贫战略实施初期农村基层政权组织产生的功能障碍，阐述对农村基层政权组织建设目标定位进行调整的必要性及调整依据。根据国家政权建设理论以及中国农村基层政权组织运行经验，农村基层政权组织具有贯彻落实国家政策、回应公共需求与稳定社会秩序、引领地方经济发展、塑造现代公民观念与公共精神等组织功能。农村基层政权组织功能的有效发挥，是实现农村基层有效治理、稳定乡村秩序的有力保障。组织的功能障碍指的是组织无法根据变化的外部环境进行自我调节，以不断满足外部环境对组织提出的需求，主要表现为组织功能无法有效发挥并呈现出不断弱化的趋势。通常情况下，组织的功能障碍是由组织的自我调节惰性所引起的，但有时也会因组织外部环境或受其他组织影响而产生功能障碍。贫困地区农村基层政权组织的功能障碍就属于后一种情况,突出表现为因村级组织治理能力不足所引起的农村基层政权组织功能发挥障碍。精准扶贫战略启动后,贫困地区农村基层政权组织的功能障碍问题逐渐暴露并引起了中央政府的高度重视。

一 农村基层政权组织功能障碍的产生

农村基层政权组织功能障碍的产生有其历史根源。农业税费改革以前,中央政府通过乡镇实现税费征收,对乡镇政府的灵活性税收策略保持着一种容忍态度。此时,乡镇干部为了能够按时完成税收任务,同村干部之间建立起了非常紧密的非正式关系。基于此,乡村两级组织间联系的紧密度较高、村级组织执行力较强,乡镇政府通过村级组织完成税收任务及各项政策的落实。税改后国家实施的乡镇机构改革,上收了乡镇政府的"财权"并使其对上级财政的依赖度增加,乡镇政府开始由此前的"向下联络"转变为"向上负责"。与此同时,农业税的取消也使乡镇政府同村级组织间周期性联络的事由不复存在,乡村两级组织联系弱化,村干部也开始自谋生路,村级组织组织力与执行力均明显降低。由此,农村基层政权组织的功能障碍问题逐步产生,主要表现为乡镇政府无法通过村级组织实现对农村基层的有效治理。

精准扶贫战略对贫困地区农村基层政权组织的治理能力提出了更高的要求,这使农村基层政权组织的功能障碍问题瞬间暴露并引起了中央政府的高度关注。2013年12月,中办与国办联合下发的《关于创新机制扎实推进农村扶贫开发工作的意见》中首次提出要建立精准扶贫工作机制,将帮扶瞄准单位精准到户,在精准识别的基础上逐户制订帮扶方案。在此文件精神的指导下,2014年起各地开始制订精准扶贫战略规划并进入实施阶段。精准扶贫战略实施的关键在于"精准"二字,需要政策执行机构在对农户家庭基本情况熟悉了解的基础上,将真正需要帮扶的困难家庭识别出来并跟进合理有效的帮扶措施。基于此,精准扶贫战略下农村基层贫困治理的核心工作开始由乡镇下沉到村,由村级组织负责具体的政策执行工作。此时,扶贫政策效果已不再取决于精准扶贫政策的顶层设计，而更多地在于村级组织对扶贫政策的执行质量。[①]

精准扶贫战略下因村级组织治理能力不足，导致的精准扶贫政策无法有效执行，是产生农村基层政权组织贫困治理功能障碍的主要原因。农村基层政权组织贫困治理功能的有效发挥，需要村级组织有效承担起政策传递、政策执行和引领村集体经济发展等职责。其中，政策传递与执行是确保贫困群体按时脱贫的前提与基础，带领村集体经济发展是保障贫困群体稳定脱贫的关键。正如前文所述，此时村级组织治理能力根本无法承担起精准扶贫的工作任务。在村级贫困治理实践中，出现了诸多扶贫政策执行偏差和集体经济发展明显不足等问题。村级组织治理能力不足所引起的精准扶贫政策入村"走样"，严重影响了国家的脱贫进度与扶贫政策效果的发挥，甚至因政策资源分配不均而引发了农民"上访"问题，最终影响农民对农村基层政权的认同度和乡村社会的稳定。

二 农村基层政权组织功能障碍的表现

前文对精准扶贫战略下农村基层政权组织功能障碍的产生及原因进行了系统阐释，指出村级组织治理能力不足是造成农村基层政权组织功能障碍的关键原因。结合精准扶贫战略实施初期村级组织现状，本研究认为农村基层政权组织的功能障碍具体表现为：一是因村党组织建设问题突出，致使农村基层政权组织无法有效贯彻精准扶贫政策；二是因村委会公平性缺失，致使农村基层政权组织无法有效执行精准扶贫政策；三是因村集体经济组织"虚置"问题突出，致使农村基层政权组织无法通过发展集体经济带动村庄脱贫。

（一）农村基层政权组织因村党组织建设问题突出无法有效贯彻扶贫政策

村党组织承担着有效贯彻党和国家方针政策的职责，农村基层政权组织依靠村党组织将国家政策传递到乡村基层。精准扶贫战略实施初期，贫困村村党组织建设问题突出，无法有效承担起贯彻党和国家方针政策的职责，导致了农村基层政权组织政策传递功能障碍。在具体实践中，

[①] 李小云：《我国农村扶贫战略实施的治理问题》，《贵州社会科学》2013年第7期。

村党组织的建设困境主要表现在党建实践形式化与村党组织"软弱涣散"两个方面，二者共同对农村基层政权组织功能发挥起到了一定的抑制作用。

1. 村级党建实践形式化问题严重

党建是党组织领会党的精神、学习贯彻国家大政方针、提升组织凝聚力和战斗力的重要实践活动。贫困村村级党建存在较为严重的实践困境，具体表现为部分村党组织党建活动周期过长，党建形式主义问题严重、党建脱离群众，等等。

村党组织党建活动周期长是贫困地区普遍存在的问题，该问题主要体现在"三会一课"常年不按期举行上。"三会一课"制度是党建的核心与基础，是村党组织进行组织建设的重要制度载体，对于思想建党、提升党支部的组织力与凝聚力都有着非常重要的作用。根据实地调研，70%以上的第一书记反映在他们驻村之前，村党组织"三会一课"长期不开。例如，据酉阳县 TX 村第一书记反映："像原来我们来之前，村里面的'三会一课'基本上是不得开的。我们村上的老书记基本上不得搞这些，原因是啥子？他懒得组织，也吸引不了党员。村上有 63 个党员，绝大部分是 60 岁以上的，再加上开会村支部书记讲政策也讲不清楚，大家也听不明白。"（刘 ZY，20190815M52）

脱离群众的形式主义党建也是贫困地区村级党建存在的普遍问题。村级党建主要是通过宣传党的方针政策来推动政策落实，进而回应群众需求并切实解决群众困难、维护群众利益。即是说，村级党建的核心在于密切联系群众，巩固党在农村基层的执政根基。但是，贫困地区村级党建为应对上级的周期性检查，逐渐将党建实践转变为案牍工作。村党员干部将大量时间花费在做材料等痕迹管理工作上，大大挤压了其组织实践型党建的时间和精力。此种现象更进一步地拉大了村党组织与群众之间的距离，加重了村党组织的边缘化程度，弱化了村党组织贯彻国家意志、组织动员群众的组织功能，不利于农村基层政权组织功能的有效发挥。

2. 村党组织"软弱涣散"问题突出

村党组织的"软弱涣散"问题突出表现在村党组织党员年龄老化、

文化素质低和村党组织分散、凝聚力不足两个方面。

村党组织党员年龄老化、文化素质低是贫困地区村党组织普遍存在的问题。以笔者调研的国家级贫困县甘洛县 SJ 镇为例,截至 2014 年年底该镇共有党员 190 名,其中 44 名为乡镇党员,其余 146 名分属于 6 个村党支部。根据对这 146 名党员的基本信息统计(见表 4 - 1)可以发现,党员老龄化问题突出,约 1/2 的村党支部 60 岁以上党员占比超过 40%。另外,村党支部党员的文化程度普遍偏低,对于多数村党支部而言,其党员的文化程度大多处于小学及以下水平。党员年龄老化与文化素质偏低共同导致贫困地区村党组织无法承担起领导村庄治理与贯彻国家政策的功能和作用。

表 4 - 1　　　　　　甘洛县 SJ 镇各村党员基本信息统计

村庄	村党员人数(人)	60 岁以上人数(人)	占比(%)	小学及以下文化程度人数(人)	占比(%)	流动党员人数(人)	占比(%)
GB 村	28	12	42.9	15	53.6	7	25.0
HB 村	32	13	40.6	22	68.8	6	18.8
YW 村	28	12	42.9	16	57.1	10	35.7
WLW 村	25	7	28.0	15	60.0	8	32.0
SD 村	17	4	23.5	8	47.1	6	35.3
JG 村	16	6	37.5	14	87.5	4	25.0

资料来源:笔者根据甘洛县 SJ 镇 2015 年党员花名册整理所得。

同时,村党组织组织分散、凝聚力不足等问题也非常突出。随着近些年农村打工潮的出现,村党组织中青年流动党员占比不断攀升。仍旧以甘洛县 SJ 镇为例(见表 4 - 1),截至 2014 年年底,SJ 镇下辖 6 个行政村共有流动党员 41 人,占行政村党支部党员总数的 28.08%,具体到各村党支部,流动党员占比分别为 25.0%、18.8%、35.7%、32.0%、35.3%、25.0%。村党组织流动性党员占比高,从一个侧面反映出彼时村党组织分散程度较高、组织凝聚力明显不足。

村党组织党员年龄老化、党员干部文化素质低、组织分散且凝聚力不足等问题，带来的后果是村党组织组织地位边缘化和村庄治理能力的退化，村党组织缺乏宣传党的方针政策的能力和有效组织群众、贯彻党和国家方针政策的能力。

（二）农村基层政权组织因村委会公平性难以保障无法有效执行扶贫政策

《中华人民共和国村民委员会组织法》规定，村委会有协助乡镇政府完成工作任务的职责，同时负责办理本村的公共事务。因此，在实际的工作当中村委会承担着执行国家政策与领导村民自治的双重职责。但是在具体实践过程中，村委会干部在缺乏村庄外部力量监督的情况下，很难秉持公平公正的原则执行国家政策。这使农村基层政权组织政策执行的组织功能无法得到有效发挥。

乡村熟人社会的关系网通过影响村委会选举过程，间接影响村干部行为的公正性。这种影响在 20 世纪 80 年代村民自治实行后逐渐出现。村干部具有一定的任职周期，任职期满后要进行换届选举。而下届是否能够成功当选，关键在于村干部是否获得足够数量的选票。在多数情况下，村民的投票意愿取决于其与候选人的亲疏与利益关系，村民通过投票行为来换取该候选人上任后对其自身利益的阶段性庇护。在这种村庄竞选逻辑之下，在任村干部为了能够连选连任，便会在平时工作中利用职权之便同村民建立并维持一定的私人关系，以"换取"选票。重庆市 TG 镇党委副书记曾谈到村委会选举问题，"村委会干部是向下为投他票的人负责的，他追求的就是票数。因为他要下一届当选，他平时安排事情可能就要照顾他的亲属啊、亲族关系啊，多给他们点好处，下次才能再继续选他。"（古 JM，20190814M54）

从一定程度上讲，村庄派系政治缘起于传统农村以血缘宗族为基础结成的守望相助的社会网络，因而具有相对稳定性。此种社会网络又会在利益的驱动下，变得更加牢固且紧密。因此，由血亲关系与个人利益联结起的派系精英所组成的村委会在缺乏村庄外部力量有效监督的情况下，很容易将公共利益置换为派系利益。这样一来，村委会干部资源分配行为的公正性就很难得到保障。在这种情况下，非派系内群体自然成为村庄边缘人，由于其深谙村干部对村庄利益的分配逻辑，因而对村干部行为并不信任。

村委会因公正性无法保障而无法有效承担政策执行工作，是导致农村基层政权组织功能障碍的重要原因之一。精准扶贫战略下大量外部资源注入村庄，村委会在进行具体的资源分配工作时，其自身存在的公正性不足与维持乡村社会秩序能力低的问题瞬间暴露。不少学者对此进行了针对性研究：徐琳与樊友凯的研究表明，对精准扶贫政策资源的分配不公与瞄准的靶向偏离会进一步激发群众对分配者的不信任[1]；万江红与苏运勋从剖析村民自治入手，讨论未被分配到贫困户名额的边缘群体对村委会行为的不信任与其所采取的过激行为，暴露出村委会权威的缺失与能力不足是导致精准扶贫实践困境的重要原因。[2]

（三）农村基层政权组织因村集体经济组织"虚置"无法带动村庄整体脱贫

村集体经济组织具有团结农民发展生产、壮大集体经济和推动农村发展的组织功能，是农村基层政权组织经济治理功能在村级得以有效发挥的组织基础。反观精准扶贫战略实施前期贫困村村集体经济组织发展情况，村集体经济组织"空壳化"、组织结构和制度设置不健全等问题突出，致使村集体经济组织无法有效承担起脱贫带动与引领村庄经济发展的功能，严重制约了贫困地区的脱贫进度与农村地区的进一步发展。

1. 村集体经济组织"空壳化"问题

农村地区自施行村民自治以来，村集体经济组织规模便不断萎缩、组织"虚置"问题逐渐凸显，这一问题在贫困地区尤为突出。尤其是随着农村市场化改革的不断推进，村集体经济组织的生产服务职能不断被市场主体取代，村集体经济组织提供农业服务的功能逐渐弱化。与此同时，由于个体农业经济迅速发展，农村生产经营趋于分散，村集体经济组织的生产组织功能也逐渐弱化。在市场化背景下，许多村集体经济组

---

[1] 徐琳、樊友凯：《乡村善治视角下精准扶贫的政治效应与路径选择》，《学习与实践》2017年第6期。

[2] 万江红、苏运勋：《精准扶贫基层实践困境及其解释——村民自治的视角》，《贵州社会科学》2016年第8期。

织因经营不善而被迫停止生产甚至破产，农村地区出现了很多"空壳村"。根据农业部统计资料显示，在精准扶贫战略实施之前，中国农村普遍存在较为严重的村集体经济组织"空壳化"问题。以2012年的统计数据为例，截至2011年底，全国村集体经济零收入的村占全国行政村总数（58.9万个）的52.7%，贫困地区村集体经济零收入村占比还要更高。[①]

贫困地区村集体经济"空壳化"问题产生的原因主要有以下两个方面：一是贫困地区农村普遍不具备吸引资本自动聚集的能力，致使其生产方式始终停留在传统阶段，无法突破发展瓶颈。以四川省XD县为例，由于地处大凉山腹地，生产生活环境相对闭塞、基础设施条件落后，致使该县招商引资能力差。由于缺少资本和新技术注入，XD县辖区范围内的村庄村集体经济很难实现现代化转型。由于传统经济入不敷出，XD县存在严重的"空壳村"问题。二是贫困村村民个体素质与能力普遍偏低，导致村集体经济组织存在建设主体不足的困境。村集体经济组织成员需为本村村民，因此，村民人力资本状况同村集体经济发展之间存在必然的联系。乡村经济精英的相对匮乏、村干部能力不足等是限制贫困村村集体经济发展、导致村集体经济"空壳化"的重要原因。

2. 村集体经济组织组织结构与制度不健全问题

组织结构不健全是贫困地区村集体经济组织存在的主要问题之一。主要表现在以下几个方面。

第一，村集体经济组织领导权的归属问题不明确。人民公社解体后，生产队被村委会取代，村委会开始承担代管村集体经济组织的职责。改革开放以来，随着国家不断加强村党组织对村级组织的领导，村集体经济组织的领导权归属问题就变得比较模糊。据调研经验，不少贫困村出现村"两委"相互推诿村集体经济组织领导责任的现象。四川省SJ镇党委书记反映，"精准扶贫以前，你让村集体来搞合作社注定失败。因为他没有具体的责任人，村党支部和村委会他们相互推，与他们的个人利益不相关，干好了没有好处，干坏了还要负责任，于是都不干。"（刘W，

[①] 高鸣、芦千文：《新中国70年农村集体经济的发展经验与启示》，《农村经营管理》2019年第10期。

20190716M45）村集体经济组织领导权归属不明所导致的直接后果，就是贫困村村集体经济长期处于"瘫痪"状态。

第二，村集体经济组织的具体执行机构欠缺，或村集体无法实现对执行机构的有效领导与监管。如前文所述，在村集体经济组织"瘫痪"的贫困村，村集体经济组织的执行机构是呈缺失状态的。然而，仍有部分贫困村选择将村集体经济的经营权承包给企业或种养殖大户，由其负责具体的经营管理。对于此种类型的贫困村，村集体除定期获得定额资金收入外，并不掌握对村集体经济组织执行机构的领导与监管权。这导致的直接后果是村集体经济组织对村庄脱贫带动和经济引领的功能弱化。

第三，村集体经济组织监督机构欠缺，或无法有效发挥监督功能。村集体经济组织监督机构欠缺或无法发挥实效是由乡村社会性质所决定的。乡村熟人社会很容易产生村集体经济组织的腐败与搭便车问题，进而引发村集体经济组织成员间的不信任，进一步限制村集体经济组织的长远发展。

除组织结构建设不健全外，未能有效建立起现代化的经营管理制度，也是贫困村村集体经济组织存在的普遍问题之一。从一定程度上讲，在精准扶贫战略启动之前，贫困村村集体经济组织是缺乏系统性的运营管理制度的。例如，四川省XS村第一书记曾表示，"我们来之前，村里的村集体经济组织基本上是没有任何制度的。主要是村干部知识储备有限，他们没有意识到制度建设对于村集体经济发展的重要性。"（刘CY，20190523M30）由于贫困村村集体经济组织普遍未建立起现代化的经营管理制度，其在日常管理中常常使用非制度化的管理方式，使得村集体经济组织运营效益无法得到稳定保障。

综上所述，村集体经济组织建设的突出问题，严重制约了农村基层政权组织经济引领功能在村级层面的有效发挥。

第二节　精准扶贫战略下农村基层政权组织的建设目标调整

本节系统阐述精准扶贫战略下农村基层政权组织的建设目标调整方

向。精准扶贫战略下农村基层政权组织功能障碍的产生，表明在基层治理中政府与社会力量失衡问题开始出现，农村基层政权组织建设进入建设目标调整期。在该时期，由村级组织治理能力不足导致的农村基层政权组织贫困治理功能障碍（问题流），引起了中央政府的关注；同时，地方政府就该问题采取的应对措施（政策流）也得到了中央政府的高度肯定。在此基础之上，中央政府在对问题流的判断和政策流的整合基础上，结合党的十八大以来提出的基层组织建设工作任务（政治流），适时开启了农村基层政权组织建设的"政策之窗"，明确了精准扶贫战略下要将村级组织建设成为能够有效发挥农村基层政权功能的组织的建设目标。

一 农村基层政权组织建设"第一书记"政策之窗的开启

（一）问题流的界定与认知

金登认为，社会问题的产生并引起政府关注是开启政策之窗的基础性条件。[①] 一般情况下，社会问题的出现源自社会矛盾的积累与偶发事件的催化。然而，并非所有的社会问题都会被提上政策议程，政府对社会问题的认知与关注是问题流得以汇聚的决定性条件。显然，由村级组织治理能力不足所导致的农村基层政权组织贫困治理功能障碍问题，已经具备了形成问题流的基本条件。

农村基层政权组织贫困治理功能障碍关键在于村级组织治理能力不足，而村级组织治理能力不足则是政府忽视村级组织建设的负面效应积累的结果。自实施村民自治以来，行政村一级便成为村民自我管理、自我服务的区域，政府很少介入村级组织的内部建设过程。如此长期积累便产生了村级组织治理能力不足的问题，突出表现为对精准扶贫政策的执行能力不足。村级精准扶贫政策的执行困境，加深了中央政府对农村基层政权组织贫困治理功能障碍问题的认知。精准扶贫战略的提出使脱贫攻坚成为中央政府的中心工作，中央对精准扶贫战略的实施进度及其遇到的现实问题给予了高度关注。与此同时，贫困问题的严重性与脱贫

---

① 方浩、杨建：《基于多源流模型视角的政策议程分析——以共享单车为例》，《电子政务》2019年第1期。

任务的紧迫性使村级组织治理能力问题的解决更具政治紧迫性，亟须政府力量介入将村级组织建设成为能够有效发挥基层政权功能的组织，在上级政权组织的领导下开展精准扶贫工作，提升扶贫效益、增强农民对基层政权的认同度。在此背景下，农村基层政权组织贫困治理功能障碍问题得以被界定和认知，形成了能够推动政策之窗开启的问题流。

（二）政策流的出现与催化

可以有效匹配问题流的政策方案的出现，能够有效催化政府的政策行动。政策方案往往来源于政策专家的政策设计和地方实践经验的总结。向贫困村庄选派第一书记进行村级组织建设、提升村级组织有效执行扶贫政策的能力，是精准扶贫战略下由地方政府探索出的解决农村基层政权组织贫困治理功能障碍问题的政策方案。该政策方案是在继承中国共产党农村工作经验和各地实践探索的基础上提出的。中国共产党有向基层下派干部以完成阶段性治理任务的工作传统，诸如土地改革时期的土改工作队等，这为地方制订第一书记驻村帮扶措施提供了历史参照。2001年，安徽率先实施了向贫困村选派第一书记进行村级组织建设的实践，从各级党政机关和事业单位中选派优秀的党员干部到贫困村担任村党组织"第一书记"或书记。安徽向贫困村派驻第一书记的做法收效甚佳，多次得到中央的高度肯定。2007年前后，重庆也开始从乡镇党委政府中选派年轻的党员干部，到贫困村和"软弱涣散"村担任"第一支部书记"，在整顿村级组织的同时保证国家政策在村级层面的有效执行。除此之外，山东、河南、四川等地也都进行了相似的政策探索实践。地方政府为解决农村基层政权组织贫困治理功能障碍问题的积极探索，为国家层面政策议程的开启提供了较为成熟的政策工具。

（三）政治流的主导与推动

2011年中共中央、国务院印发的《中国农村扶贫开发纲要（2011—2020年）》首次将贫困地区基层组织建设与扶贫开发工作联系起来，但此时基层组织建设问题并没有被上升为中心工作任务。党的十八大产生的新一届中央领导集体为开启"第一书记"政策之窗添加了政治动能。新一届领导集体更加关注组织建设问题，尤其是农村基层组织建设问题。在精准扶贫战略启动之初，中央便开始探索将农村基层组织建设与精准扶贫战略的实施相结合，将农村基层组织建设成为贫困地区基层贫困治理的关键主体，提升与巩固脱贫成效。农村基层组织建设的重点在村一级，由此可见，村级组织建设问题已经逐步上升为中央和政府的中心工作。这为"第一书记"政策的出台起到了推动作用。

（四）政策之窗开启："第一书记"政策出台

多源流理论认为开启"政策之窗"需要问题流、政策流与政治流三流融合。具体来说，长时间积累的问题流被关键性政治人物识别与认知，同时问题流与政治流相汇合再加上恰当的问题解决方案的出现，政策之窗便会开启。

如前文所述，精准扶贫战略下农村基层政权组织功能障碍的根源在于村级组织治理能力不足，因此，解决农村基层政权组织功能障碍的关键，在于解决村级组织治理能力不足的问题。村级组织治理能力不足问题是自农村改革以来，由政府忽视村级组织建设的负面效应长期积累的结果。在地方实践中，各地纷纷选择通过选派干部入村的方式予以弥补，以确保政府工作任务在行政村一级的正常开展。然而，当精准扶贫战略下繁重的扶贫工作任务下移至村时，因村级组织能力不足而无法有效承担政策执行任务，以及由此所产生的政策执行偏差问题和群众上访等问题，使村级组织建设问题引起了关键性政治人物的关注与重视。

消除绝对贫困的政治任务压力，为国家出台政策以解决因村级治理能力不足所导致的农村基层政权组织贫困治理功能障碍问题注入了政治动力。2013年以来，精准扶贫战略逐步上升为国家的中心工作任务，能否按时消除绝对贫困关系到全面建成小康社会目标的达成。因此，从中央到地方都高度关注精准扶贫战略的实施进程与效果。在这种背景下，中央采取政策措施进行村级组织建设，将其建设成为能够有效发挥政权功能的农村基层政权组织，打通精准扶贫政策执行的"最后一公里"就显得刻不容缓。基于此，在精准扶贫战略下问题流、政策流与政治流得以汇聚，并成功实现了政策之窗的开启。

经过多年的政策试点与酝酿，2015年4月，中共中央组织部、中央农村工作领导小组办公室、国务院扶贫开发领导小组办公室联合下发了《关于做好选派机关优秀干部到村任第一书记工作的通知》，向建档立卡贫困村、党组织"软弱涣散"村和革命老区、边疆地区、民族地区和灾后恢复地区选派第一书记，其重点工作任务为：通过领导村级扶贫工作推动精准扶贫；通过建强基层组织、为民办事服务和提升治理水平来加强村级组织建设。该通知将第一书记定位为主导村级贫困治理、整合基层干部力量、提升村级组织治理能力的关键性角色。本研究认为，精准扶贫战略下中央政府以"第一书记"政策为建设工具进行村级组织建设，着力将村级组织建设成为能够有效承担起基层政权功能的农村基层政权组织，通过提升村级贫困治理效果来提升农民的基层政权认同度，巩固农村基层政权。①

二 农村基层政权组织的建设目标

经过前文对精准扶贫战略下农村基层政权组织功能障碍的深入研究，发现村级组织治理能力不足是抑制农村基层政权组织功能发挥的核心因素。基于此，中央出台了"第一书记"政策加强村级组织建设。沿此逻辑进路分析，中央政府的政策目的是通过政府力量的介入，协助提升村级组织治理能力，将其建设成为能够有效发挥政权功能的农村基层政权组织，确保精准扶贫政策能够在村级层面有效执行。因此，精准扶贫战略下农村基层政权组织建设的重心已经下沉到行政村一级，建设目标即是将村级组织建设成为能够有效发挥政权功能的农村基层政权组织。

村级组织主要由村党组织、村委会和村集体经济组织三个核心组织构成。精准扶贫战略下农村基层政权组织建设的目标，即是政府力量借助第一书记的介入将村党组织、村委会和村集体经济组织建设成为能够有效发挥特定政权功能的组织，进而从整体上提升村级组织治理能力。基于此三个组织性质及其所承担的具体职责的差异，第一书记对此三个组织的具体建设目标也存在差别，具体来说：村党组织应当承担起有效贯彻国家意志、回应公共需求、组织与动员农民群众的功能；村委会应当承担起有效执行国家政策和维护乡村社会秩序的功能；村集体经济组织应当承担起团结农民发展生产、壮大集体经济、脱贫带动和推动农村

---

① 本书该观点仅为学术层面的讨论，下同。

发展的功能。以下将对此展开详细论述。

（一）精准扶贫战略下村党组织的建设目标

《中国共产党农村基层组织工作条例》指出，"乡镇党委和村党组织是党在农村的基层组织，是党在农村全部工作和战斗力的基础，全面领导乡镇、村的各类组织和各项工作。"[①] 村党组织是中国共产党在乡村执政的根基和对农村社会进行有效管理的组织基础，处于村级组织的核心位置。政府力量借助第一书记进行村党组织建设，其目的是要使村党组织能够有效发挥贯彻国家意志、回应公共需求、组织与动员的功能。

（1）贯彻国家意志。《中国共产党章程》中规定，有效贯彻执行党和国家的方针政策是各级党组织的基本任务。村党组织在党组织体系中所处的特殊位置，决定了其首要职责即是有效贯彻国家意志。村党组织处于整个党组织体系的末端，是党管理农村的组织基础，承担着贯彻落实党的方针政策的重要职责。党和政府出台的涉农政策不能直接在农村基层发挥实效，需经过科层体系的层层分解和发包，最终交由基层组织具体执行。村党组织是村级组织的领导核心，负有政策传递、解读、细化与指导落实的关键责任。村党组织是影响国家涉农政策落实效果的关键因素，领导力强、组织完善的村党组织是国家政策在农村社会有效执行的基础与保障。

（2）回应公共需求。党的宗旨是全心全意为人民服务，代表着广大人民的根本利益。村党组织是连接群众和党组织其他部分的纽带，承担着了解农民需求、积极有效回应公共诉求以及解决农民群众现实困难的义务与责任。从农村社会的实际情况出发、站在人民利益角度考虑制定政策，是党和政府农村政策能够有效发挥作用的基础；同时，涉农政策是否有效地回应了农民群众的公共诉求，决定了政策效果是否有利于提升党组织的合法性。

（3）组织与动员。村党组织的组织与动员功能主要包括以下两个方面：一是在不断提升自身组织权威的基础上，起到领导和团结其他村级

---

① 共产党员网：《中共中央印发〈中国共产党农村基层组织工作条例〉》，http://www.12371.cn/2019/01/11/ARTI1547162185106193.shtml。

组织的功能。2015年中共中央、国务院《关于打赢脱贫攻坚战的决定》指出，村党组织需要在脱贫攻坚中发挥核心领导作用，协调动员其他组织带领群众脱贫致富。2019年《关于加强和改进乡村治理的指导意见》指出，要强化村党组织在乡村治理中的核心领导地位；同年印发的《中国共产党农村基层组织工作条例》也提出要加强村党组织对村委会、村集体经济组织等村级组织的有效领导。由此可见，村党组织处于贫困治理与乡村治理的核心位置，承担着团结村级组织以提升村级治理能力的重要职责。村党组织对其他村级组织的有效领导，是提升村级组织治理能力的有力保证。二是有效组织与动员人民群众的功能。在密切联系群众的基础上，将分散的群众组织起来，通过宣传、教育和动员使其积极响应和贯彻党的方针政策，进而提升中央政策在农村基层的执行效果，是村党组织所应承担的重要政权功能。

（二）精准扶贫战略下村委会的建设目标

村委会承担着政策执行与领导村民自治的双重职责，但在缺乏强有力的外部监督的情况下往往难以保障其工作的公正性。精准扶贫战略下政府通过第一书记对村委会进行组织建设的目的，是通过政府力量的介入有效提高村委会组织工作的公平性程度，以使其能够有效承担起执行国家政策和维持乡村社会秩序稳定的组织功能。

《中华人民共和国村民委员会组织法》（以下简称《村组法》）规定，村委会有协助乡镇政府执行工作任务的职责，同时负责办理本村的公共事务（公共物品及公共服务供给等）、维护乡村秩序并向政府反映人民的意见与建议。依据《村组法》对村委会职责的规定和现实中村委会的工作实践经验，村委会主要承担协助乡镇政府落实行政工作的职责，并通过有效组织村民自治发挥村庄公共物品供给和维持乡村社会秩序的功能和作用。然而，自农村开始实行家庭联产承包责任制以来，村集体经济衰落，村委会便失去了提供村级公共物品的经济基础，其公共物品供给功能不断弱化。农业税费改革后，村委会公共物品供给功能逐步转移至政府部门，国家行政力量开始承担起乡村社会基础设施与公共服务供给职责。

新时期资源下乡背景下，村委会的工作重心不断向协助政府进行资源分配与调解民间纠纷等方面转移，政策执行和维护乡村社会秩序逐渐成为村委会所承担的中心任务。精准扶贫战略下，国家开始将大量的扶贫资金和政策资源向贫困地区转移。对于农村社会来讲，外部资源的注入与分配会打破其原有均衡状态，引发农村社会利益格局的重组和纠纷矛盾的产生。因此，为保障精准扶贫政策的有效实施和政策效果的有效发挥，村委会就要发挥好政策执行和稳定乡村社会秩序的功能和作用。

（三）精准扶贫战略下村集体经济组织的建设目标

精准扶贫战略下，对村集体经济组织建设的目的是使其能够有效承担起：团结农民发展生产、壮大集体经济、脱贫带动和推动农村发展的组织功能，以实现脱贫带动和引领村庄经济发展的组织功能。

村集体经济组织指的是，以行政村为区域范围的，以生产资料的集体所有制为基础的独立核算与经营的村级公共经济组织。村集体经济组织是中国村级经济的主要组织形式，在中国有着很长的发展历史。村集体经济组织是村级组织体系的重要组成部分。基于中国农村集体经济历史发展演进、现有法律规定和国家扶贫政策要求，村集体经济组织应当承担起团结农民发展生产、壮大集体经济、脱贫带动和推动农村发展的组织功能。

从历史发展演进逻辑上看，自新中国成立以来，村集体经济组织就肩负着团结农民发展生产的政权功能。村集体经济组织作为具有社会主义性质的公共经济组织产生于新中国成立之初，其特定历史时期的组织使命即为团结农民发展生产。在合作化运动时期，国家在农村地区建立起政社合一的人民公社体制，生产大队为实际的村集体经济组织，承担着组织村民进行生产、发展壮大集体经济并在此基础之上为农民提供公共服务的职能。党的十一届三中全会对农村集体经济组织形式进行了改革，村委会暂时承接了村集体经济组织的功能。实际上，在农村地区实行村民自治之后，村集体经济组织还承担着为村民自治提供物质基础的重要职能。但自农村开始实行"统分结合"的双层经营体制以后，村集体经济组织发展严重滞后，已经无法有效承担起为村庄基础设施建设、公共服务供给提供经济支撑的功能，这一问题在贫困村表现得尤为突出。

从现行法律规定来看，村集体经济组织负有壮大村集体经济实力、保障村级公共产品有效供给的组织功能。《中华人民共和国农业法》规定，村集体经济组织具有对集体资产进行依法管理，合理利用集体资源壮大村庄整体经济实力的职责。据此可见，壮大村集体经济实力是村集体经济组织的法定职责。

从精准扶贫政策对村集体经济组织的扶贫责任定位来看，贫困村的村集体经济组织除应当承担起团结农民发展生产、壮大集体经济实力等一般功能外，还应承担起对贫困家庭的脱贫带动和实现村庄整体脱贫的组织功能。2015年11月，中共中央、国务院《关于打赢脱贫攻坚战的决定》规定，要加强贫困地区农民合作社等村集体经济组织的培育，"发挥其对贫困人口的组织和带动作用"。[①] 2018年9月，中共中央、国务院下发的《关于打赢脱贫攻坚战三年行动的指导意见》再次强调，应加紧制定实施贫困地区集体经济薄弱村发展提升计划，进一步突出了村集体经济组织对于贫困村整体脱贫带动的功能和作用。

---

① 国务院扶贫开发领导小组办公室：《中共中央 国务院关于打赢脱贫攻坚战的决定》，http://www.cpad.gov.cn/art/2015/11/29/art_ 1747_ 652.html。

第五章

第一书记派驻与农村基层政权组织建设

前文对农村基层政权组织建设目标定位的讨论，是从应然层面上界定了精准扶贫战略下农村基层政权组织的建设目标。然而在实然层面上，农村基层政权组织建设的具体实践进路为何？本章以第一书记对村级组织的改造过程为线索，对精准扶贫战略下农村基层政权组织建设的实践进路进行深入分析。

第一节 第一书记的派驻

2015年4月《关于做好选派机关优秀干部到村任第一书记工作的通知》下发后，各省份均开始制定实施细则，选派优秀党员干部驻村任第一书记，开展村级组织建设工作。从具体的派驻过程看，前期基层政府通过乡镇驻村制为第一书记入村提供了政治、资源与技术支持。同时，第一书记的加入也拓展并强固了乡镇驻村制，重建了乡村两级组织的联系；后期通过成立驻村工作队提升了第一书记对村级组织的改造能力。作为政府力量的代表，第一书记的派驻加强了乡镇政府与村级组织之间的联系，保障了国家政策可以顺利入村。

一 乡镇驻村制的拓展

乡镇驻村制又称乡镇包村制，是乡镇政府为贯彻落实国家政策和各种行政任务，为各行政村配备联系干部以指导村干部落实上级交办任务的一种工作体制。乡镇为各行政村配备的联系干部称包村干部，又称驻村干部，他们"代表乡镇领导、指导、督促和协助村干部完成下达至村庄的所有行政任务"①。乡镇驻村制的具体组织架构如图5-1所示。长期以来，乡镇驻村制在乡镇政府与村级组织之间起着协调与联系作用。包村干部负责政策的上传下达并指导、督促村级组织工作的开展。乡镇政府通过包村干部实现对村级组织的有效领导。2006年取消农业税以后，由于乡村工作压力减轻，包村干部常年不下乡的现象开始出现。这产生的直接后果是乡镇政府与村级组织之间的联系受阻。精准扶贫战略实施以来国家脱贫攻坚任务加重，原乡镇驻村制已无法有效承担精准扶贫政策传递与指导村级组织政策执行的重任。在这种情况下，各地开始依托"第一书记"政策拓展乡镇驻村制。

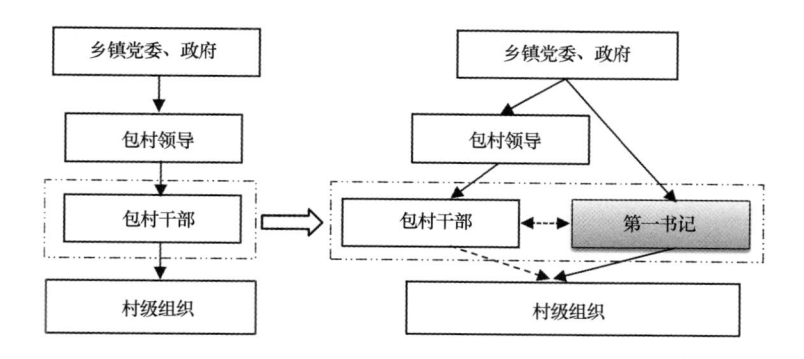

图 5-1 第一书记对乡镇驻村制的拓展

资料来源：笔者根据调研自制。

2015年，笔者所调研的西南三省均先后出台了"第一书记"政策的具体实施方案，选派了首批第一书记入村。笔者从所调研省份的三个国家级贫困县选派第一书记的政策文本中摘录出了第一书记的部分工作职责，汇总整理成表5-1。从表5-1中可以看出，第一书记在乡村两级组

---

① 欧阳静：《乡镇驻村制与基层治理方式变迁》，《中国农业大学学报》（社会科学版）2012年第1期。

织之间主要承担两项职责：一是在乡镇党委的领导下开展工作，将乡镇党委政府的工作任务传递给村级组织；二是指导派驻村村"两委"制订村级组织工作规划，并督促、监督村干部落实政策。从调研地各县下达的关于第一书记工作职责的相关规定中看，第一书记承担着原属于包村干部的工作职责。

表 5-1　　西南三省市部分地区第一书记工作职责（部分摘录）

地区	工作职责
重庆市开州区	1. 带领派驻村村"两委"制订和实施脱贫计划； 2. 在乡镇街道党委（党工委）的领导下，带领村"两委"成员开展工作； 3. 大力宣传党的扶贫开发和强农惠农富农政策，深入推动政策落实。
四川省甘洛县	1. 指导协助村"两委"编制实施贫困村、贫困户脱贫规划，稳步推进脱贫攻坚工作； 2. 制订帮扶总体规划和年度工作计划，年底形成工作总结； 3. 大力宣传党的扶贫开发和强农惠农富农政策，深入推动政策落实。
云南省威信县	1. 帮助任职村村"两委"结合实际，制订脱贫致富规划和年度扶贫攻坚计划； 2. 有效衔接乡镇与村"两委"。

资料来源：此表内容由笔者根据重庆市开州区《关于选派贫困村第一书记的通知》、四川省甘洛县《关于强力推进"五个一"帮扶工作的通知》、云南省威信县《关于选派贫困村驻村工作队、"第一书记"和大学生"村官"的通知》摘录整理。

从当时"第一书记"政策的实际运行情况来看，第一书记在乡镇政府和村级组织之间成功地构建起联系，拓展了乡镇驻村制并增强了乡镇政府对村级组织的领导与管控能力，成为保障扶贫政策由乡镇入村的中间载体（见图 5-1）；包村干部为第一书记入村开展工作提供了技术支持和各种必要的帮助。具体来讲，乡镇政府一般会同时下达扶贫任务给第一书记和包村干部，第一书记负责研读熟悉政策，并根据实际村情初步制订执行方案，之后组织村"两委"干部进行讨论，最终确定村级实施细则并组织驻村工作组执行落实。包村干部负责在乡镇政府与村级组织之间进行协调，协助第一书记根据实际村情、民情修正实施方案，并帮助其解决在具体实施过程中可能会遇到的困难。然而，在 2017 年以前"第一书记"政策运行还处于摸索阶段，各项配套制度并不完善，第一书记对村级组织的影响还比较有限。例如，《关于做好选派机关优秀干部到村任第一书记工作的通知》虽然规定了第一书记有督促村党组织干部落实国家政策与上级政府交办任务的职责，但并未赋予第一书记相应的职权，因而其督促功能在实际工作中很难得到有效的发挥。

二 驻村工作队的成立

精准扶贫战略实施初期，第一书记对村级组织的影响力相对较弱。由于"权小责大"，第一书记虽然能发挥智囊作用协助起草村庄扶贫规划，却无法有效督促村干部将其高效落实。随着时间逼近 2020 年，基层脱贫任务逐渐加重，中央政府开始加大驻村帮扶力度。2017 年 12 月，中共中央办公厅、国务院办公厅印发《关于加强贫困村驻村工作队选派管理工作的指导意见》，要求整合帮扶力量，根据贫困村实际需求精准派驻驻村工作队，工作队队长由第一书记担任。各地根据政策精神，开始增派驻村工作队队员。

驻村工作队的成立有效提升了第一书记对村级组织的影响力和改造能力。国家出台政策增派驻村帮扶力量，原地方自发组织的"驻村工作组"[①] 被"驻村工作队"所替代。第一书记直接任驻村工作队队长，驻村队员在其领导下开展工作，理顺了帮扶团队内部的权力结构、提升了团队的作用力与影响力。第一书记通过完善驻村工作队内部组织结构和相关工作制度、规范驻村工作队的工作流程，有效提升了其工作的专业化程度。驻村工作队的成立，有效提升了第一书记对村级组织的影响力，提高了其对村级组织的改造能力。这为第一书记对村级组织的改造奠定了组织基础。

---

① "驻村工作组"由第一书记、乡镇包村干部、下派干部、三支一扶、农技员和大学生村官组成，组织成员相对分散且不经常一起行动，因而其组织内部基本无专门的职责分工，相互之间的权力结构不甚清晰，组织相对来说较为松散。相较于"驻村工作组"而言，"驻村工作队"权力结构、职责分工与工作流程都更加清楚、规范，组织的专业性也更强。

第二节　第一书记对村党组织的改造

建设与改造村党组织是第一书记的首要任务。第一书记通过制度恢复与组织建设，提升了村党组织贯彻国家意志、回应公共需求以及组织动员的组织功能，实现了对村党组织的改造。具体来说，第一书记派驻入村后通过"扶贫+党建"的方式，以村党组织的各项制度恢复为抓手，凝聚组织力量、提升组织权威；以"实践型"党建替代"形式主义"党建，实现村党组织内部组织建设，同时以"村党组织+"吸纳其他村级组织，提升村党组织的组织与动员能力；通过恢复村党组织的各项制度，并对其组织体系进行改造和完善，最终实现了"乡镇党委—第一书记—村党组织—农户"各要素的上下联动。

一　恢复村党组织制度活力

（一）"三会一课"制度的恢复

"三会一课"制度是通过思想教育方式将分散的农村党员组织起来的制度保障，是思想建党的重要制度载体。"三会"指的是定期召开支部大会、支部委员会和党小组会，"一课"指定期上好党课。"三会一课"制度是凝聚党组织精神力量的关键制度，是及时有效贯彻党的精神、传递党和国家政策的制度载体，同时也是村党组织有效贯彻国家意志的制度保障。

长期以来，由于缺少实质性的实践抓手，"三会一课"制度往往流于形式。不少村党组织开始用"做材料"替代党会党课实践，"三会一课"长期停开的现象不在少数，这是导致部分地区农村党员分散、村党组织组织力不强的一个重要原因。2015年，《关于打赢脱贫攻坚战的决定》将"抓党建、促脱贫"设定为精准扶贫战略下农村基层贫困治理的重要实践形式。在此实践精神的指导下，第一书记以"党建+扶贫"为突破口，激活并恢复"三会一课"制度。

首先，督促指导村党组织书记认真执行"三会一课"制度。恢复村党组织"三会一课"制度的关键在村党组织书记，其对该项制度的重视程度和是否主动作为会直接影响该项制度的成效。第一书记通过不断督促村党组织书记按时召开党会党课，逐步使派驻村村党组织的"三会一课"制度运行常规化。这是第一书记着手恢复"三会一课"制度的第一步。以重庆市酉阳县 TG 镇 TX 村为例，在第一书记派驻入村之前，因党员组织困难、党课内容陈旧缺乏吸引力，村支书长期不召开党会党课已经成为常态。第一书记驻村后，先是自己承担起组织召开"三会一课"的职责，通过严肃纪律的方式将村内党员组织起来，逐步恢复"三会一课"制度。后期逐步将"三会一课"的组织责任归还给村支书。

其次，以精准扶贫政策为依托，不断丰富"三会一课"的内容体系。"三会一课"内容体系陈旧是其无法吸引党员参与，抑制其组织凝聚功能发挥的重要原因之一。也正是基于此种原因，多数地区村党组织"三会一课"多沦为形式主义的"走过场"。第一书记驻村后，通过"扶贫+党建"的方式，以精准扶贫政策的宣传、任务的分解丰富"三会一课"内容体系。由于精准扶贫政策与村庄整体发展和大部分村民的利益息息相关，因此对村党员群体有更大的吸引作用。丰富"三会一课"内容体系，吸引更多的党员参与其中，这是第一书记恢复"三会一课"制度的第二步。

最后，逐步将"三会一课"建设成为落实国家方针政策的主要阵地。定期召开党会、组织党课虽然只是外在形式，但却能够将村内党员组织起来，增强党员同志的使命感，号召他们以身作则、带头致富。第一书记通过指导、协助村党组织书记定期组织召开村支部党员大会，并将扶贫政策宣传培训与党支部"三会一课"制度相结合，将"三会一课"作为党和国家政策方针宣传落实的主要阵地，这是第一书记恢复"三会一课"制度的第三步，也是最关键的一步。SJ 镇 JG 村第一书记表示，"我们村上现在要把这支党员队伍抓起来，就是要让他们武装起来，起到带头作用。因为他们党员现在像'珍珠'一样散落在每一个村组，然后我们通过党会的形式把他们'串'起来，要让他们明白自己作为党员的职责，让他们去发动群众，带头致富。"（阿木 LR，20190715M29）

第一书记通过督促村支书规范执行"三会一课"制度、以精准扶贫政策丰富"三会一课"内容体系，逐步将"三会一课"建设成为落实党和国家方针政策的关键平台。"三会一课"制度恢复之后,村党组织的组织凝聚力得到了较为明显的提升。

(二)"四议两公开"制度的纠偏

"四议两公开"制度指的是在村党组织领导下进行公共事务民主决策的一套基本工作制度,其中"四议"指的是村党组织会提议、党员大会审议、村"两委"会商议、村民代表会议或村民会议决议;"两公开"指的是决议公开和实施结果公开。

"四议两公开"制度是否按照制度规定予以公正执行,将会直接影响村党组织的组织权威。由于乡村熟人社会的特性,"四议两公开"制度的运行本身缺乏强有力的外部监督,这就对村级党员干部,尤其是村党组织书记个人行为的公正性提出了很高的要求。因为启动"四议两公开"程序的关键在村党组织会议提议,在现实当中,启动该项程序的权力一般由村党组织书记掌握,在村党组织书记公平、公正的处事态度难以保证,且缺乏强有力的外部监督的情况下,很多关切村庄公共利益的问题便很难保证被及时提上村组织的议事日程。SJ镇党委书记向我们介绍,"以前我们有些村,村支部书记的权力大得很,因为村上这个'四议两公开'村支部书记不提议,很多事情都被按下去了,村支部书记只会提议对他有利的事情。"(刘W,20190716M45)

"四议两公开"制度由于缺乏外力监督而无法有效执行,削弱了村党组织在村庄治理中的领导权威,同时也在不同程度上引发了基层的党群矛盾,使村党组织组织与动员能力降低。精准扶贫战略实施初期,贫困户的建档立卡在多数贫困村普遍成为了SJ镇党委书记口中所说的"被按下去"的事项,没有经"四议两公开"或只是走了形式便识别出了首批贫困户。2017年前后,建档立卡不精准的问题引起了国家和地方政府的高度关注,作为国家力量代表的第一书记开始带领驻村工作队及村干部开展精准识别"回头看"[①]的工作,对建档立卡户名单进行动态调整。第

---

① "回头看"意为"回过头来重新排查村庄农户,对照贫困户'一达标、两不愁、三保障'标准,看有没有错评户和漏评户,错评的要剔除出去、漏评的要纳入进来。"其中,"错评户"指的是未达到建档立卡标准,不该评为贫困户却评上了;"漏评户"指符合建档立卡标准,应该评为贫困户却没有被识别出来。

一书记介入精准识别的动态管理过程，以动态调整为过程载体，纠正"四议两公开"制度执行偏差，激发其制度活力以进一步提高村党组织的组织权威。本部分基于重庆市 TX 村村庄"临界户"申请贫困户指标的案例，深入分析第一书记及其领导下的驻村工作队全面介入"四议两公开"制度执行过程，通过监督规范村党组织行为纠正制度执行偏差的具体路径。

1. 案例背景

农户洪 SJ 一家是 TG 镇 TX 村的普通农户，家中共有 5 口人，老婆陈 XY 在家务农，大女儿今年刚参加完高考，9 月份准备入学，另外两个小女儿一个在读初三，一个在读高二。洪 SJ 一家是村里典型的"临界户"，人均纯收入可能刚好超过当地贫困线，因而在最初的精准识别中未被评上贫困户。用洪 SJ 的话来讲，就是"我们就是本本分分的农民，村里书记这些也用不上我们，我们也不去巴结他们，反正也从来没享受过什么政策"（洪 SJ，20190813M54）。可见，洪 SJ 一家与村支书的关系并不密切。

2018 年底，洪 SJ 查出患了尿毒症，这对整个家庭是个不小的打击。洪 SJ 由于身体原因劳动能力大大降低，再加上家里的医药费开支，眼看着大女儿上大学就成了问题。在这种情况下，洪 SJ 向村委会提交了申请，想跟村里争取个贫困户名额好让大女儿上大学享受教育扶持政策。

2. 第一书记的介入与"四议两公开"制度的规范化

但洪 SJ 的申请屡次被村支书打了回来，以现在还没到时间启动评审程序为由敷衍。直到 2019 年 3 月，洪 SJ 听说村上来了位市里下派的第一书记刘书记，主要是来帮着村里人解决困难的。于是，就在刘书记上任的第二天，洪 SJ 就找到了刘书记，把自家情况说明和贫困户申请材料交给了他。刘书记收到村民洪 SJ 的建卡申请后，先是向洪 SJ 详细地介绍了申请审查流程，刘书记说："这个从程序上是你们把申请交到我们这儿之后，我们要喊村干部开会审查，开会审查的时候我们对事不对人，根据标准来，如果符合标准，我们就走程序。"（刘 ZY，20190815M52）刘书记让洪 SJ 回家等通知。

刘书记口中所说的"走程序"就是按照"四议两公开"所规定的步

骤进行民主评议。刘书记先是召集驻村工作队对洪 SJ 提交的材料进行了初审，对照"一达标、两不愁、三保障"的标准，初步认定洪 SJ 符合建档立卡要求。随后，刘书记带领驻村工作队召集村支书和村干部开会，就洪 SJ 提交的材料进行讨论。会议由刘书记主持，他根据洪 SJ 家庭情况和扶贫政策指标"对标对表"，在刘书记和驻村工作队的监督下，村支书及村干部均表示对于洪 SJ 家的贫困户申请无异议。在此基础上，刘书记带领驻村工作队和村支书、村主任抵达洪 SJ 所在的 6 组召开村小组会，就洪 SJ 申请贫困户这一事项进行村民小组讨论、表决，最终票数通过且村民无异议。之后便是由村"两委"组织召开会议，对洪 SJ 所提交的包括补充材料在内的一切申请材料进行审查，会议由刘书记主持，驻村工作队从旁监督。会议最终得出结论，洪 SJ 一家符合建档立卡标准，决定将其纳入贫困户帮扶系统，会后予以公示。

3. 案例小结

通过洪 SJ 的案例可以看出，第一书记及其领导下的驻村工作队从以下两个方面纠正了"四议两公开"制度执行偏差，保障了该项制度的有效执行。一是拓宽了村民上诉需求的渠道，有效解决了村支书因利益关系而不愿启动"四议两公开"程序的问题。正如前文案例中所描述的，当遇到有损村党组织书记自身利益的事项，致使村党组织书记不愿提议时，农户会直接找到第一书记陈情，第一书记审核了解实情后同样可以召开村党组织会将此事提上议事日程。二是实现了对"四议两公开"制度执行过程的全方位监督，有效保障了制度实行过程的公开公正。第一书记及其带领的驻村工作队作为一种重要的外部监督力量参与到"四议两公开"的各环节，对村党组织及村干部的行为进行全方位的监督，使村民对村级公共事务民主决策的结果更加信服，增强了农户内心公平感及对村党组织的认同度。

第一书记介入"四议两公开"制度执行过程，有效纠正了该项制度的执行偏差，保障了评议过程及结果的公正性。最重要的是，此过程有效实现了村党组织权威再造，提升了村民对村党组织的信任度和支持度。

二 完善村党组织组织体系

（一）村党组织书记工作能力的提升

第一书记派驻入村带领村党组织书记开展精准扶贫工作，能够有效提升村党组织书记的工作能力。大量经验研究表明，第一书记的派驻为贫困村输入了优质的公共领导力资源。[①] 而此种公共领导力资源对村党组织建设所产生的有益功效，首先体现在第一书记对村党组织书记工作能力的提升方面。

国家以政策方式规定了第一书记对派驻村村党组织书记的工作指导职责。2015 年 4 月下发的《关于做好选派机关优秀干部到村任第一书记工作的通知》指出，"第一书记在乡镇党委领导和指导下，紧紧依靠村党组织"[②] 带领村"两委"干部开展农村工作，对第一书记与村党组织书记的关系给予界定。基于中央政策精神，各地根据实际情况对第一书记与村党组织书记的关系进一步作出了两种不同类型的规定。第一，大部分地区将第一书记定位于监督指导的角色，同时强化其在精准扶贫工作中的领导地位。例如，2017 年 10 月中共重庆市委组织部、重庆市扶贫开发领导小组办公室印发的《重庆市深度贫困乡（镇）驻乡驻村干部管理试行办法》规定，驻村第一书记要紧紧依靠派驻村党组织开展工作，但在精准扶贫工作领域，驻村第一书记则有带领派驻村开展扶贫工作的职责。第二，在部分深度贫困地区，为提高脱贫攻坚工作效率便直接将村党组织书记置于第一书记的直接领导之下。例如，2018 年 5 月，四川省甘洛县《关于深入学习贯彻习近平总书记来川视察重要讲话精神进一步加强"五个一"帮扶力量管理工作的通知》指出，驻村第一书记应当在乡镇党委的领导下对村党组织工作负第一责任，较为明确地规定了第一书记对村党组织书记的领导地位。

在精准扶贫领域，第一书记带领村党组织书记开展工作。第一书记

[①] 舒全峰、苏毅清、张明慧、王亚华：《第一书记、公共领导力与村庄集体行动——基于 CIRS "百村调查"数据的实证分析》，《公共管理学报》2018 年第 3 期。

[②] 国务院扶贫开发领导小组办公室：《关于做好选派机关优秀干部到村任第一书记工作的通知》，http://www.cpad.gov.cn/art/2015/5/13/art_ 50_ 13584.html。

在日常工作中对村党组织书记起到了一定的"帮带"作用，主要表现在：一是帮助纠正村党组织书记工作存在的偏误。贫困村村党组织书记大多存在工作自由懒散的通病，在日常工作中常常因其"无为而治"与"非正规"治理手段的运用而产生工作偏误。在强大的考核压力下，第一书记会通过对村党组织书记工作的动态监督，及时纠正其工作偏差令其整改，提升了村党组织书记工作的规范化程度。二是带动村党组织书记整体工作能力提升。村党组织书记由于文化素质和工作能力有限，无法达到精准扶贫阶段的技术治理要求。第一书记作为国家派驻入村的现代官僚具有技术治理优势，其在处理日常工作时能够通过言传身教的方式提升村党组织书记等村干部的工作能力。例如，PC镇党委书记曾这样阐释第一书记对村党组织书记的帮带作用，"现在的精准扶贫对网上办公的要求提高了，很多表要在网上填报。那么我们绝大多数的村支书是干不来这个工作的，干不来怎么办？第一书记他就能干得来，你（村支书）就跟到一起学，多学几次你慢慢就会了。"（罗YS，20190713M31）

（二）村级党员队伍建设

第一书记的首要职责是指导与督促派驻村加强党组织建设。为避免基层党建流于形式，也为进一步响应"抓党建、促脱贫"的政策要求，多数贫困村开始将扶贫实践与党建结合起来，以实现扶贫与党建的相互促进。第一书记介入下的党员队伍建设，包括党员包干责任制的建立和无职党员定岗定责两种主要方式。在此基础之上，第一书记通过吸收年轻党员来提升村级党员队伍整体素质并促进其年轻化。

1. 党员包干责任制的建立。此种党员队伍建设方式就是通过党员与贫困户结对帮扶，实现党员对其结对帮扶贫困户的责任包干。这种结对帮扶的工作方法，主要是选择村里经济条件较好、致富能力较强的党员同贫困户结成对子，解决贫困户生活困难并带动其脱贫致富。以重庆市酉阳县TX村为例，该村第一书记组织开展党员结对帮扶情况见表5-2。TX村共有党员63人，其中在职党员7人，无职党员56人。共有19位党员承担结对帮扶任务，其中无职党员实行"一对一"帮扶，驻村工作队员每人帮扶3户贫困户，村干部党员每人帮扶1—3户贫困户。党员结对帮扶仍然属于"输血式"的帮扶方式，此种方法主要是充分发挥熟人社会优势。由于本村党员对贫困户的情况非常熟悉，有时又是亲戚邻居，因而可以增强贫困户的社会支持，弥补帮扶责任人工作的不足。与此同时，党员在帮扶贫困户的过程中能够更进一步地增强自身责任意识，在实践中锻炼个人党性；同样，贫困户在接受帮扶的过程中也能够增强其对党组织的拥护，提高其对党组织的认同感，有效提升村党组织的组织与动员能力。

表5-2　　　　重庆市酉阳县 TX 村党员结对帮扶开展情况

帮扶主体	帮扶主体人数	参与帮扶人数	帮扶贫困户数
村"两委"干部	4	4	10
村普通党员	56	12	12
驻村工作队队员（包含第一书记）	3	3	9
总计	63	19	31

注：TX 村共有党员 63 人，其中驻村工作队与村"两委"班子党员已实现结对帮扶全覆盖，但村普通党员中，仅有 12 人经济条件较好且有帮扶意愿。

资料来源：TX 村第一书记访谈记录（刘 ZY，20190815M52）。

2. 无职党员定岗定责。除了党员与贫困户结对帮扶外，部分村还通过给无职党员定岗定责的方式进行实践型党建。无职党员主要是指未担任村"两委"干部职务的普通党员，定岗定责主要是指通过设定岗位将无职党员组织起来，为村庄提供公共服务。以四川省喜德县 XS 村为例，该村为无职党员设立了政策宣传岗、环境卫生监督岗、民事调解岗、计生协助岗、民意搜集岗 5 个常设岗位，根据特殊需要还会阶段性地设置治安巡逻岗、搬迁安置协助岗等非常设岗位。通过无职党员定岗定责，能够更加充分地发挥党员作用，密切党群关系。

除此之外，第一书记还通过引导村党组织党员吸纳方向，破除村党组织党员队伍建设困境。面对贫困村普遍存在的党员老龄化、流动党员占比大、党员素质普遍偏低等问题，第一书记在吸收党员时侧重于将乡村精英与年轻人才纳入党组织，以增强村党组织对村庄发展的引领作用。

以 TX 村为例，2019 年上半年该村共发展了 10 名党员，其年龄均不超过 40 岁，学历均在初中以上。在这 10 名党员中，绝大多数有在外务工经历，具有较强的个人能力，能够有效提升村党组织的整体领导力。

（三）确立村党组织在村级组织体系中的领导地位

理顺村党组织与村委会、村集体经济组织、社会组织之间的关系，是确立村党组织、村级组织体系领导核心地位，确保村党组织功能有效发挥的基础，同时也是第一书记对其他村级组织进行有效改造的前提条件。第一书记在领导村级组织开展精准扶贫工作的过程中，通过"村党组织+"等方式逐步确立了村党组织在村级组织体系中的核心领导地位，并协助村党组织同其他村级组织建立起了紧密的联系。

1. 村党组织与村委会。2019 年《中国共产党农村基层组织工作条例》和《中国共产党农村工作条例》中确定了村党组织在村内各类组织中的核心领导地位，以法律的形式对村党组织与村委会的关系进行了规定。虽然有此规定，但由于村党组织与村委会的授权来源有所区别，因而在具体实践中村党组织很难实现对村委会干部的直接、有效领导。第一书记派驻入村后，不断通过普法、政策宣传等方式明确村"两委"干部的工作职责与关系；通过对扶贫政策执行过程进行科学合理分工，逐渐明确村"两委"之间的工作关系。例如，在具体扶贫政策执行过程中，村党组织更偏重于规划制定与审核，村委会干部更偏重于具体执行落实，等等。

2. 村党组织与村集体经济组织。村党组织统筹领导村级事务的经济基础来自村集体经济组织的经济产出。因此，理顺村党组织与村集体经济组织的关系，确立村党组织对村集体经济组织的领导地位就显得十分必要。然而，自家庭联产承包责任制实施以来，村集体经济组织空壳化问题日渐突出。协助发展村集体经济是第一书记的一项重要职责。《关于做好选派机关优秀干部到村任第一书记工作的通知》中规定，第一书记应帮助派驻村"选准发展路子，培育农民合作社，增加村集体收入"[1]。

---

[1] 国务院扶贫开发领导小组办公室：《关于做好选派机关优秀干部到村任第一书记工作的通知》，http://www.cpad.gov.cn/art/2015/5/13/art_50_13584.html。

基于此，第一书记依托村党组织力量，以"村党组织+合作社"的方式，协助派驻村发展村集体经济。也正是在此过程中，第一书记协助村党组织逐步确立了对村集体经济组织的领导地位。

3. 村党组织与社会组织。在精准扶贫战略实施阶段，贫困村内部的社会组织主要是国家派驻入村的帮扶责任人团队。贫困村对口帮扶单位通常会根据所联系村贫困户数派遣一定数量的帮扶责任人。① 每位帮扶责任人需要对口帮扶 2—5 户贫困户，主要负责根据贫困户具体致贫原因制订帮扶方案，并将"一户一策"精准帮扶方案录入扶贫系统，同时报第一书记监督。第一书记及驻村工作队负责对帮扶责任人的工作进行动态管理，帮扶责任人入户前需到第一书记处签到，入户完毕后需向第一书记反馈贫困户家庭状况。第一书记定期将贫困户存在的各种问题整理汇总后，报送给村党组织并督促其及时予以解决，同时将帮扶责任人团队的具体帮扶情况报村党组织监督。除此以外，当第一书记接到上级政府的阶段性工作任务后会在第一时间组织帮扶责任人开会，布置相关工作内容，督促其按时落实到户。由此可见，村党组织通过第一书记建立起了同帮负责人团队的联系，实现了对帮扶责任人团队的监督与管理。

三 实现村党组织上下联动

第一书记通过对村党组织"三会一课""四议两公开"等核心制度的恢复，有效提升了村党组织权威和组织力；通过提升村党组织书记的工作能力、建设村党员队伍等，合理化村党组织内部结构并提升了其组织与动员村民的能力；通过理顺村党组织与村内各类组织的关系，确立了村党组织在村级治理体系中的核心领导地位，有效提升了其对村委会、村集体经济组织以及社会组织的组织与动员能力。在此基础之上，第一书记构建"乡—村"精准帮扶体系，实现了"乡镇党委、政府—第一书记—村党组织—农户"各要素的上下联动。

第一书记通过构建"乡—村"精准帮扶体系将乡镇党委政府、村党

---

① 第一书记及驻村工作队队员同样也是帮扶责任人，每人同样也要对口帮扶 2—5 户贫困户。

组织、帮扶责任人和农户（包括贫困户和一般农户）紧密联系在一起。"乡—村"精准帮扶体系以第一书记（驻村工作队）为核心进行运转，各要素之间通过第一书记建立联系，并在其协调推动下有条不紊地进行动态的贫困治理。笔者根据对西南地区国家级贫困县 XS 村与 TX 村的参与式观察，总结绘制出"乡—村"精准帮扶体系结构图（见图 5-2）。

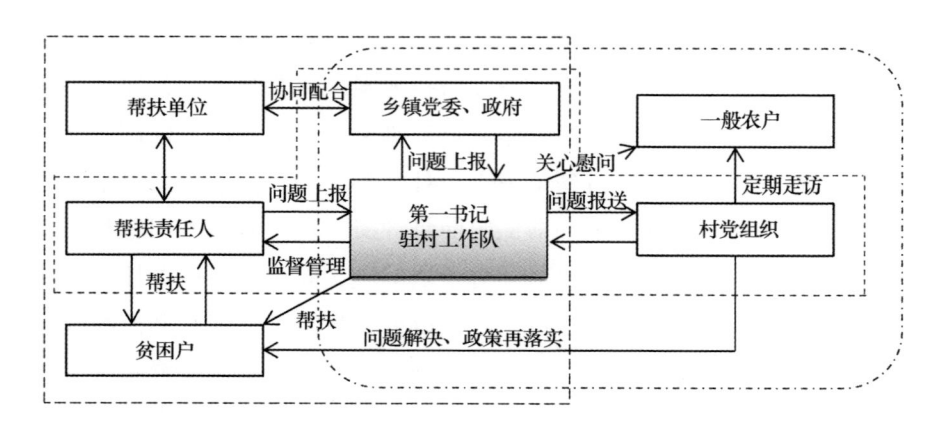

图 5-2　"乡—村"精准帮扶体系结构

资料来源：笔者根据调研材料自制。

"乡—村"精准帮扶体系由三个相互重叠的子系统构成，分别为：贫困户帮扶系统、贫困户问题反馈系统、一般农户联系系统。

1. 贫困户帮扶系统。该系统主要由帮扶单位、帮扶责任人、第一书记及驻村工作队、乡镇党委政府、贫困户等要素构成，主要完成对贫困户精准帮扶与动态监管的任务。贫困村对口帮扶单位通常会同乡镇党委政府联系接洽，了解其所帮扶贫困村的贫困状况与致贫原因等，并根据联系村贫困户数派遣一定数量的帮扶责任人。每位帮扶责任人需要对口帮扶 2—5 户贫困户，并定期到对口帮扶户家进行家访，对其进行帮扶。第一书记及驻村工作队负责对帮扶责任人的工作进行动态管理，帮扶责任人入户前需到第一书记处签到，入户完毕后需向第一书记反馈贫困户家庭状况。除此以外，当第一书记接到上级政府的阶段性工作任务后会在第一时间组织帮扶责任人开会，布置相关工作内容，督促其按时落实到户。

2. 贫困户问题反馈系统。该系统主要由第一书记以及驻村工作队、帮扶责任人、村党组织、乡镇党委政府等要素组成，当贫困户"一达标、两不愁、三保障"任何一项指标出现问题时，便要启动该系统。帮扶责任人定期入户了解帮扶户生活状况，当发现帮扶户出现生活困难时，便要及时向第一书记汇报。第一书记收到帮扶责任人上报的问题后，会带领驻村工作队对该户进行入户调查，确定问题的真实性并形成调查报告报送村党组织[①]，督促其予以解决；与此同时，第一书记还会将整理后的材料上报乡镇党委政府，以实现对村党组织工作的双重监督。除帮扶责任人定期反馈贫困户问题外，存在生活困难的贫困户也会主动找到第一书记等帮扶干部或村干部寻求帮助。此时，第一书记仍然会重复上述步骤及时解决贫困户问题。

3. 一般农户联系系统。该系统主要由第一书记及驻村工作队、村党组织、乡镇党委政府、一般农户等要素构成，主要承担一般农户关心慰问、生产生活状况动态管理等工作。除对贫困户进行精准帮扶和动态监管外，村党组织与第一书记、驻村工作队还要定期走访一般农户，以便将家庭出现变故的农户及时纳入帮扶系统。

通过"乡—村"精准帮扶体系的有效运转，第一书记协助村党组织在乡镇党委政府与农户之间起到了有效的上下联动的功能和作用。"乡—村"精准帮扶体系中第一书记的存在非常关键，其处于乡镇党委政府与村党组织之间，起到上联下通的纽带作用。乡镇政府通过第一书记自上而下地贯彻政策与阶段性的工作任务，第一书记通过政策解读、分解与政策执行的方案制订，提高了村党组织政策执行效果。村党组织通过紧密联系群众和村内各类组织，在第一书记的监督与指导下自下而上地反馈群众需求。本研究认为，从整体上看第一书记派驻入村成功实现了对村党组织的改造。

[①] 部分地区第一书记会和村党组织书记一起入户核实贫困户困难情况，一同商讨解决对策。

第三节 第一书记对村委会的改造

村委会同时承担着执行上级政府交办的行政任务与政策、领导村民自治的双重职责。因此，第一书记对村委会改造具有双重目的：一是规范村委会的行政行为，使其能够秉持公平效率原则完成上级交办的行政任务、执行公共政策，更好地为村民服务；二是提升村委会领导村民自治的能力，使其能够团结村民、提升村民的公民素质与自治能力，稳定乡村秩序。第一书记对村委会的改造是以确立村党组织对村委会的有效领导为开端的，第一书记依托村党组织对村委会产生影响。第一书记通过村级贫困治理过程同村委会组织进行互动，逐步对村委会干部行为与工作方式进行改造。

一 规范村委会职业行为

规范村委会职业行为是保障其组织行为公平有效的基础。韦伯认为，规范化的官僚制组织体系内部应具备层级化与任务分工专业化的基本特征，组织运行应遵从理性主义规则，并符合任务执行的程序规范化与专业化。村委会虽然不属于国家行政体系，但却承担着村级政策执行与完成政府交办任务的职责，应当对其职业行为进行规范化改造，确保国家政策与工作任务在村级的有效执行。第一书记驻村后从组织层级化、干部职业化、工作程序规范化三方面着手，逐步规范村委会的职业行为。

（一）村委会组织层级化

一是确立了村党组织对村委会的直接领导关系，明确了村委会在村级组织中所处的位置与职能，并在此基础上确定了村委会组织内部的层级关系及各个村干部的工作分工。以重庆市酉阳县 TX 村为例，第一书记在与村"两委"干部以分工合作的方式执行扶贫任务的过程中，对村"两委"的工作分工各有侧重，逐渐理顺村党组织和村委会之间的工作关系。村支书在第一书记的指导协助下统筹安排村党支部、村委会和村监事会的工作，负责具体工作方案的规划与任务分解；村委会主任在村党支部的领导下开展工作，负责将村党支部制定的规划与方案细化并分配给相应的村干部予以落实；村委会设扶贫专干、妇联主席、综治专干、计生专干和村文书五个岗位，分管精准扶贫、妇女工作、社会纠纷调解与安保、计划生育及文职工作，村干部在村委会主任的领导下工作。在精准扶贫战略实施阶段，由于村级扶贫工作成为村内的中心工作，因而村扶贫专干在村委会中便成为仅次于村委会主任的次核心，在扶贫任务重时可向村委会主任请示调拨其他岗位村干部对其工作予以协助。

二是提升了村委会对乡镇政府分派的扶贫工作的重视度，乡镇政府通过第一书记建立起了同村委会的上下级科层关系。以重庆市酉阳县TG镇为例，当县级部门向乡镇下达阶段性的扶贫任务时，会召集各乡镇党委和政府领导开会下达任务。乡镇领导接到任务后会召集所辖行政村第一书记与村支书开会，传达上级政策精神并下达任务指标。根据乡镇要求，第一书记会首先带领驻村工作队草拟实施方案并同村支书就起草的方案进行商讨，最终确定实施方案，交由村委会负责具体实施。村委会要对村党支部负责并汇报工作。第一书记作为外部监督者，会对村委会工作进度进行跟进，并按时对村委会完成的工作事项进行检查验收。可以看出，第一书记在此过程中逐步理顺了"乡镇党委政府—村党组织—村委会"的层级关系链条，并以监督者和验收者的身份保证了村委会对乡镇政府分派任务的重视度，确保村委会可以保质保量地完成乡镇政府交办的工作任务。

（二）村委会干部职业化

国家对村委会干部的职业化改造工作启动较早。取消农业税后，为提高村干部的工作积极性，各地便普遍开始探索以财政转移的方式提高村委会干部收入，以保证村干部以国家"代理人"的角色协助乡镇政府落实农村工作。2009年9月，党的十七届四中全会提出要通过财政转移支付等方式，建立稳定的农村基层组织负责人工作经费保障制度，以解决农村基层组织负责人的工资收入与社会保障问题，国家期望通过解决村委会干部工资及社保问题推动村委会干部的职业化改造，各地还陆续出台了村干部"坐班＋考勤"等配套制度。但是在具体的实践过程中，乡镇政府的考勤管理往往停留于形式，而在缺乏外力监督的情况下，行政村内部村委会干部的职业化改造往往陷入自我监督的窠臼，难以达到职业化改造的目的。第一书记驻村后，通过第一书记与村委会干部双向监督的方式，推动了村委会干部的职业化改造。

第一书记推动村委会干部职业化改造的第一个表现，是严格实施的"坐班+考勤"管理制度。派驻入村的第一书记及驻村工作队一般同村委会合署办公，并采取交叉考核的方式对各自的日常工作进行双向监督。以重庆市酉阳县 TG 镇 TX 村为例，根据《酉阳县贫困村第一书记及驻村工作队管理办法（试行）》规定，对第一书记及驻村工作队的管理推行工作纪实制度，严格落实下村签到。基于此，TX 村第一书记及驻村工作队每天都要按时到村委会签到打卡，并与村委会干部对接当日工作安排。第一书记与村委会干部的日常工作对接，实际上起到了对村委会干部坐班制的考核作用，相较于乡镇政府对村委会坐班制的周期性考核，第一书记与村委会的交叉考核与相互监督效果更优。

第一书记推动村委会干部职业化改造的第二个表现，是对村委会中心工作的周期性与阶段性相结合的考核制的实施。精准扶贫战略实施以来，扶贫工作成为村委会的中心工作，具体包括：产业扶贫工作的推进、易地扶贫搬迁工作的落实、周期性的入户排查工作和建卡户信息录入等。第一书记具有带领贫困村实施精准扶贫工作的职责，其会根据上级政府的工作安排对村委会工作的落实情况予以考核。以四川省 SJ 镇 JG 村易地搬迁建房工作为例，SJ 镇党委政府向第一书记下达任务要求 2018 年 9 月 20 日前各村完成建房任务，2018 年 9 月 30 日前各村第一书记要组织驻村工作队完成住房建设验收工作。在村级层面，村委会具体负责在规定的时间内"对标对表"地完成房屋建造工作，而第一书记与驻村工作队负责按时对村委会负责组织的房屋建造工作的完成情况进行考核。通过上述案例可以看出，第一书记及其考核行为使村委会干部的职业行为更加专业化和规范化。

（三）村委会工作程序规范化

在精准扶贫战略实施阶段，精准识别与精准帮扶工作贯穿村委会工作始终，是村委会最主要的两项扶贫工作任务。根据《关于做好选派机关优秀干部到村任第一书记工作的通知》规定，第一书记负有带领派驻村开展精准识别工作、帮助制订精准帮扶方案的责任。第一书记与村党组织在带领村委会开展精准识别与精准帮扶工作的过程中，逐步规范了村委会的工作流程，使村委会的工作机制更加科学合理。

1. 第一书记介入下村委会精准识别工作规范化

第一书记派驻入村之前的"精准识别"工作并不十分精准。精准识别，即根据贫困户的建档立卡标准将家庭确实有困难的农户识别出来对其进行建档立卡，以备后续跟进精准帮扶措施的过程。首批精准识别工作启动于2014年前后，是在村党组织的领导下由村委会负责实施的。首次精准识别除收入标准较为明确外，其余识别标准均较为模糊。而在农村地区，家庭人均纯收入又不易被准确测量。因此，首次建档立卡指标多是由村委会干部根据亲疏远近关系"分摊"下去的。调研中TG镇包村干部坦言，"我们在当时建档立卡的时候，那个时候的国家政策还不是很明朗，也没有很多救助政策，大家都不愿意当贫困户，因为不好听嘛。那村主任怎么办？找他的兄弟伙，你家里面有小孩读书，那你就是贫困户！先支持下我们的工作，如果上面的政策下来了，就给你钱，就这样评出来的。"（许X，20190812F26）

由于精准识别是精准扶贫工作的基础性环节，后续各项帮扶工作都是基于精准识别开展的。因此，精准识别"不精准"的问题得到了中央的高度关注。2016年前后，国家开始启动精准识别"回头看"和动态调整①工作，第一书记同村党组织书记一起带领村委会干部着手实施这两项工作，并通过精准识别"回头看"和动态调整工作的实施规范村委会的工作流程。由于精准识别"回头看"环节同动态调整的民主评议环节相似，因此，本研究通过详细介绍动态调整（纳入）各环节展示第一书记规范村委会工作的过程。

（1）前期资料审查。当农户自评家庭情况符合建档立卡标准后，便向村委会提出建档立卡申请。农户在提交申请时需出具相关佐证材料，以证明其家庭情况符合建档立卡标准。村委会需定期向第一书记汇报农

---

① 动态调整指的是对全国扶贫开发信息系统进行阶段性的动态调整，调整主要包括纳入和剔除两类。纳入是指将陷入贫困的家庭及时纳入全国扶贫开发信息系统，并跟进相关帮扶措施的过程；剔除是指将在精准扶贫"回头看"工作中筛选出来的不符合建档立卡标准的家庭及时从全国扶贫开发信息系统中剔除的过程；同时，剔除还包括定期将已脱贫户的名单从帮扶系统中删除。

户申请情况，并在第一书记的组织下同驻村工作队一起就农户所交材料的真实性进行入户调查，初步审查其建卡资格。如不符合条件则终止程序；如符合条件则进入民主评议程序。

（2）民主评议。如果农户家庭条件符合建档立卡标准，第一书记则会同村委会干部和驻村工作队成员到该农户所在的村民小组召开村民小组表决会，就该农户是否可以建档立卡进行民主评议。如票数未通过则终止评审程序；票数通过则由第一书记组织召开村"两委"工作会再次对农户所交材料进行审核，驻村工作队从旁监督，如材料不符则终止程序，材料符合则进入上报审核阶段。

（3）上报审核。公示有异议的则要重新启动审查程序，无异议则上报乡镇政府审核。乡镇政府审核通过后公布实施并接受村民监督。若无异议，则由村扶贫专干将该农户信息录入全国扶贫开发信息系统，方便对该农户跟进精准帮扶措施（具体程序见图 5-3）。

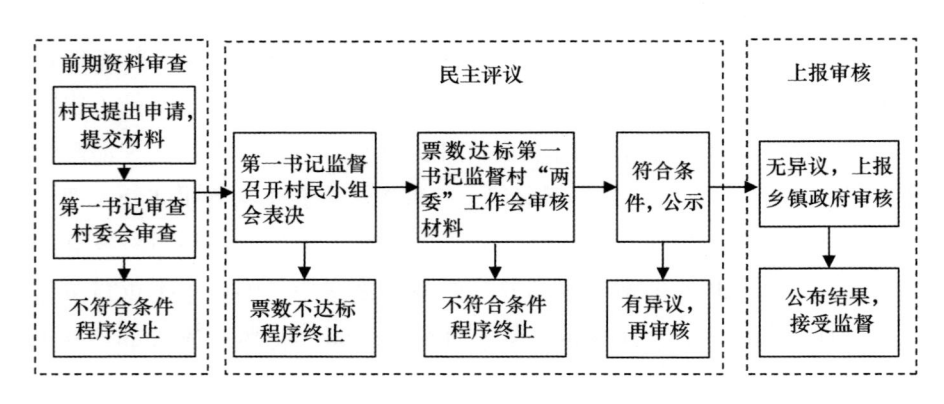

图 5-3 动态调整总体步骤

资料来源：笔者根据参与式观察和访谈材料整理自制。

2. 第一书记介入下村委会精准帮扶工作规范化

精准帮扶是精准识别的后续步骤，每一户识别出来的贫困户都要为其精准制订帮扶方案、因户施策，以确保其能够如期脱贫。以重庆市酉阳县 TX 村为例，根据县扶贫办的相关要求，对贫困户帮扶方案的制订应遵从入户调查、方案制定、脱贫动态检测与帮扶三个步骤。TX 村第一书记按照县扶贫办的政策要求带领村委会干部开展精准帮扶工作，并以此为过程载体不断提升村委会工作的规范化程度。

（1）入户走访调查。精准识别工作结束后，第一书记会带领村委会干部到每户贫困户家中进行走访，详细了解贫困户家庭的具体困难，并确定主要致贫原因。在此过程中，村委会干部在第一书记的指导下完成贫困户家庭信息搜集工作。

（2）扶贫方案制订与帮扶责任人选派。在对贫困户进行入户调查，掌握其家庭基本信息及致贫原因的基础上，第一书记会组织村委会干部开会讨论制订该贫困户的扶贫方案，并选派合适的帮扶责任人对该户进行结对帮扶。扶贫方案制订完成后，村委会干部会将该方案与贫困户进行商讨，并就其中所涉及的扶贫政策对贫困户进行宣讲。若贫困户对第一书记与村委会干部共同商讨决定的扶贫方案无异议，村扶贫专干会将该户扶贫方案录入全国扶贫开发信息系统，启动帮扶程序。若有异议，则重新进行入户调查和扶贫方案制订程序。

（3）贫困户脱贫状况动态监测。帮扶责任人负有对其帮扶户脱贫状况的动态监测责任。帮扶责任人需定期到贫困户家中走访，关心贫困户生活近况，并将入户走访信息汇总到第一书记处。当贫困户生活出现困难时，第一书记会组织村委会干部进行入户走访，对其家庭困难情况进行核查，村委会干部要针对贫困户家庭实际困难给予相应的政策帮助。

第一书记对村委会精准识别与精准帮扶工作的介入，带来了村委会工作程序的规范化。一是村委会按程序办事，村级扶贫治理正规化。第一书记带领村委会干部按照上级政府政策要求开展村级扶贫工作，村委会干部越来越重视政策要求和既定程序，非正式治理方式的运用大大减少。二是村委会干部分工明确化。在规范精准识别与精准帮扶工作流程的过程中，村委会干部之间的分工愈加明确，村干部之间工作衔接流畅。例如，村委会主任和村文书主要负责入户走访并形成文字记录，村扶贫专干主要负责信息台账管理与信息录入，等等。

第一书记驻村扶贫作为一项重要的公共政策，能够有效打破既有行政体制的束缚，以国家力量介入的方式通过外力推动来实现村委会的行政化改革。从现阶段的实践经验来看，第一书记派驻入村后有效推动了村委会组织层级化、专业化与干部职业化改造，并通过带领村干部开展精准扶贫工作逐步规范了村委会的工作程序。以上做法从组织层面实现了对村委会的有效改造。

二　提升村民自治能力

领导村民自治是村委会的另一项核心工作，本节着重讨论第一书记提升村民自治能力的实践逻辑。如前文所述，村庄派系政治的存在使村委会的公平性无法得到有效保障，导致村委会同村民之间产生了不可调和的干群矛盾。干群矛盾致使村委会与村民之间的信任度不断降低、村庄治理权威缺失，使得村委会在村民自治中的地位不断边缘化。同时，受市场经济的影响，村落传统公共文化的衰落、村民对个体权利的追求，导致村庄公共精神与集体意识式微，严重削弱了村民自治的精神基础。①根据调研经验，第一书记派驻后遵从"矛盾化解—重塑权威—公民精神培育"的实践进路，协助村委会逐步提升其领导村民自治的能力。

（一）干群矛盾化解

村委会和村民之间的干群矛盾，是抑制村民自治能力提升的重要因素。传统时期，村干部占据着"官民中介"的关键地位，是村民利益的维护者。改革开放以来随着村级组织行政化，村干部角色开始从村庄"当家人"向政府"代理人"转变，征粮纳税与计划生育开始成为村委会的中心工作，村干部同村民之间的关系开始变得紧张。随着国家农村发展战略由资源汲取转向资源输入，大量的发展资源开始向乡村社会转移，村干部成为资源分配的关键角色。由于建立在"差序格局"这一社会结构之上的乡村政治，是以不同乡村精英为中心、以私人联系为纽带构成的多中心网络，以此格局为基础的乡村自治组织往往在资源的分配中很难实现真正的公平公正。由此可知，村委会干部与村民之间的矛盾不断升级，突出表现为因村委会纠纷调解能力低而导致的村民上访数量增加，此种现象在贫困地区的农村尤为突出。

---

① 阎云翔：《私人生活的变革——一个中国村庄里的爱情，家庭与亲密关系（1949—1999）》，上海书店出版社2006年版，第243页。

第一书记作为介入村庄治理的国家力量介入村民上访调解过程，通过客观公正地处理村民上访问题，化解村委会干部同村民之间的干群矛盾，重塑干群关系。本部分基于云南省 TC 村的个案，探讨第一书记通过介入村民上访调解过程，进而缓解干群矛盾、重塑干群关系的内在机理。

1. 案例背景

TC 村是位于云南省威信县 SH 乡东南角的一个典型的贫困村落。TC 村 2018 年底争取到了修路指标，可以在官渡河口到岩口修一条硬化路，方便下一步 TC 村的产业发展。由于岩口在 1 组，所以在项目批复下来后，村主任联合 1 组组长张 YA 两人联系了施工队代修硬化路。按照规定，一般村上代修的公路需要乡政府干部下来验收合格过后，才能把资金划拨到账。但是，硬化路修好后 1 组村民发现硬化路没有修足里数，1 组组长张 YA 把 1 组的 4 户农户私人凑钱修的 100 米公路也算到新修的公路里面来凑数，组长张 YA 还以公路对接需要工费的名义收取了 1 组村民 7800 元钱。1 组村民对此事意见很大，一致认为肯定是组长张 YA 私吞了公家修路的钱，还私吞了不少，并且还拿村民的钱填补亏空。于是便一封申请书递交到 TC 村村委会，要求撤换组长张 YA。

显然，张 YA 与村委会干部的私交甚好，一封申请书交到村委会没有任何反应，这使村民更加气愤。1 组村民见村里不管，便在村民王 YC 的组织下找到第一书记小刘，同时，王 YC 还将一封附带 48 位村民签名红手印的控告书递交到威信县委，请求其严肃处理组长张 YA。

2. 第一书记介入与干群矛盾化解

村委会调解干群纠纷问题的消极态度使干群矛盾不断升级，最终迫使村民选择以上访的形式解决问题。显然，从问题根部公正合理地解决矛盾纠纷是解决村民上访问题的关键。作为国家治理力量在乡村基层的代表，第一书记秉持公平公正的原则，合理合法地处理村干部和村民之间的矛盾，进而化解矛盾，这是解决村民上访问题的关键。

1 组村民的控告书递到威信县委后，引起了纪委的重视，责令乡镇严肃处理此事。由于事涉村干部，为了公正起见威信县纪委将此事委托给 TC 村第一书记小刘主持处理。刘书记先是分别找到 1 组组长张 YA 和涉事村民谈话，了解事情经过。然后，刘书记召集驻村工作队、村支书、村主任、张YA及1组所有在家村民召开村小组会议，共同就张YA修路乱收费事项进行评议。会上张YA承认是自己私占了修路公款，并表示会后会将款项补齐。会上，以村主任为代表的村委会干部对张YA的行为进行了批评，并回应之前村民罢免组长的申请，同意启动罢免程序。经1组村民投票，决定撤销张YA 1组组长的职务。

3. 干群关系缓和

第一书记的介入使村干部与村民之间的矛盾得到了一定程度的缓解。接下来，第一书记通过监督村委会主持村民小组组长选举过程，进一步缓和了村干部与村民之间的紧张关系。

1组选举组长的过程比较坎坷，前后召开了两次村民小组会。第一次小组会是由第一书记小刘召集村主任、村支书和1组村民一起开的，但据刘书记讲，村主任和村支书很难"请"的动。"通知了好几次他都说没得空的，我说那好，那你好久有空我们就好久开。最后终于把他们喊到了，他们开会的时候就远远地站在一边，后来我才明白，1组村民对他们的意见很大，甚至有的要动手。"（刘YH，20180816M29）

1组村民非常反对组长选举时村主任、村支书在场，在村民们看来村干部办事不公道，他们主持选举结果的公正客观性就没办法保证。就这样，第一次村民小组会没有形成任何决议。

为保证村民小组会议可以正常举行，刘书记先召集1组村民开会做村民的思想工作。会上，刘书记向村民保证村委会主持下的小组长选举一定会按照正常程序进行，届时第一书记与驻村工作队会到场从旁监督，以确保整个过程的公平公正。此种方式得到了1组村民的赞同。一周之后，刘书记及驻村工作队人员召集村主任和村支书组织召开1组村民小组会，会议按照正常程序选举出了新的1组组长吴M，村民集体罢免组长张YA纠纷事件得到了较为圆满的解决，同时，1组村民对村委会干部的态度也有所改善，纷纷表示在第一书记的监督下，村委会干部的工作更加令人信服。

4. 案例小结

干群矛盾的化解是提升村委会领导村民自治能力的基础环节。基于纠纷双方身份的特殊性，本地乡村干部均很难秉持客观公正的态度，以中立的调解人的角色出面调解。在此情况下，代表国家力量的第一书记在调解干群纠纷以及由此引发的上访问题时，就发挥着很大的作用。第一书记通过化解干群矛盾，有效缓和了村委会同村民之间的关系，为提升村委会领导村民自治能力打下了基础。

(二) 村委会治理权威重塑

由干群信任不足导致的村委会治理权威的缺失，使得贫困村村委会普遍缺乏动员与组织村庄集体行动的能力。农业税费改革以后，村委会所承担的上级行政任务逐渐减少，村干部的工资收入明显减少，大部分村干部开始不再关心村内公共事务，这类现象在贫困地区表现得尤为突出。调研中 XMD 村第一书记表示，"你像我们的村主任，他们的工资就是 2600 块钱，其他村干部也就是一千多块钱。他要养家糊口，所以平时他需要花大量的时间去干农活，所以他就不可能对村上大家伙的事太上心。"（黄 DC，20180816M31）村干部工作积极性降低所带来的直接后果便是村委会治理权威缺失和村民对村委会信任度的降低，这最终导致了村委会组织与动员村庄集体行动的能力降低。

第一书记作为国家力量的代表，直接介入村民自治的过程中，其目的就是要协助提高村民对村委会的信任度，通过外部力量重建村委会治理权威，以有效提升村委会动员与组织村庄集体行动的能力。本部分基于云南省 DHD 村的个案，探讨第一书记提升村委会治理权威、促成村庄集体行动的内在机理。

1. 案例背景

DHD 村位于云贵川三省交界处，四周被大山环绕、地理环境闭塞，该村距离县城较远且全为蜿蜒山路，全村共有 6 个村民小组，753 户 2714 人，其中建档立卡户 206 户 741 人，贫困发生率为 27.3%[①]。DHD 村是一个人口流动性较小的村落，80% 以上的村民以务农为生。该村共有耕地 2117 亩，人均耕地为 0.78 亩，其中约有 800 亩水田，集中分布在两个村民小组（1 组、2 组）。

1 组、2 组两个村民小组对灌溉用水的需求量很大。最早这两个小组

---

① 笔者于 2018 年 8 月进入 DHD 村，此处的贫困发生率为截至 2018 年 7 月的最新数据。

的村民是依靠土渠从河里引水进行灌溉的，但由于年年雨季发大水会堵塞土渠造成灌溉不便，降雨量较大的年份土渠堵塞可能还会在小范围内引发洪水、淹没土地、影响春耕。因此，乡政府为1组、2组申请了专项资金，在2组旁边修建一个水坝以解决村民农耕灌溉问题。新修的水坝是由政府出资村委会找施工队来建造的，虽然外观完好但坝基漏水，导致水坝内水位一直低于引水渠，水坝里的水抽不上来无法进行农业灌溉。村民严重怀疑村干部贪污了修水坝的公款，修建水坝时偷工减料才导致坝基漏水的质量问题，村民对村干部的意见很大。由于缺少灌溉用水严重影响了村民插秧，村民着急，多次向村委会和乡政府反映情况，都没有得到回复。反复几次，村民已不再信任干部会真心实意地帮着解决问题。同样，村民也不愿集资出钱修水坝，因为他们并不相信村民代表不会像村干部一样贪污，当然也没有人愿意出来做这个带头人，都觉得多一事不如少一事。

2. 第一书记介入与村委会权威重建

村委会对待村庄公共问题的消极工作态度降低了村民对村委会的信任度，导致村委会的治理权威大大降低。重建信任是提高村委会治理权威，达成村庄集体行动的关键一步。这一关键步骤是由DHD村第一书记完成的。

2018年3月中旬，DHD村的对口帮扶单位下派了一位驻村第一书记吴ZY到DHD村，负责指导推进该村的脱贫攻坚工作。吴ZY上任的第二天，村民就找到他反映水坝问题，并把他拉到水坝处查看情况。"我上去一看，确实很恼火，如果引不过来水的话确实就没有办法耕种，所以这不是一个人的问题，那么多人。而且'两不愁、三保障'水是一项很重要的指标哦，水引不进来你莫说贫困户脱贫，非贫困户马上也要给他拖下去了。"（吴ZY，20180813M28）

修水坝需要村委会出面向乡镇政府争取资金，但吴ZY发现，DHD村村委会和村民之间的矛盾很大，村民对村委会干部非常不信任。村委会干部也表示，在村民不信任的情况下他们也不愿意出面替村民向乡镇争取资金。

吴ZY认为，修水坝需要村委会向乡镇争取资金，同时也需要村民出工出力合力完成，缺一不可。要想让村委会和村民形成合力，达成集体行动就要先消除彼此之间因不信任产生的隔阂。于是，吴 ZY 联系到村主任组织村委会干部和 1 组、2 组的村民代表在 DHD 村活动室就水坝整修事宜进行了开会讨论。会上，吴 ZY 先是让村主任代表村委会向村民解释了水坝修建的经过，并展示了修建时的合同和施工图。之后，村民可以针对心存疑问的地方进行询问。经过村干部和村民面对面的交流，二者之间的信任度有了较大程度的改善。

在此基础上，吴 ZY 组织双方就此次翻修方案进行讨论。经村主任计算，修水坝租挖掘机需要 2.6 万元，还不包括人工费。村主任表示会积极向乡镇政府申请资金，同时，吴 ZY 也表示可以向派驻单位争取资金，以防乡镇划拨的资金不够工程所需。听到这村民们都很激动，对村主任和吴 ZY 说："主任、书记，辛苦你们，只要你们争取到挖掘机的钱，其他我们两个组的村民出工出力，我们一起把这个问题解决了。"

3. 集体行动的达成

第一书记的介入成功消除了村委会和村民之间因信任度低所造成的干群矛盾，通过创造条件让双方充分交流沟通的方式提升了村委会干部和村民之间的信任度，这为村庄集体行动的达成提供了基础。

会后，村主任立刻向乡镇政府反映了基本情况，并向相关部门争取到了 1.6 万元的资金。由于仍然存在 1 万元的资金缺口，吴 ZY 便给单位打报告争取资金，单位批准了吴 ZY 的申请，说是解决春耕用水时间紧迫，会尽快批复资金。款项到账后不到一周的时间，村民配合挖掘机作业就把水坝和水渠修好了，虽然村民栽秧晚了 20 多天，但没有耽误春耕。经此一事，村委会在村民心中重新树立起了治理权威，在第一书记的协助下村委会动员与组织村庄集体行动的能力也有所提高。

4. 案例小结

在第一书记吴 ZY 成功组织 DHD 村村民修水坝、解决春耕困难的这一案例中，第一书记在村委会和村民之间成功扮演了协调者的角色。第一书记借助国家赋权，通过策略性沟通，增强了村委会与村民之间的信任度，成功实现了村庄集体行动共同意愿的达成；通过整合资源，有效推动了共同意愿向集体行动的转化，有效提升了村庄集体行动的能力。

最重要的是,第一书记介入村庄集体行动的组织过程,帮助村委会重建了领导村民自治的权威基础,为村委会稳定社会秩序功能的发挥提供了有力保障。

(三) 村庄公共精神培育

公共精神是村民自治的基础。"公共精神"源自现代西方政治哲学,它区别于个体主义的私念,是以增进整体利益为价值归依的。中国乡村公共精神包含着村民对村庄公共利益的认同与维护,对公共事务的积极参与,对村庄建设所具有的责任感,等等①。公共精神可以增进个体农民之间的关联度、提高乡村社会联系的紧密程度并推动村庄集体协作,将原子化的农民个体组织起来,共同推动村庄建设与发展。可以说,积极的公共精神是脱贫致富与乡村发展的内核动力。但随着农村土地经营制度改革和市场经济的影响,传统农村社会的公共精神逐渐被消解,取而代之的是责任观念不强、公共事务参与意识不强、重个人而轻集体利益、家族意识强而村庄共同体意识薄弱等问题。

在精准扶贫战略实施阶段,各地普遍将提升村级组织塑造公共精神能力作为一项重要任务,以"移风易俗"为口号的公共精神提升行动贯穿脱贫攻坚的始终。在彼时的中国农村地区,尤其是贫困地区,由于乡村权威者的匮乏和乡村精英形塑公共精神能力有限,农村公共精神提升行动主要由第一书记主导。

公共精神的形成需要具有公共权威的精英带领,个人素质高、文化知识丰富的第一书记能够很好地充当塑造公共精神的乡村精英的角色,可以有效解决因村庄公共权威缺失而导致的农民组织化不足等问题。除此之外,第一书记通过有意识地打造乡村公共空间,以不同形式的教育和对本村发展问题的讨论为手段,启蒙与培育村庄公共精神。本部分基于四川省 XS 村的个案,剖析第一书记培育村庄公共精神的实践机理。

1. 案例背景

四川省 XS 村位于大凉山腹地,是一个传统的彝族村落。XS 村是全

---

① 吴春梅、席莹:《村庄治理转型中农民公共精神的核心向度》,《青海社会科学》2014 年第 4 期。

省较早开办农民夜校项目的村庄，2014 年 11 月，恰逢 XS 村彝族年前夕外出打工的年轻人都回到了村子，农民夜校开班了。

据起初开办农民夜校的 XS 村第一书记李 L 介绍，"当时是我和工作组的两个小伙子，问我们村支书借了一间村活动室开办的第一期农民夜校。一开始主要是为了解决村里面开党课没人来的问题，后来我们一合计，要么就改个名字，叫大家伙来看党史电影，先把人吸引过来，看完电影接着上党课。"（李 L，20180523M32）可以观看电影自然吸引了村上大多数人，第一次农民夜校上课村上 60% 以上的人都来了，效果很好，村民们非常支持李书记接着办夜校。

2. 第一书记主导下农民夜校公共精神培育功能的发挥

首次开课成功给李书记和工作队以很大的鼓励，此后，李书记开始逐渐增加农民夜校的授课内容。同时，为吸引更多的村民参与农民夜校，他还不断丰富授课形式——编排坝坝舞、组织村民一起学习农业技术、共同帮助村里特困户解决生活问题，等等。农民夜校每月开展一次主题教育活动，宣讲国家政策和弘扬传统美德精神；另外，不定期地组织坝坝舞、技术培训、搜集村民对村庄建设的意见建议。长时间形成的缺乏集体意识的思想观念，需要更长时间的潜移默化的影响和教育，才能逐渐形成集体责任意识和相应的价值观。截至笔者 2018 年 5 月到 XS 村调研之日，据时任 XS 村第一书记的刘 CY 介绍，该村已经开展了 30 余期农民夜校，村民逐渐形成了定期聚会帮助困难户解决问题的习惯，形成了较强的集体意识。在村民的共同努力下，村容村貌有了很大改善，XS 村从原来贫穷落后的小山村，变成了脱贫致富的标兵村。

3. 案例小结

乡村公共精神的引导主要依靠具有道德权威的群体，而在当下乡村权威匮乏、新乡贤阶层尚未完全成熟之时，第一书记很好地填补了这一空缺。他们通过"农民夜校"项目，拓宽了村庄的公共空间、引导村民的思想观念，逐步提升了村民对村庄的认同感、构建乡村新秩序。与此同时，第一书记和驻村工作队等外来干部自身所具备的现代化的个体素质、精神面貌，也会通过与村民的日常互动潜移默化地影响村民的思想与行为，起到塑造乡村公共精神的效果。

三 形成双重治理结构

完成行政任务与领导村民自治是村委会的两项核心工作。村委会既自上而下执行上级行政任务又自下而上进行村民自治,行政执行与村民自治有机衔接,共同构成村委会主导下的双重治理结构。"第一书记"政策出台以前,村委会治理能力不足是由其执行能力弱化和自治能力不足共同引起的,彼时以村委会为核心的村级双重治理结构尚未完全形成。第一书记对村委会的组织改造,是通过协助提升村委会的行政执行能力与领导村民自治的能力以促进双重治理结构的形成为关键路径的。

(一)双重治理结构的形成基础

从政府与社会关系视角出发,政府并非是隔离于社会之外的稳定实体,政府与社会之间存在一个互嵌的、动态变化的模糊地带。当社会自治力量不足时,政府应当充分发挥其自主性,根据社会力量的结构性变动,以政策为调控工具,通过吸纳、控制或赋权等方式提升社会自治能力或弥补其不足。然而,政府力量的介入并非一定能够带来乡村善治的积极效果,其实际效果往往取决于特定时期的政治社会条件。精准扶贫战略下,第一书记协助构建以村委会为治理中心的双重治理结构,是由政府与社会关系调整、村委会运行现状和国家治理能力共同决定的。

精准扶贫战略实施阶段,政府行政任务与村庄自治事务皆指向脱贫攻坚、提高村民整体生活质量和促进乡村社会发展方面,这为村级层面行政任务与自治事务的有效接洽、相互转化和共同促进提供了现实基础。在精准扶贫战略实施阶段,村级行政任务的执行和村民自治事务的完成很难彼此区分,政府依靠村庄自治力量完成行政任务,而行政下乡也有效提升了村庄自治能力,政府与社会力量在精准扶贫战略实施阶段实现了相互配合。

然而在精准扶贫战略的实施阶段,国家在不断向贫困村庄输送扶贫资源的同时,也相应地扩大了贫困村村委会的职责范围,村委会不仅要承担起执行扶贫政策的职责,同时还要维持村庄治理的有效运行。双重任务压力下,贫困村村委会表示力量欠缺。

村委会力量欠缺亟须政府力量进入予以补充。随着国家治理能力的提升，国家已经具备了将国家行政网络向村级组织延伸的物质基础与制度能力。精准扶贫战略下，大量财政资源向村级组织转移，可以有效解决村委会干部的工资与社会保障问题；同时，村委会软硬件办公设施的提升也为村委会行政化提供了良好的外部条件。在此基础上，政府通过第一书记派驻机制激活村委会行政与社会治理网络，并将二者并联形成双重治理结构，有效促进了村委会治理能力的提升。

（二）双重治理结构的形成过程

村委会职业行为的规范化与其主导下的村民自治能力提升构成了农村基层政权组织建设在村委会层面的不同面向。基于精准扶贫战略实施阶段的政治社会条件，政府向贫困村选派第一书记驻村扶贫，借助官僚介入与反官僚制运行优势对村委会进行改造。在此过程中，第一书记从提升村委会职业行为规范化水平及其村庄治理能力入手，实现了村级行政与村民自治在村委会层面的双向互动。

第一书记通过对村委会职业行为的规范化改造，不断提升村委会的行政执行能力。第一书记派驻入村后，逐步理顺了村委会同村党组织之间的权力关系，并在乡镇政府与村委会之间建立起了上下级科层关系；通过交叉考核与相互监督，第一书记逐步实现了对村委会干部的职业化改造。在此基础上，第一书记通过带领村委会干部落实精准识别与精准帮扶工作，逐步规范村委会的工作流程，使其真正具备了科层制组织的一般特征。

与此同时，第一书记通过介入村民自治过程，不断提升村委会领导村民自治的能力。具体来说，第一书记在贫困治理过程中不断调解干群矛盾、缓和干群关系、重建干群信任、重塑村委会的村庄治理权威，并在此基础上引导与培育村民公共精神。经此过程，以村委会为核心的村民自治得以有效运行。

精准扶贫战略实施阶段，在第一书记的介入下村委会成功实现了身兼双职，自上而下地行政执行与自下而上地领导村民自治共同构成了"双重治理结构"。二者之间相互配合、相互合作，行政任务的执行为社会治理提供了资源，村民自治的运行为行政执行提供了坚实的社会基础。第一书记通过重构以村委会为核心的双重治理结构，完成了对村委会的改造并提升了其治理能力。

第四节 第一书记对村集体经济组织的改造

第一书记对村集体经济组织的改造，是以第一书记对村集体经济组织管理体系的重塑为开端的。2018年，中共中央办公厅、国务院办公厅印发的《关于加强贫困村驻村工作队选派管理工作的指导意见》进一步将"发展农民合作经济组织，推动发展村级集体经济，协助管好用好村级集体收入"[①]明确规定为第一书记的工作任务。集体经济的发展需要强有力的组织作为保障。权责明确的机构设置和健全的制度安排是村集体经济组织有效运营、经济效益提升的基础。派驻入村的第一书记从规范管理机构与运行制度入手，逐步对村集体经济组织进行改造。

一 改造村集体经济组织机构

（一）村集体经济组织权力机构的改造

第一书记对村集体经济组织权力机构的改造，其核心即要明确组织领导权的归属问题。在精准扶贫战略启动阶段，对于大部分贫困村来讲，村集体经济组织基本上是处于"虚化"状态的，具体表现为：机构虚设、无专职工作人员和基本不产生经济效益。实地调研发现，70%以上的贫困村村集体经济组织处于"瘫痪"状态。产生此种问题的一个主要原因就是村集体经济组织的领导权不明确。

由于历史原因，对村集体经济组织直接领导权的归属问题的界定一直比较模糊。20世纪80年代，人民公社解体后国家在村集体经济组织的基础上设立村民委员会，村委会基本上承接了人民公社时期村社合一的体制。随着农村地区双层经营体制的实行，村集体经济逐渐萎缩，以至于当下部分村庄并不具备实体性的村集体经济组织，仍然是由村委会代行村集体经济组织的相关职责。但是，党和政府的方针政策又不断强调

[①] 《中共中央办公厅 国务院办公厅印发〈关于加强贫困村驻村工作队选派管理工作的指导意见〉》，http：//www.gov.cn/zhengce/2017-12/24/content_5250001.htm。

村党组织处于村级组织体系的核心位置，这就意味着村党组织有领导村集体经济组织的权力。但由于村委会与村集体经济组织并未明确分设，在实践中就出现了村党组织和村委会对领导村集体经济建设任务相互推诿的现象，致使村集体经济组织建设被不断搁置。

《关于打赢脱贫攻坚战的决定》中明确了省市县乡村"五级书记抓扶贫"的领导体制，并将发展村集体经济纳入"五个一批"扶贫政策体系当中，明确了村党组织对村集体经济组织建设的核心领导地位。第一书记入村后，依照国家政策要求对村集体经济组织权力机构进行改造，明确了村党组织对村集体经济组织的直接领导关系，并逐渐将村集体经济组织从村委会中剥离，单独设立村集体经济组织。

村集体经济组织的权力机构主要由股东大会、村党组织和第一书记构成。其中，股东大会是村集体经济组织的最高权力机构，当涉及集体经济收益分配、项目投资、土地流转等重大决策事项时，需召开股东大会决议。村党组织是村集体经济组织权力机构的核心，全面领导村集体经济组织的日常运行工作，对村集体经济组织的一般事项具有决策权。由于第一书记负有带领派驻村开展扶贫工作、推动发展村集体经济的职责，因而，在村党组织"软弱涣散"的村庄，一般由第一书记代村党组织书记行使决策权。除此种特殊情况外，第一书记一般仅发挥决策咨询的智囊作用。

（二）村集体经济组织执行机构的改造

第一书记派驻之前，村集体经济组织执行机构的设置一般呈现两种主要的状态。其一，对于部分村集体经济组织发展几乎处于停滞状态的村庄，其执行机构一般处于"虚置"状态，这种情况在贫困地区最为常见。其二，部分村庄将村集体经济入股公司或承包给种养殖大户，定期获取股金收益。对于此类村庄，村集体经济组织的执行权由其入股企业的执行层或种养殖大户代为行使，出现了村集体经济组织的权力机构与执行机构相分离的情况，权力机构对执行机构的领导权和决策权均无法发挥实效。

第一书记对村集体经济组织执行机构进行改造的关键环节，就是明确村党组织对村集体经济组织执行机构的直接领导权，以便对经济组织的逐利性进行有效规制，确保其"益贫性"。

村集体经济组织的执行机构主要负责经济组织的日常运营和管理，具体又可细分为管理部门、生产部门和销售部门。在具体实践中，各村集体经济组织执行机构的具体设置情况与各村所选择的集体经济发展模式紧密相关。在采取乡村精英带动型合作社发展模式的村庄，一般会聘请种养殖大户和村委会分工负责农业合作社的管理与生产工作。例如，云南省 XHD 村通过吸纳村庄种养殖大户成立了真菌养殖合作社，由村庄种养殖大户来负责合作社的日常生产工作，村委会负责合作社的管理工作；对于人才相对匮乏的村庄，出于完成脱贫任务的需要，农业合作社生产管理任务一般暂由村委会承担。例如，重庆市 TX 村由于缺乏村庄致富带头人，村委会暂时承担起村集体经济组织建设的职责。TX 村村主任担任村农业合作社的经理，领导村委会干部负责合作社的日常经营管理工作。第一书记通常会发挥其资源优势，为村集体经济多方拓展销售渠道，协助合作社承担起产品销售的责任。例如，重庆市 TX 村第一书记通过私人关系为村肉兔养殖合作社联系了 WY 大酒店，以确保合作社产品有稳定的销售渠道。在引进龙头企业的村庄，村党组织会通过签订合同的方式确定企业的扶贫责任，此时，企业的执行机构即相当于村集体经济组织的执行机构。

（三）村集体经济组织监督机构的改造

监督机构建设一直是村集体经济组织机构建设的薄弱环节。中国农村集体经济组织是建立在乡土社会之上的，多重复杂的社会关系交织其中。在村集体经济组织的日常管理中，由于宗法关系、亲缘关系以及其他社会关系的存在，提高了经济组织内部关系的复杂程度，使得"拉关系""搭便车"等现象不断出现，以至于无法对村集体经济组织内部的管理运营实现有效的监督。例如，四川省 PC 镇党委书记认为，"村办集体经济存在的一个最大的问题，就是现在我们的村三职干部还不具备经营管理能力，监管不到位，非常容易引起灰色腐败。"（罗 YS，20190718M31）

第一书记及其所带领的驻村工作队暂时承担了村集体经济组织的监督职责。村集体经济组织所处运营环境的特殊性，决定了在短时间内很难组建起完全独立于村庄社会关系之外的监督机构，对村集体经济组织的经济行为进行有效的监督。第一书记及驻村工作队员独立于村庄社会网络之外，借助于国家赋能，其能够较好地承担起村集体经济组织监督机构的职责。

二　建立村集体经济组织运行制度

（一）建立村集体经济组织利益分配制度

明确的利益分配制度是村集体经济组织得以有效运转的前提和基础。在精准扶贫战略实施的初期，很多贫困地区村集体经济组织尚处于起步阶段，普遍未建立起兼顾贫困户脱贫带动与促进村集体经济发展的利益分配制度。

第一书记派驻入村后开始着手从村级资产折股量化、股权分配和收益分配三个方面入手，设计合理的村集体经济组织利益分配制度。首先，对村集体经济总资产进行清算并对其折股量化。这一步是建构村集体经济组织利益分配制度的基础，只有在对村集体公有资产进行清晰的产权界定，并准确估算出资产价值，才能够明确村民各自所占的股权份额。第一书记通常会聘请专业人员进行村庄总资产的清算工作，并组织村"两委"干部到场配合，驻村工作队队员在场监督。其次，对折股量化后的村集体经济总资产进行合理的股权分配。第一书记通常会根据村庄实际情况制定股权分配方案，然后组织村"两委"干部就方案内容进行讨论。通常情况下，村集体经济组织股权会被分为两部分，分别由村集体经济组织和村民个人持有。村集体经济组织持有部分用于日常资金周转和支持村集体建设，村民持有部分用于按股分红。例如，TX村在股权分配中采取"三三制"，其中1/3股权收益留作村集体建设资金，1/3股权收益用于合作社运转资金，剩余部分的股权收益分配给村民。最后，对村集体经济组织的经济收益进行分配。按照股权分配方案，村集体和村集体经济组织所得收益份额比较固定，相比之下村民收益分配较为灵活。为进一步提高村集体经济组织对贫困户的脱贫带动力度，贫困村一般鼓励贫困户通过土地流转入股和财政扶贫资金入股的方式提高股权份额，增加家庭收入。除此之外，贫困户还可以通过在村集体经济组织中务工，以获取劳动报酬收益。

(二) 建立村集体经济组织财务监督制度

村集体经济组织财务监督制度的建立，是有效规避村干部腐败、维护村民集体利益和确保村集体经济组织健康发展的有力保障。村集体经济财务监管不力是农村地区普遍存在的问题。在精准扶贫战略实施阶段，国家为避免村内腐败对村集体经济发展产生的不利影响，开始加大对村级组织的财务监督力度。与此同时，2018年《关于加强贫困村驻村工作队选派管理工作的指导意见》将监管派驻村扶贫资金项目作为第一书记的主要工作任务之一。基于此，各地也纷纷出台了具体实施细则。例如，中共重庆市委办公厅、重庆市人民政府办公厅印发的《关于加强贫困村驻村工作队选派管理工作的实施意见》指出，第一书记及其所带领的驻村工作队有协助派驻村管理村集体经济收入的职责；四川省凉山州将监管扶贫资金项目、建立村集体经济台账规定为驻村工作队的重要任务之一。

在具体的实践过程中，第一书记及其带领的驻村工作队基本接管了村集体经济账目管理工作，并在此基础上逐步建立村集体经济组织财务监管制度。例如，四川省 SJ 镇 JG 村村集体经济账目就由第一书记代为管理，村"两委"干部对其账目管理工作进行监督。第一书记每一季度召开一次股民大会，公开村集体经济台账，接受股民大会的监督。除此之外，也有部分村庄仍由村会计负责村集体经济组织的财务管理工作，第一书记及驻村工作队作为第三方对其工作进行监督。

(三) 建立村集体经济组织信息公开制度

建立规范的信息公开制度，是村集体经济组织监督机构和广大村民能够对其行为进行及时有效监督的前提条件。按照《村集体经济组织财务公开规定》，村集体经济组织应当建立财务公开制度，按时公开财务计划、各项收入、各项支出、各项资产、各类资源、债权债务、收益分配等，村集体经济组织成员对财务公开享有监督权。但许多贫困村并未建立起规范透明的信息公开制度，并未做到按时、按照规定内容公开财务信息。

第一书记作为村集体经济组织的一个重要的外部监督力量，对村集体经济组织信息公开制度的建立起到了推动作用。首先，在第一书记的督促下，周期性的信息公开逐渐成为村级组织的日常工作之一。第一书记及驻村工作队一般会和村"两委"干部合署办公，因此，会定期检查村干部是否按时将村集体经济组织的财务信息等张贴在村务公开栏，逐步规范村干部的信息公开行为。其次，第一书记有为派驻村建立村集体经济台账的职责，这为村集体经济组织信息公开制度的实施奠定了基础。既往村集体经济组织之所以未建立起规范的信息公开制度，归根到底是由于其内部经济台账不规范，以至于不愿公开。第一书记派驻后开始负责村级经济台账工作，这对于规范村集体经济财务管理、推动信息公开制度的建立奠定了基础。

三 建构村集体经济组织运行模式

第一书记对村集体经济组织运行模式的建构，具体指的是通过建构合理的村集体经济组织形式将组织内各机构、制度要素有效连接起来，以整合农民、聚拢资源，实现村集体经济组织的有效运转。各地区村集体经济组织的具体建设形式存在差异，基于既有研究成果及笔者调研经验，可以将村集体经济组织的具体运行模式概括为："龙头企业+农户""合作社+农户"和"乡镇产业党总支+合作社+农户"三种主要类型。在这三种不同的组织运行模式中，第一书记分别通过不同的方式对各组织要素进行整合。

（一）"龙头企业+农户"模式

"龙头企业+农户"模式主要是由第一书记通过招商引资与主动接洽等方式，将外部资本引入村庄，并通过利益捆绑与责任连带等方式将企业嵌入村集体经济组织之中，使外来帮扶企业产生脱贫带动和村庄经济发展带动效益。

在"龙头企业+农户"模式中，第一书记对外部企业的引入是建构村集体经济组织的第一步。第一书记通过充分发挥自身资源优势，例如通过其派驻单位的支持、寻求自身社会资源帮助或通过与乡镇政府接洽等渠道，为派驻村争取引进龙头企业来带动村集体经济发展。第一书记在引进企业的过程中会给予企业以资金方面的利益倾斜，而企业作为交换则要承担吸纳贫困户并带动其脱贫的责任。第二步，第一书记协助村庄同企业订立合同，确定村级组织与企业的权利义务关系，建立企业与贫困户之间的分利机制。第三步，第一书记、驻村工作队以及村干部会共同对企业行为进行监管。本部分基于云南省 MH 村的个案，揭示第一书记介入"龙头企业＋农户"模式的建构过程，以及此种运行模式对村庄脱贫和经济发展带动的限度。

1. 案例背景

天 X 食品有限责任公司（以下简称"天 X 公司"）是云南省威信县的一家知名企业，它是一家集土鸡养殖、烤鸡加工和销售于一体的现代企业。天 X 公司起初只是一个土鸡养殖与销售公司，主营生鸡养殖与销售，并未涉及食品加工领域。2014 年，天 X 公司开始进行业务拓展与产品链升级，逐步将企业经营重心转移到土鸡深加工领域。于是，天 X 公司开始找寻合适的土鸡养殖基地，以进一步扩大公司规模。MH 村第一书记王 XY 在刚上任时，其派驻单位曾给每户贫困户发放了 20 只土鸡苗，以帮助其发展养殖业。王 XY 在得知天 X 公司的发展规划后，便计划将该公司引进 MH 村来提升村集体经济发展，并带动贫困户养殖业发展产生减贫效益。自 2016 年起，王 XY 便开始积极同天 X 公司接洽。

2. 第一书记介入"龙头企业＋农户"利益捆绑过程

引进阶段，第一书记与天 X 公司总经理就公司对一般农户和贫困户的吸纳方式、具体的分利机制以及政府给公司提供的优惠贷款等方面的问题进行了商讨。据王 XY 书记回忆，当时双方的洽谈过程并不顺利，主要在两个方面产生的分歧较大。其一，天 X 公司虽然愿意承担扶贫责任，承诺贫困户可通过财政扶贫资金入股的方式获得年分红。但并不接受王 XY 书记提出的让贫困户进入企业务工的要求，理由是该公司认为贫困群体个人素质并不符合公司用人标准。其二，天 X 公司表示其不能接受王 XY 书记提出的承担部分 MH 村卫生环境建设任务的要求，他们认为这在一定程度上增加了企业负担。

最终，通过王 XY 的积极争取，MG 乡党委书记同意为天 X 公司追加 100 万元优惠贷款，并同意免去其所需承担的村卫生环境建设任务。在此种优惠条件下，MH 村与天 X 公司基本达成了协议：在组织机构设置方面，村党组织为村集体经济组织的权力机构，对村土地流转、收益分配有决策权。天 X 公司作为实际的村集体经济组织执行机构，负责生产运营和管理。第一书记、驻村工作队以及乡镇党委政府作为监督机构，对村集体经济组织的运营与财务等方面的工作进行监督；在扶贫和经济发展带动方式上，天 X 公司同意为 MH 村贫困户提供 30 个务工岗位，每月工资 2700 元；通过示范带动收购 300 户农户（其中包括贫困户 133 户）养殖的土鸡，并为其提供养殖技术指导；全村所有贫困户（175 户）将其每户 5000 元的扶贫资金入股合作社，每年每户 8% 的分红收入（约每年每户 400 元）；村集体以 6 亩土地入股，每年定期分红。

运行一年后，天 X 公司还是找到王 XY 书记商讨要收回为贫困户提供的劳务岗位。"现在这个贫困户，你喊他几点上班他也来不到，你喊他干活他说他是贫困户。我们这是企业，企业是要效率的，我宁愿给他们照发工钱我都不想留他们干了。"（沙 SG，20180813M46）最终经过商讨，王 XY 书记同意了天 X 公司的请求。

3. 案例小结

通过天 X 公司的案例可以看出，第一书记通过帮助派驻村引入龙头企业、建立企业与村庄之间的利益联结机制，成功地将企业嵌入村集体经济组织之中，使其发挥了脱贫带动与引领村庄经济发展的功能和作用。公司带动模式建立在龙头企业丰富的市场运作经验的基础之上，可以大幅提高村集体经济建设的成功概率。第一书记通过申请政策优惠与资金补助等方式，成功地将扶贫责任植入企业内部，企业通过提供劳务岗位、产业带动和定期分红等方式成功地将贫困户吸纳进市场体系当中，较为稳定地保证了贫困户的可持续收益。

但同时也应当注意，以经济收益为导向的私人企业同扶困济弱的产业扶贫之间的张力并不会因为第一书记这一政府力量的强力介入而完全消失殆尽。企业依旧会以最大盈利额为目标尽可能地减少扶贫责任，这一点从天 X 公司拒绝承担 MH 村公共卫生服务供给和拒绝继续为贫困户提供劳务岗位等方面就可以看出。在市场逻辑的影响下，"龙头企业＋农户"模式的脱贫带动效果十分有限。在天 X 公司收回 30 个劳务岗位后，MH 村贫困户每年除固定分红 400 元之外，仅有土鸡养殖收入。两项收入虽能使贫困户脱贫但并不能带动其致富。除此之外，龙头企业作为一个独立的经济实体，村党组织、第一书记等对其行为的监督力量相对较弱，并不能确保其能够完全从村集体经济发展角度出发制定经营策略。从该角度出发，"龙头企业+农户"模式对于带动村集体经济发展仍存在一定的限度。

（二）"合作社+农户"模式

合作社是以农民自愿合作为基础组成的一种生产经营组织，是具有中国特色的合作经济组织。在中国，自实行家庭联产承包责任制以来，村集体经济发展困难便成为农村工作中的主要问题。直至精准扶贫战略提出之时，中国农村部分地区仍存在不少缺乏集体经济支撑的空壳村，这一问题在贫困地区表现得更加明显。

精准扶贫阶段，不少地区选择"合作社+农户"的模式来组建村集体经济组织。第一书记通过帮助派驻村创办与发展农民合作社，整合村庄人力与物力资源，使合作社发挥脱贫带动和提升村庄发展的经济支撑作用。就目前来看，"合作社+农户"模式发挥脱贫带动作用的关键，在于具有可持续增收能力的合作社建设。合作社建设需要乡村精英的带动，而随着社会流动的加速与村庄空心化现象的出现，乡村精英流失严重，贫困地区尤其缺少致富带头人。因此，乡村精英带动型合作社建设首先需要积极引导乡村精英回乡，而对于缺乏产业发展精英的贫困村，在第一书记的督促下村干部便承担起了带头发展合作社的重任。

1. "乡村精英带动型合作社+农户"模式

乡村精英带动型合作社建设关键在乡村经济精英的选任。乡村经济精英指的是在乡村社会中，某些在经济发展方面具有优势，利用此种优势开展创业活动并取得了一定成就、产生了社会影响的社会成员。[1] 乡村经济精英生长于乡村，比较了解适宜本地发展的经济项目，可以有效提高村集体经济项目选择的准确性。同时，乡村经济精英同村民存在紧密的联系，该部分群体成功的创业经验已经为其赢得了广泛的社会影响。因此，由本地乡村经济精英所选择的产业发展项目更加能够令村民信服。

---

[1] 卢小平：《乡村经济精英参与贫困村产业培育的激励机制——基于广西地区部分县域的观察与思考》，《中国特色社会主义研究》2018年第4期。

例如，四川省 PC 镇党委书记认为，"利用合作社带动贫困户发展的模式，关键就在合作社的建设效果，说到底就是在于干合作社的那个人。因为产业发展内生动力很重要，在合作社建设上这个内生动力就体现在带头发展合作社的那个人的主观意识里面。"（罗 YS，20190718M31）

第一书记在发展合作社的过程中非常注重对乡村经济精英的吸纳。积极引导本村经济精英返乡创业是第一书记的一项重要工作，他们会在村干部的积极配合下，通过宣传政策与情感动员的方式吸引乡村经济精英回流，建设家乡。以云南省威信县 SB 村为例，SB 村合作社建设因缺乏能人带动而久久未能启动。2017 年，乡镇向 SB 村村集体经济注资 10 万元，但款项到账一年多 SB 村仍未找到合适的经济带头人，村合作社建设一直停滞不前。SB 村第一书记吉 K 于是组建了"SB 村产业发展精英微信群"，将村里在外发展较好的"名人"拉入群中。吉 K 书记主要在微信群里转发扶贫优惠政策，积极鼓励在外务工的 SB 村精英返乡创业。

在积极引导乡村经济精英返乡的基础上，第一书记从精英利益捆绑、合作社组织机构设置和农户利益联结机制建设着手，构建"乡村精英带动型合作社＋农户"模式。首先，第一书记通过与乡村经济精英签订合同确定权利义务，将其吸纳进合作社之中；其次，理顺村级组织权力结构，确定村党组织对村集体经济组织的领导地位，同时组建监督机构并规范合作社的各项运行制度；再次，构建合理的利益联结方式将农户整合进合作社，使合作社发挥带动农户增收的作用；最后，采用适当的激励方式吸引更多的乡村经济精英加入合作社，不断扩大合作社规模。本部分基于云南省 XHD 村的个案，揭示第一书记介入"乡村精英带动型合作社＋农户"模式的构建过程。

（1）案例背景

王 SC 今年 46 岁，是云南省 HS 乡 XHD 村村民。王 SC 早先在西安某真菌养殖场打工，掌握了比较成熟的真菌养殖技术并会自己培育新品种。2016 年，王 SC 父亲患了病需要人长期照顾，于是王 SC 只得辞了工作回村照顾父亲。XHD 村村支书朱 HA 和第一书记李 L 了解到情况后便到王 SC 家做工作，希望他能带头在村里组建真菌养殖合作社。

（2）第一书记对乡村经济精英的吸纳

第一书记通过合理的利益分配方案将乡村经济精英吸纳进合作社当中。XHD 村现有合作社启动资金 30 万元，李 L 同意王 SC 可以用自己的技术和 10 万元积蓄入股，并答应王 SC 帮他向村里争取 40% 的合作社股份。在李 L 的建议下，村"两委"会议讨论通过了王 SC 的股份分配方案，同意给予王 SC40% 的股份，剩余股份归村集体所有。第一书记李 L 联系了其派出单位对合作社产品进行"以购代捐"，并联系了两家大酒店作为合作社产品稳定的销售渠道。初期合作社规模较小，仅雇用了 4 户贫困户并为其提供每月 2300 元的工资。合作社当年共生产木耳 3 万斤，除去成本共获利润 80 余万元。就这样，2017 年 XHD 村真菌养殖合作社便开始扩大规模。

（3）第一书记对合作社组织制度的建构

合作社在初期发展阶段由于规模小，没有设立相应的组织机构。2017 年合作社开始扩大生产规模以后，第一书记李 L 开始规范合作社的组织制度以及具体的分利机制。

在组织方面，以第一书记与村支书为核心的村党支部为合作社的领导机构，负责合作社关键运营事项的决策；村监事会是合作社的监督机构，主要负责对合作社的生产运营过程进行监督，确保村集体利益与贫困户的利益不受侵害；王 SC 作为技术指导与合伙人，主要负责生产链及新产品研发部分；村主任为合作社的法人代表，主要负责合作社的经营管理工作；同时，第一书记还主要负责合作社融资与产品销售部分，推动合作社能够进一步地发展壮大。

在分利机制方面，真菌养殖合作社主要有三种分利方式：第一种是直接吸纳贫困户到合作社打工，为贫困户提供务工岗位 13 个，每月固定工资 2500 元，加班费 10 元/小时；第二种是为贫困户提供定期分红，贫困户将扶贫资金作为股金入股合作社，每年可获取固定的 800 元分红，此种方式覆盖全村 144 户贫困户；第三种是通过示范带动的方式，合作社为全村 50 户农户（可以是非贫困户）提供技术指导和产品收购服务。

（4）第一书记对乡村经济精英的激励

农村地区生产效率相对较低，经济收入和生产生活水平都同城市地区存在差异，容易降低乡村经济精英留乡工作的积极性。针对这种问题，除给予其物质激励外，还应当从精神激励等方面提高乡村经济精英的获得感。

笔者于 2018 年底在 XHD 村调研时，第一书记李 L 说村里的合作社已经走上了正轨，并且还在不断地扩大规模。而要想进一步扩大合作社规模并提高合作社的经济效益，就要留住和吸引更多像王 SC 一样的乡村经济精英。于是，在李 L 的建议下，XHD 村党支部决定将王 SC 发展成为党员，HS 乡政府也为嘉奖王 SC 对带动 XHD 村产业建设的突出贡献，决定将其培养成 HS 乡人大代表，给予王 SC 以精神上的鼓励。王 SC 说，"现在村里面很支持我搞这个真菌养殖，村上还把我选（培养）成了党员，乡亲们说还要推荐我当村干部，我一定好好干，争取明年产量再给他翻一倍。"（王 SC，20181202M46）可以认为，扶贫第一书记李 L 对乡村经济精英王 SC 的精神激励作用效果良好。

（5）案例小结

由王 SC 的例子可以看出，能人带动对于村庄合作社的建设非常重要。通过恰当的利益连接方式，可以激发村庄致富能人发展产业的内生动力，使其成为带动村集体经济发展的精神与技术内核。第一书记对"乡村精英带动型合作社＋农户"模式的建设能力，主要体现在对乡村经济精英的吸引与激发其产业发展动力两个方面。同前文所讨论的，乡村经济精英吸引工作目前主要是在村干部的配合下由第一书记来完成，但就笔者调研的现实情况来看，目前仍未探索到吸引人才回流的有效方法。在激励方面，第一书记在同村干部商定合作社建设规划时，便决定给王 SC40% 的股份以激发其生产积极性；同时，村党支部将其吸收入党并树立成为先进党员典型，乡政府计划将其培养成人大代表，这两项举措在精神层面给予王 SC 很大的激励。将乡村产业发展能人纳入扶贫产业项目建设当中并对其行为进行激励，可以有效地提升扶贫项目的建设效果。Sam Wong 的研究也同样表明，政府通过吸纳精英进入项目建设过程的"捕获精英"方式较之政府对精英行为的规制，可以更有利于项目扶贫效果的发挥。

2. "村干部发展型合作社＋农户"模式

实际上，大部分的贫困村庄缺少能够带动产业发展的乡村经济精英。

而在部分存在乡村经济精英的贫困村，精英群体由于不相信村干部或不愿承担扶贫责任等原因，很大可能会拒绝参与合作社建设。在笔者调研走访的贫困村中，由大户带动建设合作社的占比不到20%。由于村庄产业发展合作社是精准扶贫考核的重要指标之一，因此，在缺乏乡村经济精英的贫困村，第一书记会发动村干部承担起带头发展合作社的重任。就目前来看，由村干部牵头组建的合作社同乡村精英带动型合作社项目相比，经营状况往往相对较差。

村干部发展型合作社不易成功的原因可以归结为以下几个方面：首先，村干部往往缺乏生产经营能力和组织村集体经济的积极性。村干部虽为村级组织管理者，但其并不一定具备良好的经济发展能力。同时，村干部工资待遇普遍偏低，除村务工作外还要通过其他副业维持家庭生活。脱贫攻坚阶段，村干部工作任务量已然加重，因而，其对于无直接利益激励的村集体经济的发展积极性并不高。其次，村干部内部自我监督机制往往只能流于形式，合作社内部的腐败问题也无法有效杜绝。四川省SJ镇党委书记也表示，"村干部搞合作社，自己监督自己，这个监管是不到位的。"（刘W，20190718M45）

基于以上原因，在"村干部发展型合作社＋农户"模式中，第一书记的介入就显得尤为必要。第一书记主要从以下几个方面入手，构建"村干部发展型合作社＋农户"模式：第一，确立村党组织对村集体经济组织的领导地位，村党组织对村集体经济组织发展的重要事项负有决策权。第一书记作为村党组织中的核心智囊，承担着为合作社制定发展规划、提供决策建议的责任，指导并督促村集体经济组织的执行机构按时完成工作任务。第二，将村委会设定为村集体经济组织的执行机构，承担合作社建设、运营和管理工作。为有效克服村干部积极性不足和内部腐败问题，第一书记会同时嵌入执行机构中，监督村干部工作并接管村集体经济财务管理工作。与此同时，第一书记还承担着为合作社拓展销售渠道的职责。第三，通过合理的制度建设，确保合作社的稳定运营、平稳增收与利益分配。本部分基于重庆市TX村的个案，揭示第一书记介入"村干部发展型合作社＋农户"模式的构建过程及其建设困境。

(1) 案例背景

2018年，酉阳县为县域内所有缺少村集体经济的贫困村注入了10万元的产业启动资金用于合作社建设。2019年初，第一书记刘ZY到TX村上任时发现，TX村10万元启动资金仍未启用。于是，刘ZY就和驻村工作队一起在市场考察、销路考察的基础上，为TX村规划了一个肉兔养殖合作社。

(2) 第一书记对村干部的利益捆绑与激励

村干部发展型合作社建设的关键是激发起村干部的生产积极性，第一书记通过经济激励的方式不断提升村干部的工作积极性。2019年6月，刘ZY带TX村村委会主任凡YX到重庆市肉兔养殖场考察学习，在此期间刘ZY给凡YX算了一笔收入账："我联系了一个对口帮扶单位，他们答应免费给我们提供种兔，你看，种兔你有了。这个兔子每年可以产40只，我们先养200只，这样算下来的话毛利润就有17万元。我们村'三三制'，30%归村集体，拿出来30%找那些懂兔子的贫困户去培训。"（刘ZY，20190815M52）凡YX听到后积极性很高，但回到村里要准备着手搭建兔棚时，凡YX又有了畏难情绪。"他说这个怎么整啊，我整不来这个。"（凡YX，20190815M44）

由于村主任凡YX的畏难心理，肉兔养殖合作社便不得不被搁置了下来。过了一个月，刘ZY又将村支书喻JG和村主任凡YX喊到一起，开会商讨继续推进肉兔养殖合作社的事宜。喻JG与凡YX双双以扶贫工作任务重、没时间等为理由，表示并不想继续搞合作社。刘ZY在接受笔者访谈时说："你知道他们为什么不愿意去干吗？他说村集体经济是帮集体干的，对他自己没有好处。"（刘ZY，20190815M52）

为了激发村干部发展村集体经济的积极性，刘ZY提出为参与进来的村干部每月提供4000元的工资，并为村干部算了一笔经济账，"不是说你们帮村集体，而是村集体给了你们一次发财致富的机会。你们出去打工能赚多少钱？而且你们出去还要租房子，你们还要花路费钱。4000块钱的工资意味着什么？你不用出去一年就能挣个四五万，还不加额外的奖励。"（刘ZY，20190815M52）在刘ZY的物质激励下，村干部虽不情愿，但同意继续推动合作社建设。但由于村干部个人能力有限，很多工作比如厂房建设、组织贫困户外出培训等都需要刘 ZY 亲力亲为。笔者在 TX 村调研时发现，肉兔养殖合作社的厂房仍旧没有搭建好，但在刘 ZY 与驻村队员的频繁督促和监督下，合作社建设速度已经大有提高。

（3）案例小结

由上述案例可以看出，村干部在村集体经济组织建设方面的积极性并不高，第一书记对村集体经济的规划、督促对合作社建设起到了很大的推动作用。在强大的脱贫压力下，第一书记甚至代替村干部完成了许多村集体经济建设工作，亲自参与到合作社建设的各个环节当中。由于个体能力素质优势的存在，在缺乏乡村经济精英的贫困村第一书记普遍填补了乡村经济精英的空缺，成为了推动乡村产业建设的新型精英。但是，第一书记作为外来帮扶干部任职周期短，农村产业长久发展仍需依靠以村干部为代表的乡村精英群体。因此，通过制度建设有效提升村干部的经济建设积极性、提高其经济带动能力、培育新型乡村经济建设精英以及吸引人才回流，是有效推动村合作社建设的关键。

（三）"乡镇产业党总支 + 合作社 + 农户"模式

除以村集体为单位组建合作社的模式外，一些地区为了更好地发挥产业聚集的规模效应、优化区域产业结构配置，在乡镇党委政府的统一领导下整合所有村庄的产业发展资金，组建"乡镇产业党总支 + 合作社 + 农户"组织模式。第一书记在其中承担着组织、联结的关键性作用。

乡镇产业党总支由乡镇下辖所有行政村的第一书记和村党组织书记组成，在乡镇党委的领导下开展工作。乡镇党委对乡镇产业党总支的生产项目和发展方向的选择具有决策权，全面统筹领导全乡镇的产业发展工作。乡镇纪委作为监督主体，对乡镇整体产业经营管理过程进行全面的监督。乡镇产业党总支作为执行部门，负责制订详细的生产规划并决定各行政村合作社所承担的具体生产任务。各行政村在乡镇产业党总支的领导下成立农业生产合作社，吸纳乡村经济精英或由村干部组织生产和运营。各村第一书记是乡镇产业党总支与村合作社之间的联系纽带，负责传达乡镇产业党总支的产业发展规划，组织派驻村合作社进行农业生产。在"乡镇产业党总支 + 合作社 + 农户"组织模式中，主要通过土地流转、扶贫资金入股分红、合作社务工、示范带动等方式带动贫困户脱贫致富。

相较于普通的"合作社+农户"的村集体经济组织模式,"乡镇产业党总支+合作社+农户"模式将组织发展的决策权上移至乡镇层级,村集体经济组织仅负责具体的产品生产和对农民的组织工作。这在一定程度上减轻了村干部所承担的村集体经济组织发展责任,可以激发村干部的生产积极性,有效提高其工作效率。本部分基于四川省 PC 镇的个案,来揭示第一书记嵌入下"乡镇产业党总支+合作社+农户"组织模式的建构过程。

1. 案例背景

2018 年中共甘洛县委发文同意成立 PC 镇产业党总支。产业党总支在镇党委领导下负责全镇的产业发展工作,由分管领导担任产业党总支书记,10 个行政村党支部书记作为产业党总支委员,下设养殖党支部、种植党支部、劳务党支部,并把全镇农村党员进行细分,全部纳入三个产业党支部,跨村、联合发展产业。其中:养殖支部成员主要由 MLH 村、TEM 村、XXG 村、SP 村党员构成,由沈 JZ 担任养殖支部书记;种植支部成员主要由 QB 村、ZM 村、GJ 村、YD 村、HMZ 村党员构成,由俄 NM 担任种植支部书记;劳务支部成员主要由 PC 村党员构成,丁 RLG 任劳务支部书记。各支部对本支部内的党员发展产业意向进行了解后根据实际情况明确其一项产业发展计划,根据计划对其提供资金、技术等支持,形成致富路子。

2. 第一书记参与下的"乡镇产业党总支+合作社+农户"运作模式

PC 镇产业党总支作为全镇产业发展的决策机构,其决策质量将会影响全镇的产业发展。基于此,PC 镇党委决定将 10 名第一书记吸纳进产业党总支中,以优化决策机构的人力资本结构、提升决策质量。

在具体的运作模式方面:PC 镇产业党总支根据产业发展需要,不定期召开总支会议,对全镇的产业发展重大事项进行会议商讨、做出相应决策、部署。产业党总支通过整合 10 个行政村的产业扶持资金、生产基地设备,成立 GL 县美丽 PC 农业科技有限公司,10 个村认资入股,各占 10% 的股份,由各村委会推选各村党支部书记担任公司的股东代表,实现镇党委、产业党总支对公司的合法性领导。产业党总支实行公司化运行模式,在 10 个行政村第一书记中遴选懂市场、会经营的管理人才担任产业党总支副书记，主抓全镇产业运营管理工作；其余9个第一书记承担乡镇产业党总支与各村党支部的联络人，负责落实乡镇党总支的生产规划和各项决策部署。同时，所有第一书记参与到合作社日常运营管理过程当中，保证合作社正常运营，并对合作社的运营起到监督作用。

PC镇产业党总支聘请法律顾问，建立现代企业经营管理制度，邀请专业机构每半年进行一次异地全方位的财务情况审查，做到规范化、透明化。与此同时，PC镇党委政府统一负责乡镇产业的销售工作，加强市场对接，密切与四川GYNT等企业的合作，力争实现产业发展壮大、企业保值增值。

在具体的分利机制方面：10个行政村认资入股，在产业党总支中各占10%的股份年底分红，分红所得资金通过股权量化的方式分给村民[①]；除此之外，个体农户[②]可通过将土地流转给合作社，获得土地流转金；合作社不定期会有用工需求，农户可报名到合作社务工，工资为100元/天；合作社有80个公益性岗位向党员与贫困户开放，平均工资为2500元/月。

3. 案例小结

由PC镇产业党总支建设案例可以看出，相较于一般的"合作社+农户"组织模式，乡镇产业党总支可以较为有效地克服产业经营主体素质不高、对产业经营行为监管不到位等问题。与此同时，整合乡镇辖区内各行政村的产业发展资源也能够更好地发挥产业聚集的规模效应，在提高产业发展规模的同时提升产业营利空间。但是，此种类型的产业发展模式也对乡镇党委政府的产业决策与经营能力提出了更高的要求，如果乡镇领导干部产业经营能力不足则会大大增加扶贫产业的运营风险。

第一书记嵌入集体经济组织的决策机构与运营管理机构之中，提高了乡镇产业党总支的决策质量并保障了村级合作社的规范运作。与此同时，第一书记作为联结乡镇党委、乡镇产业党总支和村集体经济组织的

---

① 笔者在PC镇调研时该镇还没有进行股权量化，据PC镇党委书记介绍，该镇下一步会着手进行农村产业支部改革，将分红所得资金分配给村民，当下主要还是将分红所得收入归入村集体账户，留作村级活动资金。

② 此处的"农户"包括贫困户和非贫困户。PC镇为避免在产业发展中对贫困户的区别性对待产生的社会矛盾，因此并未规定只有贫困户才可享受产业发展的优惠政策，下同。

重要纽带，有效保障了乡镇党委对村集体经济组织的直接、有效领导。通过"乡镇产业党总支+合作社+农户"模式的有效运转，第一书记实现了对村集体经济组织的改造。

第五节 第一书记派驻下农村基层政权组织的建设结果

精准扶贫战略下，中央政府通过"第一书记"政策进行农村基层政权组织建设，目的在于一是通过对各村级组织的组织与制度建设，提升其治理能力，使其各自承担的政权功能得以有效发挥；二是通过完善村级治理体系，形成组织合力，从整体上提升农村基层政权组织的治理能力。本节就第一书记有效促进农村基层政权组织功能发挥，及其治理能力提升的作用机理进行分析阐释。

一 农村基层政权组织功能的有效发挥

（一）村党组织政权功能发挥：贯彻国家意志、需求回应与组织能力提升

依据前文对精准扶贫战略下农村基层政权组织建设目标的细化分解，村党组织承担着有效贯彻国家意志、需求回应与组织动员的组织功能。总体上来看，通过第一书记对村党组织的改造，村党组织基本上可以有效承担起上述组织功能。

贯彻国家意志。第一书记派驻之前，乡镇政府出现精准扶贫政策执行障碍问题的主要原因有二：一是村党组织政策传递能力不足，这其中既包括村党员干部个人素质能力不足、政策理解能力有限而无法就本村实际情况制订切实可行的实施规划，又包括村党组织凝聚力不足缺乏贯彻政策的组织载体；二是在行政村一级的政策执行过程中缺乏有效监督，导致政策执行偏差的出现。在精准扶贫战略实施阶段，国家通过派驻第一书记并使其承担起监督与指导村党组织书记工作的任务，构建起了"乡镇党委政府—第一书记—村党组织"的政策传递链条，提升了村党组织对国家政策贯彻落实的力度和效度。在此基础上，第一书记通过恢复

"三会一课"制度，逐渐将村党组织打造成为贯彻国家扶贫政策的关键平台，改善与强固了村党组织政策执行的组织基础。在此过程中，第一书记与驻村工作队作为一支强有力的外部监督力量，对村级组织政策执行过程进行全方位的监督，有效避免了政策执行偏差的出现。

需求回应。在精准扶贫战略实施以前，村党组织领导下的"四议两公开"制度公正性无法保障是村党组织无法及时、有效回应村民需求的关键原因。第一书记派驻入村后，通过过程监督纠正了"四议两公开"制度的执行偏差，有效提升了村党组织权威及组织合法性，逐步提高了村党组织有效回应村民需求的能力。在精准扶贫战略实施阶段，村党组织需求回应功能的有效发挥是在"四议两公开"制度的有效运行下，以动态调整和精准帮扶为过程载体实现的。动态调整为村民反映自身诉求、争取国家政策帮扶提供了机会，村民家庭确有困难时可通过提交申请的方式向村党组织进行表达，而第一书记的存在也拓宽了村民表达个人诉求的渠道。同时，第一书记通过对村党组织行为的监督，可以有效提升村党组织行为的公平性，提高其需求回应的有效性。经动态调整识别建卡的贫困户，国家会为其配备帮扶责任人进行精准帮扶。帮扶责任人能够周期性地将贫困户需求报送第一书记与村党组织，进一步提升了村党组织回应需求的能力。虽然现阶段村党组织的需求回应能力有所提升，但我们也应该注意到，由于精准扶贫政策以户为瞄准单位，农村基层政权对贫困户与非贫困户需求回应的效果是非均质的。

组织与动员。第一书记在进行村党组织建设过程中，通过理顺村党组织与其他村级组织的关系，确立其核心领导地位，有效保障了村党组织对其他村级组织的组织动员功能的发挥。与此同时，通过党员包干责任制与无职党员定岗定责，密切了村党组织与村民之间的联系，保障了村党组织动员与组织群众功能的有效发挥。如前文所述，第一书记的嵌入增强了乡村两级党组织之间的联系，有效提升了乡镇党委政府对村党组织的管控力。在此基础之上，第一书记通过加强村级党建，提升了村党组织的组织合理化程度，并通过确立村党组织对其他村级组织的领导地位，最终实现了乡村两级党组织的上下联动。村党组织对人民群众的组织动员功能的发挥，是在党员联系群众的基础上依托"乡—村"精准帮扶体系实现的。"乡—村"精准帮扶体系中通过帮扶网络的建立，实现了"乡镇党委—第一书记—村党组织""村党组织—第一书记—帮扶责任人—贫困户""村党组织—党员—贫困户""村党组织—非贫困户"的有效对接，紧密了乡镇党委政府、村党组织与人民群众之间的联系，进而保障了村党组织有效组织、动员人民群众的组织功能的发挥。

（二）村委会政权功能发挥：政策执行和乡村社会秩序的生成与维持

在村庄治理中，村委会同时承担着行政执行与领导村民自治的双重职责。精准扶贫战略下，第一书记通过对村委会进行系统改造，协助构建起以村委会为治理核心的双重治理结构，为村委会有效发挥双重治理功能打下了基础。

双重治理结构提高了精准扶贫政策在村级执行的准确性程度。第一书记派驻之前，村庄治理单元内部由于缺乏行之有效的监督机制，村委会处于一种非规范化的工作状态之中。村干部善于通过非正式治理方式执行上级政府摊派的行政任务，再加上村庄内部"派系政治"的存在，政策分配中"精英俘获"现象往往难以有效杜绝。因此，扶贫政策进入村级层面之后，往往会产生政策执行偏离的问题，影响了政策效果的有效发挥。第一书记的派驻推动了村委会的行政化改造，村委会工作更加规范化和专业化，村干部会依照政策要求对标对表地执行扶贫政策，提高了政策执行的公平性和准确性。村委会行政化也进一步提高了村民对其行为的认同度与满意度，提升了村委会进行村庄治理的权威，村民更加积极主动地配合村干部的工作。反过来又进一步提升了村委会政策执行的准确性。重要的是，村委会通过规范化的工作方式在与村民进行互动的过程中，不断塑造着村庄管理的新秩序。

双重治理结构提高了村庄公共精神培育的能力。改革开放以来，随着农村经营体制改革和市场化理念的扩散，村庄集体精神逐渐消解，取而代之的是对私人利益的追求与个体权利的勃兴。这种现象在贫困地区表现得尤为突出。乡村公共精神的塑造需要依靠高素质和具有优秀品德的乡贤群体身体力行的引导，第一书记的派驻提升了村委会培育村庄公共精神的能力。与此同时，精准扶贫阶段经行政化改造后的村委会干部，能够在平时与村民互动的过程中将其工作职责中蕴含的公共价值传递给村民，潜移默化地提升村民素质。

双重治理结构提升了村委会村庄纠纷解决的能力。既往因村庄内部干群关系紧张、干群之间信任度低和村委会治理权威不足等因素，导致了村委会纠纷调解能力相对不足。村委会行政化以后，其处理社会纠纷的专业化和规范化水平均有所提升，村民对村委会纠纷处理结果的认可度逐渐提高。与此同时，第一书记通过化解干群矛盾、重塑村委会治理权威，有效增强了村委会调解社会纠纷的能力。村委会行政化与其村庄治理能力的提升，共同增强了村委会解决社会矛盾的能力。

双重治理结构有效提升了村委会村级公共物品的供给能力。农业税费改革和家庭联产承包责任制的推行，削弱了村庄治理的经济基础并降低了村民自治组织的治理能力，村委会对村民的组织能力普遍降低。村委会往往无法通过有效组织村民集体行动来实现村庄公共物品的有效供给。精准扶贫以来，村委会行政化后同乡镇政府的互动频率增加，村委会能够为村庄基础设施与基本公共服务建设项目所争取到的资金数量也有所增加，大大减轻了村庄公共物品供给的经济压力。同时，第一书记介入村庄治理过程，通过重建干群信任、重塑村委会治理权威，有效提升了村委会动员与组织村民集体行动的能力。村委会行政化与社会治理能力提升，共同提高了其村庄公共物品的供给能力。

村委会在有效执行扶贫政策的过程中，塑造了村庄管理新秩序；在同村民的互动中，不断培育村民的集体意识与公共精神。与此同时，村委会纠纷解决与村庄公共物品供给能力的提升，增强了其维持村庄秩序稳定的能力。总而言之，通过第一书记对村委会的组织改造，使村委会能够有效发挥政策执行与稳定乡村社会秩序的组织功能。

（三）村集体经济组织政权功能发挥：脱贫带动与经济引领

在精准扶贫战略实施阶段，第一书记介入村集体经济组织建设过程，通过规范组织机构设置、完善制度建设，逐步实现对村集体经济组织的改造。基于前文分析，精准扶贫战略下村集体经济组织承担着组织农民生产并壮大集体经济，以实现脱贫带动和经济引领两项重要的政权功能。

基于前文的经验研究，村集体经济组织基本起到了脱贫带动的作用，但从整体上看，村集体经济组织的脱贫带动能力仍然有限。企业带动与合作社建设是当下村集体经济发展的两种主要模式。对于企业带动模式而言，以第一书记为代表的政府力量通过利益互换与责任捆绑等方式，成功地将贫困户吸纳进经济组织之中，并使贫困户能够通过资产入股、务工等方式获得可以维持生计的收益，摆脱贫困。就此而言，企业带动模式成功地对村庄起到了脱贫带动的作用。然而，政府力量的介入并不能完全规避企业因逐利而产生的消极后果。企业依旧会以营利为首要目标，尽可能地缩小扶贫责任。因此，就目前来看，企业带动对村庄的帮扶仅限于帮助农户脱贫，对于带动整个村庄致富的作用并不明显。对于合作社建设模式而言，通过利益联结机制建设成功地将贫困户群体整合进入合作社。就合作社的脱贫带动方式而言，除类似于企业模式的入股分红和务工收入外，合作社还可以通过为贫困户提供公益岗位的形式，增加其家庭收入、实现脱贫带动。但是，多数地区合作社建设仍处于起步阶段，所产生的经济效益还比较有限。乡村经济精英匮乏、村干部合作社建设积极性不足等因素，通过限制合作社发展而间接制约着其脱贫带动效果的发挥。

同样的，村集体经济组织基本上起到了引领村庄经济发展的作用，但作用效果仍有待提升。企业带动模式主要通过示范带动的方式解决村庄农产品的销售问题，并通过为农户提供技术指导的方式提升农户产业发展能力，为发展壮大村集体经济奠定了基础。而对于合作社整合模式来讲，合作社可以通过因地制宜地选择适合本村的产业发展项目组织农户参与集体生产，引领村庄经济发展方向，降低了农户自行选择发展项目产生的风险。然而，当下村集体经济发展规模较小，其经济引领功能的作用效果还比较有限。

综合以上分析，第一书记通过介入村集体经济组织建设过程，通过组织完善和制度建设，基本上使村集体经济组织发挥了脱贫带动与经济引领的组织功能。

二 农村基层政权组织治理能力的提升

精准扶贫战略下，第一书记对农村基层政权组织各构成要素的改造过程并非是相互割裂、单独进行的，而是在理顺各组织要素间相互关系的基础上，逐步构建与完善农村基层政权组织治理网络的过程。作为政府力量的代表，第一书记主导着农村基层政权组织治理网络的建构过程。第一书记入村后首要的任务便是着手推进村级党建工作，通过对村党组织的改造实现其对村委会和村集体经济组织的有效领导。第一书记在对村委会进行改造的过程中，通过组织目标设计与制度建设，明确了其具有执行村党组织下达的工作任务、监督或参与村集体经济组织运营的工作职责，理顺了村委会同村党组织与村集体经济组织之间的关系。同样的，第一书记在对村集体经济组织进行改造的过程中，通过明确定位其组织内部的权力机构、执行机构与监督机构，将村集体经济组织嵌入农村基层政权组织治理网络之中并廓清了其与村党组织、村委会的关联关系。

治理网络的建构只是基础，凭借治理网络形成组织合力，进而从整体上提升农村基层政权组织治理效能才是目的。第一书记在日常村级贫困治理实践过程当中，不断指导、优化农村基层政权组织的运行过程，逐步提升各组织间工作配合的有效性程度，以提高农村基层政权组织治理效能。具体来说，村党组织处于治理网络的核心位置，负责传达上级政策并制订执行方案。村委会在村党组织的领导与监督下开展工作，协助村党组织执行政策并有效领导村民自治，与此同时在部分村庄村委会还负有协助村集体经济组织运营的职责。村集体经济组织在村党组织的领导与监督下开展工作，并为村委会、村党组织工作的有效开展提供经济支持。基于此，在各组织间相互配合的基础上，农村基层政权组织治理效能得到了提升。

第 六 章

第一书记派驻下农村基层政权组织建设的效果测度

根据国家政权建设理论，提升农民对农村基层政权的认同是进行农村基层政权组织建设的目的，也是评价特定时期内农村基层政权组织建设效果的关键性指标。精准扶贫战略下，中央通过"第一书记"政策对村级组织进行改造，将其建设成为能够有效发挥政权功能的农村基层政权组织。那么，农村基层政权组织功能的提升是否增强了农民对农村基层政权的认同度？本部分将基于612个样本数据的实证研究给出答案。

第一节 概念模型与研究假设

一 概念模型

传统公共管理学注重对政府行为的研究与政府机制的探讨，比较缺乏对"公民—政府"反馈进路的关注。行为公共管理学（Behavioral Public Administration）在此方面进行了一定程度的弥补，其较为注重政治行为过程中政府行为对公民认知与情绪反应的研究。行为公共管理学将心理学的相关认知融入了公共管理学之中，将研究聚焦于政府行为过程与公民体验之间的相互作用与影响，提出了"政府行为—公民体验"双轮模型（如图6-1所示）。[①]

[①] 张书维、李纾：《行为公共管理学探新：内容、方法与趋势》，《公共行政评论》2018年第1期。

"政府行为—公民体验"双轮模型的主要内容为：在公共决策心理与公共服务动机的双重影响下，政府会对公民进行特定的行为输出，例如输出公共服务行为或者其他政府行为等；公民在接收到政府输出的系列行为后，会在其内心逐渐建构起对政府的特定认知与情绪，诸如政府信任、满意度或政权合法性认同等，而公民的此种认知与情绪会进一步地通过其外显的行为给政府以反馈（作为正向反馈的合作，或作为负反馈的反抗等）。① 政府与公民之间的双向作用是行为公共管理学的研究主线。

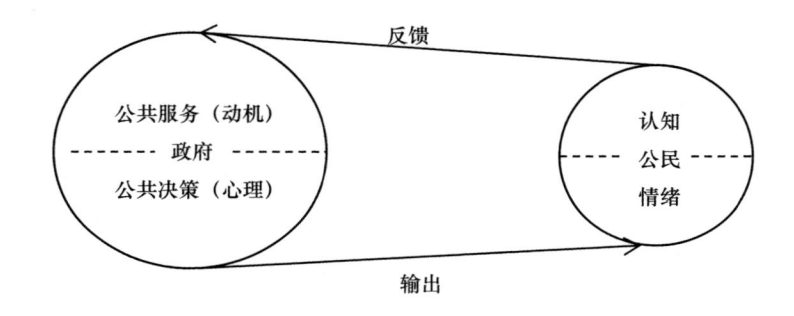

图 6-1　"政府行为—公民体验"双轮模型

资料来源：张书维、李纾：《行为公共管理学探新：内容、方法与趋势》，《公共行政评论》2018 年第 1 期。

从广义上讲，政府②行为（Government Behavior）是政府所做的一切活动的统称。因政府行为的互动对象为公民，故政府行为最终的作用效果要靠公民体验（Citizen Experience）来判断。在"政府—公民"的互动

---

① 张书维、景怀斌：《政治信任的制度——文化归因及政府合作效应》，《武汉大学学报》（哲学社会科学版）2014 年第 5 期。

② 中国话语背景下的"政府"有别于西方威尔逊、古德诺等在"政治—行政"二分法中所指称的"行政"。何艳玲教授认为基于中国的学术背景，"政府"这一概念有着区别于西方话语体系的更加广义的内涵。在中国，政府可以被厘定为"与民相对应的官"和民众口中的"有关部门"，从这个意义上讲，政府不仅代表了从中央到地方的各级人民政府，还代表了党、人大、政协等与私人部门相对的公共组织。农村基层政权组织是具备准政府特性的公共组织，本研究认为其可以适用"政府行为—公民体验"双轮模型。参见何艳玲、汪广龙《"政府"在中国：一个比较与反思》，《开放时代》2012 年第 6 期。

关系中讨论公民体验，其关注的焦点在于公民对政府公共行为的能动性认知与情绪反馈。其中，能动性认知是公民对政府行为的接收、信息加工与认知评价过程；而情绪反馈则是在前者的基础上，在公民心中形成的政府形象定位。也就是说，公民通过能动的认知评价得出其体验的最终结果，该结果可通过不同的指标来进行衡量，例如政府满意度、政府信任以及政权合法性，等等，本研究此处重点关注政权合法性。

"一个政权可以被民众同意和认可，因而被民众所愿意接受，这个政权就具有合法性。"[①] 农村基层政权组织的建立，是基于农村基层政权组织对公权力的合法垄断；而农村基层政权组织的维系与巩固，则需要通过不断释放与提升农村基层政权组织功能，以不断增进民众对其公权力行使正当性的支持与认同。由此可以看出，农村基层政权组织功能的有效发挥与农民农村基层政权的认同度之间存在较为紧密的因果关系。农村基层政权组织功能的有效发挥，能够增进农民对农村基层政权的认同与支持；相反，如果农村基层政权组织功能无法实现有效发挥，则会降低农民的农村基层政权认同度，导致农村基层政权不稳的危机局面。

精准扶贫战略下，中央通过"第一书记"政策运行实现对村级组织的改造，将村级组织建设成为能够有效发挥政权功能的农村基层政权组织，以获取民众的积极评价和对农村基层政权的支持认同。因此，基于以上分析并借鉴"政府行为—公民体验"双轮模型，构建出"农村基层政权组织功能发挥—农民农村基层政权认同"概念模型（POBI 模型）的基本框架（见图 6-2）。

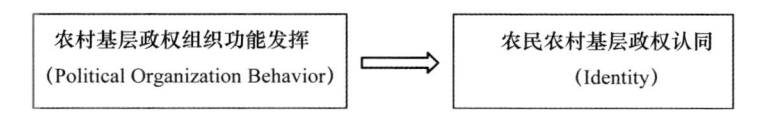

图 6-2 "农村基层政权组织功能发挥—农民农村基层政权认同"概念模型（POBI 模型）基本框架

[①] 彭勃：《自我、集体与政权："政治认同"的层次及其影响》，《上海交通大学学报》（哲学社会科学版）2010 年第 1 期。

二 研究假设

POBI 模型主要分为两部分：农村基层政权组织功能发挥与农民农村基层政权认同。基于前文对精准扶贫战略下农村基层政权组织建设路径的分析，中央通过"第一书记"政策运行逐步实现对村党组织、村委会和村集体经济组织的改造，并使其逐步承担起特定的政权功能。也就是说，村党组织、村委会与村集体经济组织所承担的政权功能发挥及其所产生的作用效果就是农民的评价客体。

基于前文农村基层政权组织建设路径中第一书记对村党组织改造部分的分析，本研究认为：第一书记依托乡镇驻村制派驻入村，拓展了乡镇驻村制并重建了乡村两级组织联系。第一书记介入村党组织建设过程，通过恢复村党组织的各项制度并进行组织建设，有效保障了村党组织贯彻国家意志、需求回应与组织动员等政权功能的发挥。因此，基于 POBI 模型，提出第一个研究假设：

H1：村党组织政权功能的发挥能够正向影响农民对农村基层政权的认同

基于前文农村基层政权组织建设路径中第一书记对村委会改造部分的分析，本研究认为：第一书记的派驻通过推动村委会组织科层化与规范化，提高了村委会工作的规范化程度；同时，第一书记通过介入村民自治过程，有效化解了干群矛盾、重塑了村委会治理权威、实现了对公共精神的有效培育。经由以上过程，使村委会政策执行和稳定乡村社会秩序的政权功能得以有效发挥。因此，基于 POBI 模型，提出第二个研究假设：

H2：村委会政权功能的发挥能够正向影响农民对农村基层政权的认同

基于前文农村基层政权组织建设路径中第一书记对村集体经济组织改造部分的分析，本研究认为：第一书记通过确立村党组织对村集体经济组织的直接领导关系，从组织机构的合理化与运行制度的规范化两个方面着手，对村集体经济组织管理体系进行了系统改造。在此基础上，第一书记通过指导构建企业带动与合作社整合两种主要的村集体经济组织模式，基本实现了村集体经济组织脱贫带动与经济引领功能的发挥。因此，基于POBI模型，提出第三个研究假设：

H3：村集体经济组织政权功能的发挥能够正向影响农民对农村基层政权的认同

基于"政府行为—公民体验"双轮模型、"农村基层政权组织功能发挥—农民农村基层政权认同"的因果关系论证，在本章三个研究假设的基础上，笔者提出下文将要予以实证检验的概念模型（见图6-3）。

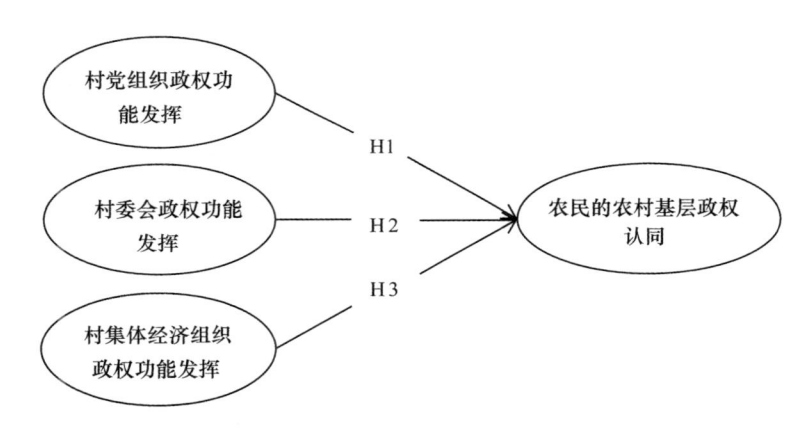

图6-3 农村基层政权组织功能发挥影响农民农村基层政权认同的实证检验概念模型

第二节 问卷设计与量表检验

一 问卷设计

在概念模型建构的基础上，本部分主要介绍问卷的题项设计。农村基层政权组织功能发挥影响农民农村基层政权认同的概念模型包含村党组织政权功能发挥、村委会政权功能发挥、村集体经济组织政权功能发挥和农民的农村基层政权认同四个变量。

（一）农村基层政权组织功能发挥问卷设计

根据前文对农村基层政权组织建设路径的分析，本研究认为村党组织政权功能主要通过以下途径发挥作用：第一书记通过对村党组织书记工作的监督指导、提升村党组织书记的工作能力，构建起了"乡镇党委—第一书记—村党组织"的政策传递链条，提升了村党组织对党和政府方针政策的贯彻与宣传的有效性水平。通过恢复"三会一课"制度，将党会党课打造成为落实党的方针政策的主要平台，有效保障了村党组织贯彻国家意志的政权功能的有效发挥；第一书记通过规范"四议两公开"制度的实施过程，提升了村党组织有效回应公共需求的政权功能；第一书记通过确立村党组织对其他村级组织的领导地位，提升了村党组织对其他组织的组织动员能力。同时，通过党员包干责任制与无职党员定岗定责紧密了党员与农民关系，有效提升了村党组织的政治动员能力。基于此，笔者从农民对村党组织政权功能的感知角度，经本研究领域有关学者和专家组成的焦点小组讨论，将村党组织政权功能发挥的测量题项初步确定如下（见表6-1）。

表6-1　　　　村党组织政权功能发挥的测量题项

编码	测量题项	完全不同意	不同意	一般	同意	完全同意
1	第一书记能够有效监督指导村支书工作	[1]	[2]	[3]	[4]	[5]
2	村党支部可以通过"三会一课"有效传达国家政策	[1]	[2]	[3]	[4]	[5]
3	村党支部可以通过"四议两公开"及时公正地解决村民提出的合理诉求	[1]	[2]	[3]	[4]	[5]
4	村党支部能够对村委会、村集体经济组织等实现有效的领导	[1]	[2]	[3]	[4]	[5]
5	党员能够对贫困户进行有效帮扶	[1]	[2]	[3]	[4]	[5]

根据前文对农村基层政权组织建设路径的分析，本研究认为第一书记通过重构与完善以村委会为核心的双重治理结构，实现了对村委会的改造。村委会有效执行国家政策和稳定社会秩序的政权功能主要通过以

下途径发挥作用：第一书记通过提升村委会政策执行的公正性，提高了其政策执行的精准性程度；第一书记介入村庄纠纷解决过程，有效提高了村民对村委会纠纷处理结果的认可度，提升了村委会稳定社会秩序的能力；第一书记通过介入村级公共物品供给过程，有效提升了村委会组织村民集体行动以解决公共问题的能力；第一书记通过提升村庄公共精神培育的能力，实现了对乡村秩序的有效引领。基于此，笔者从农民对村委会政权功能的感知角度，经本研究领域有关学者和专家组成的焦点小组讨论，将村委会政权功能发挥的测量题项初步确定如下（见表6-2）。

表6-2　　　　　村委会政权功能发挥的测量题项

编码	测量题项	完全不同意	不同意	一般	同意	完全同意
6	村委会干部能够公平、精准地执行国家政策	[1]	[2]	[3]	[4]	[5]
7	村委会干部能够有效调解矛盾纠纷	[1]	[2]	[3]	[4]	[5]
8	村委会干部能够有效组织农民维护或修建村里的公共设施	[1]	[2]	[3]	[4]	[5]
9	村委会干部能够有效引导乡村社会风气	[1]	[2]	[3]	[4]	[5]

根据前文对农村基层政权组织建设路径的分析，本研究认为第一书记介入村集体经济组织建设过程，通过规范组织机构设置、完善制度建设，逐步建立起适宜村庄发展的集体经济组织模式，实现了对村集体经济组织的改造。在此基础之上，村集体经济组织通过企业带动与合作社整合两种主要模式，发挥了脱贫带动与经济引领的政权功能，具体的作用途径为：通过贫困户资产入股、提供就业岗位和公益扶贫岗位实现脱贫带动的政权功能；通过解决村庄农产品销路、提供技术培训与择优选择产业项目等方式，实现经济引领的政权功能。基于此，笔者从农民对

村集体经济组织政权功能的感知角度，经本研究领域有关学者和专家组成的焦点小组讨论，将村集体经济组织政权功能发挥的测量题项初步确定如下（见表6-3）。

表6-3　　村集体经济组织政权功能发挥的测量题项

编码	测量题项	完全不同意	不同意	一般	同意	完全同意
10	贫困户能够通过资产入股的方式得到村集体经济组织的分红收入	[1]	[2]	[3]	[4]	[5]
11	贫困户可以通过在村集体经济组织务工获得收入	[1]	[2]	[3]	[4]	[5]
12	贫困户可以通过村集体经济组织提供的公益性岗位获得收入	[1]	[2]	[3]	[4]	[5]
13	村集体经济组织能够帮助农户解决产品销售问题	[1]	[2]	[3]	[4]	[5]
14	村集体经济组织可以为农户提供技术培训	[1]	[2]	[3]	[4]	[5]
15	村集体经济组织能够选择收益较好的产业发展项目	[1]	[2]	[3]	[4]	[5]

（二）农民农村基层政权认同问卷设计

根据本研究对政权的界定，农民对农村基层政权的认同应该隶属于政治认同的范畴。美国政治学家威尔特·A.罗森堡姆在其1976年的《政治文化》一书中对政治认同的概念进行了详细介绍。罗森堡姆侧重于对民众心理认同层面的强调，他认为民众尤其会"认同包括那些他感觉要强烈效忠、尽义务和责任的单位和团体"[1]。之后，以戴维·伊斯顿为代表的学者将行为层面的支持融入政治认同的内涵当中，认为作为报酬系统成员会对当局输出的政策和行为给予支持（正向或负向）。[2] 国内学者通常也是从心理与行为两个层面来讨论与测量政治（政权）认

---

[1] 薛中国：《政治认同概念解读》，《吉林省教育学院学报》2007年第3期。
[2] 左殿升：《网络时代大学生政治认同差异研究》，博士学位论文，山东大学，2020年，第6—7页。

同的。因此，本书将农村基层政权认同界定为心理认同与行为支持的统称。

心理层面的政权认同主要包括对政治组织体系的信任和个人自我政治认同两个方面。理性主义认为，人们能够对政治体系的"输出"绩效进行理性判断。而人们对政治体系的信仰源自其在社会政治生活中，通过与政治体系进行互动产生的一种情感归属，这种情感主要表现在对政治体系、政治过程、政治行为的同意、信任与支持等方面。[①]

个人自我政治认同是个体在与政治体系进行意识互动的过程中，将政治体系的规则习惯内化为个人政治意识，以呈现其对政治体系的依附状态。乡村政治研究者尤其注重农村基层政权组织对农民自我政治认同的形塑作用，甚至将该项指标视作农村基层政权组织建设成败的关键。

行为层面的政权认同是个体在对政治体系主观意识判断的基础上，积极参与政治活动并维护政治体系运转，以该政治体系的规范来要求个人的政治行为。[②] 笔者综合既有文献对心理认同和行为认同的测量量表的题项设置，结合农村基层政权认同的形塑环境，在本研究领域有关学者和专家组成的焦点小组讨论的基础上，将农民农村基层政权认同的测量题项初步确定如下（见表6-4）。

表6-4　　　　　　农民农村基层政权认同测量题项[③]

编码	维度	测量题项	题项来源
16	自我政治认同	您对政治事件有较高的理性判断能力	周小李、刘琪（2018），郑建君（2017）
17		您能够理性表达政治需求	
18		您能够通过合法途径维护个人权益	

---

① 薛中国：《政治认同的心理结构和过程》，《吉林省教育学院学报》2007年第4期。

② 万海玲、杨源：《国家—农民关系的调整与农民政治认同的互动关系》，《社会科学家》2018年第7期。

③ 该量表同样选用5级李克特量表进行测量，1代表完全不认同，2代表不认同，3代表一般，4代表认同，5代表完全认同。

续表

编码	维度	测量题项	题项来源
19	行为支持	您对参加村委会选举的积极性	陈朋、齐卫平（2008）
20		您入党的积极性	
21		您对村干部工作支持的积极性	
22	个体组织认同	您是否认可村级组织实施的扶贫政策	蒋荣等（2013），王井（2015），陶蕴芳等（2012），彭怀祖（2013）
23		您对村级组织的工作满意度	
24		您对村级组织行为的信任度	

二 量表检验

在进行大范围问卷调查前，本研究通过两轮预测试对问卷的信度与效度进行检验。基于检验结果对问卷测量题项进行了部分调整和修正，以确保最终版调查问卷量表对各项指标的测量是可信并且有效的。

第一轮预测试于 2019 年 10 月 5 日至 7 日在四川省凉山州甘洛县 SJ 镇进行，笔者以方便抽样的方式调查了 70 户农户（其中贫困户 35 户、非贫困户 35 户），回收有效问卷共计 65 份。在完成第一轮预测试问卷调查与回收工作后，将调查结果录入 SPSS 23.0 并利用该软件对各维度测试题项结果的稳定性进行检验。量表测度结果稳定性检验一般是用 Cronbach's Alpha 系数和 Item-Total 相关系数值进行测度，一般判定标准为 Cronbach's Alpha 系数大于 0.7 则说明稳定性良好，Item-Total 相关系数值一般大于 0.4。第一轮预测试主要通过稳定性检验删除部分 Item-Total 相关系数值较低的题项，以进一步提高测量量表信度，第一轮预测试结果见表 6-5。在第一轮预测试的基础上筛选出达到检验标准的测试题项，用作第二轮预测试的测量量表。

第二轮预测试于 2019 年 10 月 10 日至 12 日在四川省凉山州甘洛县 PC 镇进行，同样以方便抽样的方式调查了 70 户农户（其中贫困户 35 户、非贫困户 35 户），回收有效问卷共计 64 份。笔者同样运用 SPSS 23.0 软件对第二轮预测试结果进行检验，通过因子分析、Cronbach 内部稳定性检验，各潜变量量表的信效度检验结果见表 6-6。

表6-5　　　　　　第一轮预测试稳定性检验及题项修正结果

潜变量	测量题项	Item-Total 相关系数	Cronbach's Alpha	修正后题项编号
村党组织政权功能发挥	ZZ1：第一书记能够有效监督指导村支书工作	0.694	0.844	ZZ1
	ZZ2：村党支部可以通过"三会一课"有效传达国家政策	0.709		ZZ2
	ZZ3：村党支部可以通过"四议两公开"及时公正地解决村民提出的合理诉求	0.631		ZZ3
	ZZ4：村党支部能够对村委会、村集体经济组织等实现有效的领导	0.581		ZZ4
	ZZ5：党员能够对贫困户进行有效帮扶	0.644		ZZ5
村委会政权功能发挥	SH1：村委会干部能够公平、精准地执行国家政策	0.737	0.897	SH1
	SH2：村委会干部能够有效调解矛盾纠纷	0.762		SH2
	SH3：村委会干部能够有效组织农民维护或修建村里的公共设施	0.783		SH3
	SH4：村委会干部能够有效引导乡村社会风气	0.823		SH4
村集体经济组织政权功能发挥	JJ1：贫困户能够通过资产入股的方式得到村集体经济组织的分红收入	0.528	0.774	JJ1
	JJ2：贫困户可以通过到村集体经济组织务工获得收入	0.482		JJ2
	JJ3：贫困户可以通过村集体经济组织提供的公益性岗位获得收入	0.552		JJ3
	JJ4：村集体经济组织能够帮助农户解决产品销售问题	0.556		JJ4
	JJ5：村集体经济组织可以为农户提供技术培训	0.668		JJ5
	JJ6：村集体经济组织能够选择收益较好的产业发展项目	0.376		删除

续表

潜变量		测量题项	Item-Total 相关系数	Cronbach's Alpha	修正后题项编号
农民农村基层政权认同	自我政治认同	ZR1：您对政治事件有较高的理性判断能力	0.473	0.826	ZR1
		ZR2：您能够理性表达政治需求	0.400		ZR2
		ZR3：您能够通过合法途径维护个人权益	0.407		ZR3
	行为支持	ZC1：您对参加村委会选举的积极性	0.530		ZC1
		ZC2：您入党的积极性	0.491		ZC2
		ZC3：您对村干部工作支持的积极性	0.654		ZC3
	个体组织认同	JZ1：您是否认可村级组织实施的扶贫政策	0.589		JZ1
		JZ2：您对村级组织的工作满意度	0.613		JZ2
		JZ3：您对村级组织行为的信任度	0.642		JZ3

表6-6　　　　第二轮预测试问卷信效度检验结果

潜变量	KMO值	解释的总方差	效度检验—因子分析		信度检验-Cronbach's Alpha
			因子个数	因子结构检验	
村党组织政权功能发挥	0.817	61.088%	1	合理	0.839
村委会政权功能发挥	0.814	76.772%	1	合理	0.896
村集体经济组织政权功能发挥	0.726	50.027%	1	合理	0.728
农民农村基层政权认同	0.786	55.767%	2	基本合理	0.831

由第二轮预测试数据的信效度检验结果可知：各潜变量Cronbach's Alpha系数均高于0.7，表明各潜变量测量题项测量结果的稳定性较强，测量量表通过了信度检验；各潜变量因子分析结果基本符合本研究农村基层政权组织功能发挥和农民农村基层政权认同研究中的维度划分。综合来看，通过以上两轮预测试，各潜变量的测量量表具有较高的信度和

效度，可以支持接下来的正式调查。

第三节 数据来源与同源偏差检验

一 样本数据来源

本研究在重庆、四川和云南的国家级贫困县中选取调查样本。据前文资料来源部分对调研点选取过程的介绍，本部分选择：重庆市酉阳县、开州区，四川省甘洛县、喜德县，云南省镇雄县、威信县6个贫困县为抽样框。在此6个国家级贫困县中，经各县扶贫办或县脱贫攻坚指挥部工作人员推荐，分别选取各县经济发展水平较高和较低的两个乡镇作为问卷发放点，在各村以方便抽样的方式抽取农户（尽量将贫困户与非贫困户比例控制在1∶1）进行问卷调查。

为保证问卷调查的质量，本研究以面访方式在四川和云南两省调研点收集问卷，并招募重庆本地相关专业研究生协助开展重庆地区的问卷调查工作。2019年10—11月，调研团队共发放问卷700份，其中重庆230份、四川235份、云南235份。剔除部分无效问卷后，共回收有效问卷612份（其中重庆189份、四川213份、云南210份），问卷回收率为87.4%，符合有效样本量达到测量题项数量5倍的样本有效性与完整性要求。

二 同源偏差检验

本研究所有数据均由同一份问卷测得，一份问卷由一位被调查者完成，因而存在产生同源偏差问题的风险。同源偏差是共同方法偏差（Common Method Bias，CMB）的一种具体表现，系指当所有变量数据均来自同一被访者时所可能引起的变量间的虚假相关问题。熊红星等学者认为，测量方法与数据来源同质性程度与共同方法偏差成正相关。[1] 尤其是在使用问卷调查的行为科学、心理学与社会科学的研究中，广泛存在

---

[1] 熊红星、张璟、叶宝娟、郑雪、孙配贞：《共同方法变异的影响及其统计控制途径的模型分析》，《心理科学进展》2012年第5期。

同源性偏差问题。因此有必要在对问卷数据进行分析之前，利用 Harman 单因子检验对样本同源性偏差程度进行检测。因此，笔者利用 SPSS 23.0 软件对测量量表中的所有测量题项展开因子分析，在未旋转时得到因子数量为 6，第一主成分解释率为 28.406%，未超过 40% 的检验标准，表明本研究样本不存在同源偏差问题。Harman 单因子检验详细结果参见表 6-7。

表 6-7　　　　　　　　　　Harman 单因子检验结果

成分	初始特征值 总计	初始特征值 方差百分比	初始特征值 累计百分比	提取载荷平方和 总计	提取载荷平方和 方差百分比	提取载荷平方和 累计百分比
1	6.533	28.406	28.406	6.533	28.406	28.406
2	3.560	15.479	43.885	3.560	15.479	43.885
3	2.036	8.851	52.735	2.036	8.851	52.735
4	1.738	7.556	60.292	1.738	7.556	60.292
5	1.570	6.826	67.118	1.570	6.826	67.118
6	1.267	5.509	72.626	1.267	5.509	72.626
7	0.568	2.468	75.094			
8	0.561	2.440	77.534			
9	0.497	2.159	79.693			
10	0.479	2.084	81.777			
11	0.446	1.939	83.716			
12	0.423	1.838	85.553			
13	0.401	1.745	87.298			
14	0.381	1.656	88.954			
15	0.356	1.548	90.503			
16	0.337	1.466	91.969			
17	0.317	1.377	93.346			
18	0.299	1.298	94.644			
19	0.279	1.214	95.858			
20	0.272	1.181	97.039			
21	0.248	1.077	98.115			
22	0.229	0.997	99.112			
23	0.204	0.888	100.000			

提取方法：主成分分析法。

第四节 信度和效度检验

为保证正式测量数据分析结果的科学性,在进行假设检验之前应当对问卷测量量表的信度和效度进行检验,以确保问卷测量结果是可信且有效的。

一 信度检验

信度也被称为可靠度,指的是测量工具对被测者特征测量结果的可靠性程度,反映的是量表所测得分数的一致性与稳定性。量表信度的测评基础是各测量题项之间的相关系数,当其内部各题项之间的相关性越高时,各题项之间的一致性越高,其信度也就越高。克隆巴赫系数(Cronbach's Alpha)是目前社会科学研究中最常使用的信度测量方法,测量量表的克隆巴赫系数越高说明其信度越好,用该量表所测度结果的可靠性程度越高。一般而言,量表的克隆巴赫系数高于0.7则表明量表的可信度较高。本研究使用SPSS 23.0软件对问卷信度进行检验,输出结果见表6-8。

表6-8　　　　　　　　问卷信度检验结果

潜变量		题项数	信度检验 - Cronbach's Alpha
村党组织政权功能发挥		5	0.904
村委会政权功能发挥		5	0.884
村集体经济组织政权功能发挥		4	0.827
农民农村基层政权认同	自我政治认同	3	0.842
	行为支持	3	0.827
	个体组织认同	3	0.832

二 效度检验

效度即是指测量的有效性,它表示的是测量工具能够测度测量客体特质真实性与准确性的程度。对于效度检验而言,其内容主要包括内容效度与建构效度两个方面。内容效度主要指测量工具所测度的内容同研究者所想要测度内容之间的契合性程度。由于本研究问卷中的测量题项均来自笔者长期田野调查和文献梳理，同时，问卷设计也经历了专家咨询、焦点小组访谈和两轮预测试阶段的修正，因而具有较高的内容效度。建构效度也称结构效度，指测量结果所反映的结构同观测值之间的对应程度。一般在研究当中通常使用因子分析来对问卷的建构效度进行检验，本节后半部分将利用因子分析方法对问卷的建构效度进行检验。

（一）探索性因子分析

通过探索性因子分析（Exploratory Factor Analysis，EFA）来对问卷核心潜变量因子结构的合理化程度进行检验。对村党组织政权功能发挥、村委会政权功能发挥、村集体经济组织政权功能发挥、农民农村基层政权认同（包含三个潜变量：自我政治认同、行为支持、个体组织认同）等6个潜变量的23个测量题项进行探索性因子分析。首先，进行KMO和Bartlett球形检验，判断样本数据是否适合做因子分析。一般而言，KMO值越接近1则说明各测量题项间的相关性越强，越适合做因子分析。KMO值测度标准为：当KMO>0.9时，表明非常适合做因子分析；0.9>KMO>0.8表示很合适；0.8>KMO>0.7代表适合；0.7>KMO>0.6则表示不太适合；当0.6>KMO>0.5表示很勉强；当KMO值低于0.5则表示很不适合因子分析。Bartlett球形检验值用以检验各题项的独立性，当其结果显示Sig.<0.05时，说明各题项间存在相关性。

表6-9　　　　　　　　　KMO和Bartlett球形检验结果

KMO取样适切性量数		0.868
Bartlett球形检验	近似卡方	7557.302
	自由度	253
	Sig.	0.000

本研究样本的KMO和Bartlett球形检验结果见表6-9。其中KMO值为0.868；Bartlett球形检验结果显示，近似卡方值为7557.302，Sig.值为0.000，适合进行因子分析。基于此，对本研究的23个测量题项进行探索性因子分析，结果见表6-10。

表6-10　　　　　　　　　　旋转后的成分矩阵

潜变量		题项	成分					
			1	2	3	4	5	6
村党组织政权功能发挥		ZZ3	0.849	0.052	0.154	0.063	0.051	0.149
		ZZ1	0.790	0.125	0.199	0.075	0.030	0.051
		ZZ5	0.774	0.004	0.067	0.173	0.118	0.127
		ZZ2	0.760	-0.014	0.146	0.056	0.166	0.223
		ZZ4	0.740	-0.023	0.150	0.016	0.291	0.216
村委会政权功能发挥		SH1	0.142	0.835	0.117	-0.008	0.040	0.025
		SH3	0.017	0.789	0.184	0.096	0.114	0.036
		SH4	0.068	0.769	0.107	0.067	0.155	0.206
		SH2	0.041	0.693	0.252	0.228	0.046	0.202
村集体经济组织政权功能发挥		JJ1	0.016	0.067	0.879	0.041	0.001	0.012
		JJ3	0.045	-0.021	0.845	0.009	-0.039	0.055
		JJ4	0.068	-0.002	0.844	0.034	0.022	0.042
		JJ2	0.078	0.034	0.842	0.039	0.051	-0.029
		JJ5	0.060	0.062	0.826	0.087	-0.016	0.007
农民农村基层政权认同	自我政治认同	ZR1	0.093	0.027	0.095	0.883	0.090	0.021
		ZR3	0.050	0.139	0.145	0.838	0.201	0.120
		ZR2	0.058	0.166	0.066	0.768	0.183	0.242
	行为支持	ZC2	-0.026	0.141	0.048	0.185	0.856	0.041
		ZC3	0.003	0.127	0.130	0.118	0.812	0.096
		ZC1	0.037	0.197	0.137	0.138	0.797	0.102
	个体组织认同	JZ2	0.046	0.214	0.074	0.069	0.088	0.835
		JZ3	0.021	0.156	0.164	0.089	0.069	0.821
		JZ1	0.010	0.295	0.177	0.248	0.104	0.758
特征值			3.657	3.483	2.656	2.333	2.308	2.268
方差百分比			15.898	15.141	11.546	10.145	10.035	9.860
累计百分比			15.898	31.039	42.585	52.73	62.766	72.626

提取方法：主成分分析。

旋转方法：Kaiser 标准化最大方差法。

a. 旋转在 6 次迭代后已收敛。

根据表 6-10 的分析结果，共有 6 个因子的特征值大于 1，对总体解释的累计百分比为 72.626%。具体来看：第一个因子可解释总体的 15.898%，第二个因子可解释总体的 15.141%，第三个因子可解释总体的 11.546%，第四个因子可解释总体的 10.145%，第五个因子可解释总体的 10.035%，第六个因子可解释总体的 9.860%。同时，所有的因子载荷值均大于 0.5，且因子结构与问卷构思维度相契合。

（二）验证性因子分析

在对问卷进行探索性因子分析之后，继续使用验证性因子分析（Confirmative Factor Analysis，CFA）对样本数据进行检验。使用 Mplus 7.4 软件对样本数据进行分析，得出验证性因子分析模型，模型的各项拟合指标分别为：$\chi^2 = 607.761$；$df = 215$；$\chi^2/df = 2.827$；RMSEA = 0.055；SRMR = 0.045；CFI = 0.935；TLI = 0.924，其中：$\chi^2/df < 3$，RMSEA < 0.080，SRMR < 0.080，CFI > 0.900，TLI > 0.900，各项指标符合判别标准，模型拟合度良好（见表 6-11）。

表 6-11　　　　　　　　　验证性因子分析模型拟合结果

指标	χ^2	df	χ^2/df	RMSEA	SRMR	CFI	TLI
判别标准	—	—	<3	<0.080	<0.080	>0.900	>0.900
检验结果	607.761	215	2.827	0.055	0.045	0.935	0.924

除模型拟合度外，为验证概念模型的合理性，还要对各题项的各项指标进行逐一检验。一般而言，各题项因子载荷量（Factor Loading，FL）应大于 0.6，Est./S.E. 值大于 1.96 或 P < 0.05，各潜变量 CR 值应高于 0.7。Mplus 7.4 软件验证性因子分析输出结果见表 6-12。从表 6-12 中可以看出，各测量题项的 FL 值均大于 0.6 且其 Est./S.E. 值大于 1.96，各潜变量的 CR 值均大于 0.7。同时，各潜变量的平均方差抽取量（Average Variance Extracted，AVE）均大于 0.5，表明样本数据测量收敛效度良好。

表6-12　　　　　　　　　验证性因子分析结果及收敛效度

潜变量		测量题项	Estimate	Est./S.E.	P	CR	AVE
村党组织政权功能发挥		ZZ1	0.735	24.047	0.000	0.884	0.605
		ZZ2	0.789	34.864	0.000		
		ZZ3	0.830	34.055	0.000		
		ZZ4	0.790	24.812	0.000		
		ZZ5	0.741	18.384	0.000		
村委会政权功能发挥		SH1	0.737	23.342	0.000	0.828	0.547
		SH2	0.729	24.127	0.000		
		SH3	0.743	20.843	0.000		
		SH4	0.749	20.201	0.000		
村集体经济组织政权功能发挥		JJ1	0.859	42.837	0.000	0.905	0.657
		JJ2	0.803	37.713	0.000		
		JJ3	0.808	33.300	0.000		
		JJ4	0.798	38.944	0.000		
		JJ5	0.781	33.292	0.000		
农民农村基层政权认同	自我政治认同	ZR1	0.771	21.477	0.000	0.847	0.649
		ZR2	0.764	30.680	0.000		
		ZR3	0.876	28.176	0.000		
	行为支持	ZC1	0.784	30.472	0.000	0.830	0.620
		ZC2	0.830	33.198	0.000		
		ZC3	0.745	27.789	0.000		
	个体组织认同	JZ1	0.872	35.154	0.000	0.830	0.621
		JZ2	0.752	26.793	0.000		
		JZ3	0.733	20.465	0.000		

继续进行辨别效度检验，若各潜变量AVE平方根大于该潜变量与其他潜变量之间的相关系数，则说明样本数据测量的辨别效度良好。由表6-13可见，各潜变量AVE平方根均大于该潜变量与其他潜变量之间的相关系数，据此可以判断样本数据测量的辨别效度较好。

表 6-13　　　　　　　　样本数据辨别效度

	1：JJ	2：ZZ	3：SH	4：JZ	5：ZC	6：ZR
1：JJ	0.811					
2：ZZ	0.084	0.778				
3：SH	0.157	0.416	0.740			
4：JZ	0.075	0.472	0.368	0.788		
5：ZC	0.032	0.376	0.292	0.278	0.787	
6：ZR	0.138	0.287	0.295	0.348	0.379	0.806

经过以上分析检验，本研究认为样本数据的信效度检验通过，可以支持下一步的假设检验。

第五节　描述性统计分析与假设检验

一　描述性统计分析

（一）样本人口学特征的描述性统计分析

本研究运用 SPSS23.0 统计软件，对问卷样本的人口学特征进行描述性统计分析，结果见表 6-14。被调查者男性占比为 43.3%，女性占比为 56.7%；由于农村地区外出务工的年轻人口数量较多，因而被访者中 30 岁及以下年龄段人口相对较少（占比为 4.9%），其余年龄段人口分布为：30—39 岁占比为 24.8%，40—49 岁占比为 22.1%，50—59 岁占比为 24.2%，60—69 岁占比为 16.3%，70 岁及以上占比为 7.7%；被访者文化程度以初中及以下为主（占比为 76.4%），高中/中专占比为 17.2%，大专及以上占比为 6.4%；在所有的样本数据中，被调查者家庭为贫困户的占比为 49.3%，非贫困户占比为 50.7%；被调查者中共产党员占比为 11.8%，共青团员占比为 2.8%，群众占比为 85.5%。

表6-14　　　　　　　　样本人口学特征的描述性统计

特征项	分类	样本数	有效百分比（%）
性别	男	265	43.3
	女	347	56.7
年龄	30岁及以下	30	4.9
	30—39岁	152	24.8
	40—49岁	135	22.1
	50—59岁	148	24.2
	60—69岁	100	16.3
	70岁及以上	47	7.7
文化程度	文盲	103	16.8
	小学	145	23.7
	初中	220	35.9
	高中/中专	105	17.2
	大专及以上	39	6.4
是否贫困户	贫困户	302	49.3
	非贫困户	310	50.7
政治面貌	中共党员	72	11.8
	共青团员	17	2.8
	群众	523	85.5

注：本表采用四舍五入计算。

（二）样本各潜变量的描述性统计分析

本研究运用SPSS 23.0软件对各潜变量测量题项的极大值、极小值、均值和标准差进行统计。然后，根据各测量题项的因子载荷量计算各潜变量的总体加权平均值，在此基础之上对样本各潜变量进行描述性统计，结果见表6-15。

在村党组织政权功能发挥、村委会政权功能发挥、村集体经济组织政权功能方面，各测量题项的均值均大于3，表示被调查者普遍对村党组织、村委会和村集体经济组织政权功能发挥状况持肯定态度。其中，各测量题项得分的平均值越高，表明被调查者对该方面村组织行为的满意度越高。从村党组织政权功能发挥、村委会政权功能发挥和村集体经济组织政权功能发挥三个潜变量的总体加权平均值来看，村党组织政权功能发挥的总体加权平均值最高，为3.26；村委会政权功能发挥的总体加权平均值略低，为3.25；村集体经济组织政权功能发挥的总体加权平均值最低，为3.10。这表示被调查者对村党组织行为的满意度要高于村委会，被调查者对村集体经济组织行为的满意度最低。

表6–15　　　　　　　　样本各潜变量的描述性统计

潜变量	测量题项	极大值	极小值	均值	标准差
村党组织政权功能发挥	ZZ1：第一书记能够有效监督指导村支书工作	5.00	1.00	3.19	0.994
	ZZ2：村党支部可以通过"三会一课"有效传达国家政策	5.00	1.00	3.27	1.012
	ZZ3：村党支部可以通过"四议两公开"及时公正地解决村民提出的合理诉求	5.00	1.00	3.25	1.032
	ZZ4：村党支部能够对村委会、村集体经济组织等实现有效的领导	5.00	1.00	3.45	1.044
	ZZ5：党员能够对贫困户进行有效帮扶	5.00	1.00	3.27	1.036
	村党组织政权功能发挥的总体加权平均值	3.26			
村委会政权功能发挥	SH1：村委会干部能够公平、精准地执行国家政策	5.00	1.00	3.16	0.806
	SH2：村委会干部能够有效调解矛盾纠纷	5.00	1.00	3.35	0.873
	SH3：村委会干部能够有效组织农民维护或修建村里的公共设施	5.00	1.00	3.18	0.839
	SH4：村委会干部能够有效引导乡村社会风气	5.00	1.00	3.29	0.852
	村委会政权功能发挥的总体加权平均值	3.25			

续表

潜变量		测量题项	极大值	极小值	均值	标准差
村集体经济组织政权功能发挥		JJ1：贫困户能够通过资产入股的方式得到村集体经济组织的分红收入	5.00	1.00	3.14	1.232
		JJ2：贫困户可以通过到村集体经济组织务工获得收入	5.00	1.00	3.08	1.221
		JJ3：贫困户可以通过村集体经济组织提供的公益性岗位获得收入	5.00	1.00	3.08	1.347
		JJ4：村集体经济组织能够帮助农户解决产品销售问题	5.00	1.00	3.12	1.353
		JJ5：村集体经济组织可以为农户提供技术培训	5.00	1.00	3.06	1.276
		村集体经济组织政权功能发挥的总体加权平均值			3.10	
农民的农村基层政权认同	自我政治认同	ZR1：您对政治事件有较高的理性判断能力	5.00	1.00	3.57	1.162
		ZR2：您能够理性表达政治需求	5.00	1.00	3.82	1.106
		ZR3：您能够通过合法途径维护个人权益	5.00	1.00	3.74	1.020
		自我政治认同的总体加权平均值			3.71	
	行为支持	ZC1：您对参加村委会选举的积极性	5.00	1.00	3.35	1.124
		ZC2：您入党的积极性	5.00	1.00	3.32	1.054
		ZC3：您对村干部工作支持的积极性	5.00	1.00	3.35	1.037
		行为支持的总体加权平均值			3.34	
	个体组织认同	JZ1：您是否认可村级组织实施的扶贫政策	5.00	1.00	3.32	1.211
		JZ2：您对村级组织的工作满意度	5.00	1.00	3.28	1.308
		JZ3：您对村级组织行为的信任度	5.00	1.00	3.22	1.196
		个体组织认同的总体加权平均值			3.28	
		农民对农村基层政权认同的总体加权平均值			3.44	

在农民的农村基层政权认同方面,被调查者的自我政治认同、行为支持和个体组织认同各测量题项的总体加权平均值均大于3,表示被调查者更倾向于对农村基层政权持支持态度。其中,自我政治认同的总体加权平均值为3.71,高于行为支持的总体加权平均值3.34,个体组织认同的总体加权平均值最低,为3.28。农民对农村基层政权认同的总体加权平均值,即农民的农村基层政权认同度为3.44。

二 假设检验

本研究运用 Mplus 7.4 软件建构样本数据的结构方程模型(SEM),主要通过路径分析来对前文提出的假设进行检验。首先报告本研究概念模型的整体拟合结果(见表6-16):模型 χ^2 = 643.291,df = 221,χ^2/df = 2.911,RMSEA = 0.056,SRMR = 0.051,CFI = 0.930,TLI = 0.920。对比判别标准,达到了 χ^2/df < 3、RMSEA < 0.080、SRMR < 0.080、CFI > 0.900、TLI > 0.900 的判别标准,表明模型的拟合良好。

表6-16　　　　　　　　概念模型整体拟合结果

指标	χ^2	df	χ^2/df	RMSEA	SRMR	CFI	TLI
判别标准	—	—	<3	<0.080	<0.080	>0.900	>0.900
检验结果	643.291	221	2.911	0.056	0.051	0.930	0.920

其次,输出 Mplus 7.4 软件对概念模型各潜变量对应测量题项的标准化因子载荷量(见表6-17)。

表6-17　　　　潜变量对应测量题项的标准化因子载荷量

潜变量	测量题项	Estimate
村党组织政权功能发挥	ZZ1	0.738
	ZZ2	0.787
	ZZ3	0.832
	ZZ4	0.786
	ZZ5	0.744

续表

潜变量		测量题项	Estimate
村委会政权功能发挥		SH1	0.737
		SH2	0.729
		SH3	0.743
		SH4	0.749
村集体经济组织政权功能发挥		JJ1	0.859
		JJ2	0.803
		JJ3	0.808
		JJ4	0.798
		JJ5	0.780
农民农村基层政权认同	自我政治认同	ZR1	0.769
		ZR2	0.763
		ZR3	0.878
	行为支持	ZC1	0.788
		ZC2	0.825
		ZC3	0.746
	个体组织认同	JZ1	0.868
		JZ2	0.755
		JZ3	0.736

再次，对 Mplus 7.4 输出概念模型的路径指标进行报告。由表 6-18 可知，自变量村党组织政权功能发挥对因变量农民农村基层政权认同的标准化路径系数为 0.545，相对应的 P<0.001，说明村党组织政权功能发挥对农民农村基层政权认同有正向显著影响，假设 H1 得到了实证数据检验支持。自变量村委会政权功能发挥对因变量农民农村基层政权认同的标准化路径系数为 0.342，相对应的 P<0.001，说明村委会政权功能发挥对因变量农民农村基层政权认同有正向显著影响，假设 H2 得到了实证数据检验支持。自变量村集体经济组织政权功能发挥对因变量农民农村基层政权认同的标准化路径系数为 0.023，相对应的 P>0.05，说明村集体经济组织政权功能发挥对农民农村基层政权认同无影响作用，假设 H3 未得到实证数据的检验支持。

表6-18　　　　　　　研究概念模型路径分析指标

假设路径	标准化路径系数 β	P 值	假设检验结果
1. 村党组织政权功能发挥→农民农村基层政权认同	0.545	0.000	接受
2. 村委会政权功能发挥→农民农村基层政权认同	0.342	0.000	接受
3. 村集体经济组织政权功能发挥→农民农村基层政权认同	0.023	0.612	拒绝

最后，根据各测量题项的标准化因子载荷量与研究中各潜变量之间的标准化路径系数，绘制本研究概念模型的检验结果图（见图6-4）。

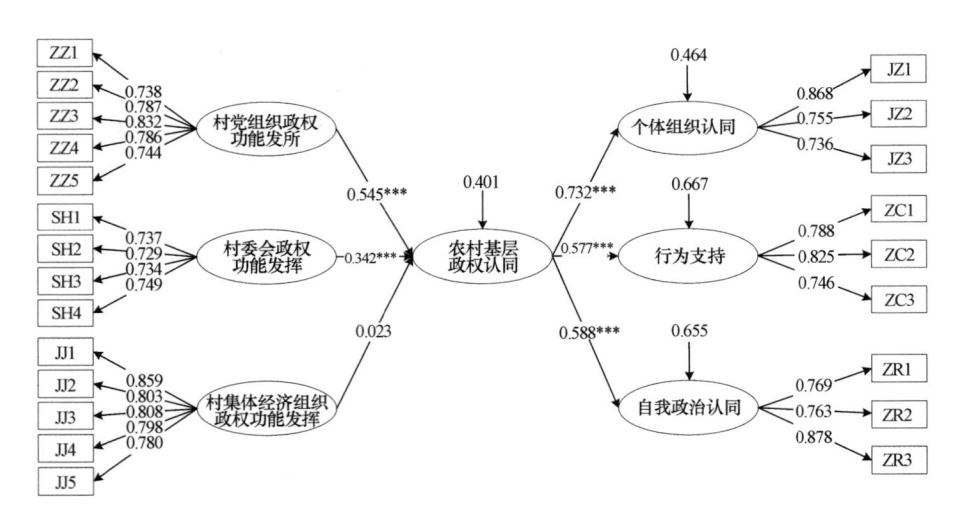

图6-4　农村基层政权组织功能发挥影响农民农村
基层政权认同的概念模型检验结果

（注：*** 表示回归系数在0.01的置信水平下显著）

第六节　实证研究结果及讨论

一　实证研究结果

本章对第一书记派驻下农村基层政权组织各部分的建设效果进行了

测度，并利用结构方程模型，对第一书记派驻下农村基层政权组织各项功能的发挥和农民对农村基层政权认同度提升之间的因果关系进行了实证验证，得出如下结论：

第一，从整体上来看，第一书记派驻下农村基层政权组织建设效果较好，农民对农村基层政权组织政权功能发挥的综合评价较高。其中，农民对村党组织政权功能发挥评价得分为3.26，对村委会政权功能发挥评价得分为3.25，对村集体经济组织政权功能发挥评价得分为3.10，说明农民对第一书记派驻下的农村基层政权组织建设效果较为认可。

第二，村党组织所承担的政权功能的发挥对农民农村基层政权认同度的提升有正向促进作用。这说明精准扶贫战略下第一书记对村党组织的改造，通过紧密乡村两级组织关系、推动村党组织制度建设并夯实组织基础等建设手段，有效增进了农民对农村基层政权的认同度，巩固了农村基层政权。

第三，村委会所承担的政权功能的发挥对农民农村基层政权认同度的提升有正向促进作用。这说明，第一书记通过对村委会的行政化改造、提升村民自治能力，提高了村委会稳定与引领乡村秩序的能力。这一农村基层政权组织建设路径有效提升了农民对农村基层政权的认同度。

第四，村集体经济组织所承担的政权功能的发挥对农民农村基层政权认同度提升的影响作用不显著。这表明国家虽然通过第一书记的派驻实现了对村集体经济组织的改造，也在一定程度上促进其脱贫带动与经济引领的政权功能的发挥，但却并没有对提升农民农村基层政权认同起到促进作用。这说明精准扶贫战略实施阶段村集体经济组织所产生的经济带动效益还比较有限，农民对村集体经济组织建设的认可度和满意度还有待提升。

第五，相较于村委会，村党组织政权功能的有效发挥对农民农村基层政权认同度提升的促进作用更明显。村党组织政权功能发挥对农村基层政权认同影响的标准化路径系数为0.545，高于村委会政权功能发挥对农村基层政权认同影响的标准化路径系数0.342。可见，精准扶贫战略下第一书记对农村基层政权组织建设所取得的效果是非均质的，对村党组织的建设效果要好于村委会。

二 分析讨论

（一）影响农村基层政权组织建设效果的组织因素分析

本部分从组织角度指出影响农村基层政权组织建设效果的关键因素。虽然现阶段农村基层政权组织建设效果较好，但结合数据分析及前文的实证研究，当下农村基层政权组织建设仍存在组织建设目标尚未达成、部分组织功能仍有待提升、组织结构有待进一步理顺的问题，此三项问题作为组织因素影响着农村基层政权组织的建设效果。其一，村级农村基层政权组织建设目标尚未达成，村集体经济组织建设仍有待进一步加强。依据前文数据分析结果，农民对村集体经济组织提供务工性收入、公益岗位收入和技术培训等组织功能发挥的评价得分较低，分别为3.08、3.08、3.06；同时，村集体经济组织政权功能发挥对提升农民农村基层政权认同的标准化路径系数为0.023（$P>0.05$），说明村集体经济组织政权功能的发挥并未对增强农民农村基层政权认同度产生影响。基于此，可以认为村集体经济组织建设是农村基层政权组织建设的薄弱环节，就目前来看，其组织带动农民增收、致富的能力仍有待加强。其二，现阶段农村基层政权组织的部分组织功能有待提升，其塑造现代公民观念及公共精神的能力稍显不足。前文描述性统计分析结果显示，农民对村干部有效引导乡村社会风气和组织集体行动的能力评价得分略低，分别为3.29和3.18，这反映出当下农民对农村基层政权组织塑造现代公民观念及引领乡村公共精神能力评价略低，在下一阶段组织建设中应当进一步加强。其三，农村基层政权组织的整体建设水平仍有待提升，其内部组织结构仍有待进一步理顺。数据分析结果显示：农民对村党组织、村委会、村集体经济组织政权功能发挥评价得分分别为3.26、3.25、3.10，虽然均大于3[①]，但其分值却并不高。根据调研经验，这在一定程度上与农村基层政权组织内组织结构尚未完全理顺有关。合理完善的组织结构是农村基层政权组织功能得以有效发挥的有力保障。但就目前来看，部

---

① 农民农村基层政权组织政权功能发挥效果评价由5级李克特量表测得，得分3表示"一般"，当得分大于3时表示对组织政权功能发挥呈积极评价。

分村庄村党组织核心领导地位尚未完全确立、各类村级组织多元互动的村级治理格局尚未完全建立，仍然是制约农村基层政权组织功能得以有效发挥的关键因素。

（二）影响农村基层政权组织建设效果的政策因素分析

精准扶贫战略下农村基层政权组织建设是通过"第一书记"政策的有效执行来实现的。可以认为，"第一书记"政策执行效果是影响农村基层政权组织建设效果的关键因素。根据政策执行系统理论，政策目标、政策资源、政策执行者与政策执行环境设置均会在一定程度上影响政策执行效果，进而对农村基层政权组织建设的整体效果产生影响。依据精准扶贫战略下农村基层政权组织建设效果测度结果及前文对"第一书记"政策执行过程的分析，本研究认为双重政策目标、政策资源配置失衡、政策执行者权责不匹配、政治环境压力等是影响农村基层政权组织建设效果的政策因素。

1. 双重政策目标

《关于做好选派机关优秀干部到村任第一书记工作的通知》（以下简称《选派通知》）中将第一书记的工作任务规定为"强健基层组织、推动精准扶贫、为民办事服务、提升治理水平"①，即第一书记同时具有组织建设与精准扶贫的双重任务。双重政策目标会通过影响"第一书记"政策执行对农村基层政权组织建设效果产生影响。实地调研中约有40%的第一书记认为自己是"来村里扶贫的"，仅60%左右的第一书记具有较为强烈的组织建设责任意识。由此，在强大的扶贫考核压力下，第一书记的农村基层政权组织建设工作时间易受到精准扶贫工作挤压，最终影响组织建设效果。

2. 政策资源配置失衡

政策资源包括支持政策执行的基础性资源以及其他激励措施。依据实地调研经验，"第一书记"政策资源配置存在物质资源丰富而人力资源不足、激励措施作用不明显等问题。其中，人力资源不足突出表现在第

---

① 国务院扶贫开发领导小组办公室：《关于做好选派机关优秀干部到村任第一书记工作的通知》，http://www.cpad.gov.cn/art/2015/5/13/art_50_13584.html。

一书记胜任力水平参差不齐、部分第一书记胜任力不足等方面；激励措施作用不明显主要是由激励措施兑现率低所导致的。此二者共同对"第一书记"政策的农村基层政权组织建设效果产生影响。

3. 政策执行者权责不匹配

调研发现，第一书记权责不匹配、责多而权少，是影响其农村基层政权组织建设进度的重要因素。《选派通知》中虽规定第一书记具有基层组织建设与带领派驻村脱贫攻坚的责任，但却未赋予其相应的职权。对于村庄外来者的第一书记，国家赋权弱会导致其无法在乡村社会中高效开展工作、推进组织建设。尤其是对于派出单位财力较弱的第一书记，其在村庄中的话语权也相对较低。第一书记权责不相称严重影响着农村基层政权组织建设效率与效果。除此之外，政策执行者选派不精准、其培训与保障机制不健全，同样也是影响农村基层政权组织建设进度的重要因素。

4. 政治环境压力

精准扶贫战略实施阶段，强大的脱贫考核压力易使地方政府强化第一书记的脱贫攻坚责任，而相对轻视其农村基层政权组织建设任务，这不免会使部分村落的农村基层政权组织建设流于形式，降低其建设效果。如部分地区出现的形式主义党建问题，等等。

(三) 影响农村基层政权组织建设效果的路径因素分析

从精准扶贫战略下农村基层政权组织建设的实践进路出发，基于前文的实证分析结果，本部分从村党组织、村委会和村集体经济组织建设路径存在的问题入手，分析讨论影响农村基层政权组织建设效果的路径因素。

1. 村党组织建设路径存在的问题

第一，在强大的考核压力下，村党组织"三会一课"制度实施的形式主义现象仍无法完全杜绝。虽然第一书记承担着村级党建的工作职责，但面临上级周期性的党建考核压力和脱贫任务压力，不免会出现用形式主义的案牍工作代替实践型党建的现象。以四川省JD村为例，该村第一书记为完成上级党建考核任务，节约工作时间，集中将全年的党会党课一次性开完，并完成痕迹管理工作，以"做材料"的方式替代党建实践，致使党建流于形式。形式主义党建所导致的直接后果是党组织"松""散""软"问题无法从根本上得到有效解决，贯彻国家扶贫政策的村级组织载体依旧薄弱，这将会影响村党组织的组织建设效果。

第二，由于第一书记缺乏对村党组织书记工作指导的实质性权力，因此第一书记对村党组织书记能力提升的帮带作用仍有待加强。依据实证数据分析结果，农民对"第一书记能够有效监督指导村支书工作"的评价均分较低。第一书记对村党组织书记工作监督指导作用的发挥是其进行村级组织建设的前提和基础，但由于制度设计不完善、第一书记权责不对等，导致其无法实现对村党组织书记的直接有效领导，直接表现为：第一书记多通过督促等方式对村党组织书记行为产生影响、第一书记对村党组织书记工作替代，等等。

除此之外，现阶段村级党组织队伍建设仍然存在覆盖面窄、组织内部凝聚力有待加强等问题，此类问题也在一定程度上影响着农村基层政权组织建设的实际效果。

2. 村委会建设路径存在的问题

第一，规范村委会职业行为的制度化建设仍显薄弱。依据前文对村委会功能发挥效果各潜变量的描述性统计分析结果，农民对"村委会干部能够公平、精准地执行国家政策"评价得分略低。根据实地调研经验，该项得分偏低主要是与现阶段规范村委会职业行为的制度化水平仍旧较低有关。现阶段，第一书记依旧较多地通过监督的方式来规范村委会职业行为，制度建设仍处于起步阶段，这在一定程度上影响了农村基层政权组织村委会部分的建设效果。

第二，第一书记村庄外来者的身份决定了其无法从根本上解决因村庄派系政治所产生的村委会在政策执行过程中出现的"人情分配"问题。作为村庄外来者，第一书记并没有参与村庄民主选举的权利，也就无法通过深入村委会选举过程来从根本上破除派系政治对村委会选举的影响。第一书记只能通过对村委会选举过程的全程监督来降低乡村熟人社会的关系网对村委会选举过程的干预程度。但这种监督往往收效甚微：首先，村委会选举周期为5年，第一书记的任职周期一般为1—3年，很多第一书记可能由于其任期内并没有赶上村委会换届选举而无法行使监督权；

其次，村庄社会关系网对村委会选举的影响具有隐秘性，无法通过外部力量的监督予以有效规避。由于无法从根本上解决村庄派系政治问题，第一书记就只能退而求其次，从提升村委会干部职业化水平、规范村委会工作流程入手，间接提升村委会对国家政策执行的公平性水平。但此种干预仍停留于表面，具有不彻底性。

第三，因阶段性工作任务限制第一书记对非扶贫领域存在的村民自治事务介入很少，导致政府力量对村民自治能力欠缺的弥补并不完全。精准扶贫战略下，国家选派第一书记驻村的首要任务是以组织建设带动精准扶贫工作的有效开展。在此种大背景下，第一书记在村庄的所有工作都是围绕扶贫任务展开的，其对村民自治领域的介入也不例外。多数情况下，当村民自治领域出现的问题干预村庄扶贫任务推进时，第一书记才会积极介入协助村委会予以解决。例如，因扶贫项目建造而引发的村民纠纷、因精准识别引发的村民上访等等。而对于非扶贫领域中出现的因村委会治理能力不足而导致的村民自治问题，第一书记的介入相对较少。例如，邻里纠纷矛盾解决问题、村庄治安问题等等。而诸如此类问题未能得到妥善解决也将会成为威胁村庄社会安定秩序的隐形力量，限制村委会稳定社会秩序组织功能的有效发挥，最终影响农村基层政权组织建设效果。

3. 村集体经济组织建设路径存在的问题

基于前文实证分析结果，村集体经济组织是当前农村基层政权组织建设的一大短板。依据前文对村级组织政权功能发挥效果各潜变量的描述性统计分析结果，农民对村集体经济组织政权功能发挥的各项指标评价得分均较低；同时，村集体经济组织政权功能发挥对提升农民农村基层政权认同度的作用不显著。由此可见，现阶段村集体经济组织建设水平低是影响农村基层政权组织整体建设效果的关键因素。根据调研经验结合数据分析，本研究认为在村集体经济组织建设路径中，时间与考核压力、经济组织建设者相关知识储备参差不齐等因素所造成的村集体经济组织的组织机构、运行制度、运行模式等建设较为薄弱，是影响村集体经济组织建设效果的关键因素。

第一，受时间压力影响第一书记在选择村庄产业发展项目时往往追求短期收益,增大了产业项目失败的风险。第一书记介入村集体经济组织建设时往往会遵循"打造亮点"的行为逻辑,期望在其任期内通过帮助派驻村打造产业亮点来凸显个人的帮扶业绩与工作能力,由此获取相应的奖励与晋升机会。村集体经济从规划投入到效益产出,往往仅有3—4年的时间,而村集体经济要想发展起来却至少需要10年。[①] 第一书记任职周期、国家政策规划与村集体经济培育周期之间的时间张力,往往会诱发第一书记村集体经济组织建设行为偏差的出现。第一书记要想在短时间内完成村集体经济组织建设任务并使村集体经济产生效益,往往会倾向于引导派驻村选择"短平快"的发展项目。依据调研经验,"短平快"的项目往往存在无法实现长期稳定收益的风险,会为村集体经济组织的长期发展埋下隐患。

第二,受考核规则影响第一书记往往将村集体经济组织建设工作后置,这影响了贫困村村集体经济组织的建设进度。虽然第一书记负有帮助派驻村培育村集体经济组织、增加派驻村村集体经济收入的职责,但该项职责并不是上级对其考核的重点。以四川省 GL 县为例,在该县对第一书记所列的 9 项考核指标中,仅有帮助派驻村建立村集体经济台账一项硬性考核指标。在笔者所调研的其他地区,部分将组建村集体经济组织列为第一书记考核指标之一,但就村集体经济组织的具体收益情况却未作详细规定。在这种考核规则之下,第一书记往往将村集体经济组织建设工作后置,同时,除个别追求个人工作业绩的第一书记外,其余对村集体经济组织的经济收益并不太关注。由此导致的直接后果是,第一书记对村集体经济组织的建设往往只停留于组织与制度建设层面。

第三,由于村集体经济组织建设专业性强而第一书记相关知识储备参差不齐,导致各贫困村村集体经济组织建设进度存在差异。同时,由于村集体经济培育周期长、贫困村村集体经济组织建设又处于起步阶段,因而其脱贫带动与经济引领功能在短时间内可能无法有效发挥。

[①] 耿曙、庞保庆、钟灵娜:《中国地方领导任期与政府行为模式:官员任期的政治经济学》,《经济学》(季刊) 2016 年第 3 期。

第七章

乡村振兴战略下中国农村基层政权组织建设的优化建议

精准扶贫结束后即进入乡村振兴战略实施阶段。2018年5月,《国家乡村振兴战略规划(2018—2022)》(以下简称《规划》)中指出,要继续加强农村基层党组织对乡村振兴的全面领导并进一步加强村党组织带头人建设,建立第一书记驻村长效机制,进一步推动农村基层政权组织建设。《规划》为乡村振兴战略下农村基层政权组织建设指明了方向。农村基层政权组织是在广大农村地区可以有效发挥基层政权功能的组织,是政府对农村地区进行有效治理的组织载体。农村基层政权组织建设效果关乎乡村社会发展稳定和广大农民群众的幸福感与获得感,对于国家农业、农村发展有着举足轻重的意义。因此,应当根据精准扶贫战略下农村基层政权组织建设效果及问题,从战略高度审视并调整组织建设的顶层设计,并在此指导下对政策与建设路径进行系统优化,为乡村振兴战略下农村基层政权组织建设提供实质性的建设意见和建议。本章从"顶层设计—政策优化—路径优化"三个层面着手,为下一时期农村基层政权组织建设提供优化建议。

第一节 农村基层政权组织建设的顶层设计

"顶层设计"原本是工程学用语,用以指代在工程设计中通过统揽全局的考虑,统筹规划各项目要素之间的层次关系,以确保各要素之间可

第七章　乡村振兴战略下中国农村基层政权组织建设的优化建议　◀◀　183

以相互联系、彼此配合。农村基层政权组织建设的顶层设计指的是站在战略高度，在对前一阶段农村基层政权组织建设过程进行全面回顾、问题分析、综合评判的基础上，从全局的角度对下一阶段农村基层政权组织建设进行战略规划，整体、全面地为农村基层政权组织建设进行合理布局。依据前文对精准扶贫战略下农村基层政权组织建设的整体效果评价及其组织影响因素分析，本节从农村基层政权组织建设的组织目标调整、组织功能调整、组织结构调整等方面系统阐述农村基层政权组织建设的顶层设计规划。

一　农村基层政权组织目标调整

目标是组织建设的准则，目标决定着组织功能并指导组织结构的设计。组织目标的调整是农村基层政权组织建设顶层设计中的核心部分。应当基于精准扶贫战略下农村基层政权组织建设情况，从政府农村规划调整和乡村社会自治能力出发，综合考虑农村基层政权组织建设目标的调整方向。

根据精准扶贫战略下农村基层政权组织建设状况、乡村振兴战略规划安排及当下欠发达地区的乡村自治能力，下一阶段农村基层政权组织建设的目标层级依旧在村，应当进一步加强村级组织建设。一方面，依据前文对农村基层政权组织建设现状的分析讨论，农村基层政权组织的整体建设水平仍有待提升，村级农村基层政权组织建设尚未完成。另一方面，在基层社会治理过程中，政府与社会力量是相互配合、彼此互补的，但时至今日，农村欠发达地区传统的自治基础依旧薄弱。社会流动的加速推动了农村社会利益的分化，村民异质性逐渐增加、村民之间的关联度逐渐降低，农民交往趋于理性计算与去人情化，村落共同体式微。[①] 另外，转移就业政策的实施使"空心村"成为农村欠发达地区的现实样态，村庄内部缺少社会秩序维系的内生性权威基础。欠发达地区乡村自治力量薄弱，仍需政府力量介入予以弥补。与此同时，乡村振兴战

---

① 陈勋：《行政"嵌入"的公共空间：村庄关联与共同体重构的可能路径——乡村文化礼堂研究》，《广东行政学院学报》2019年第6期。

略规划提出的产业发展、生态治理、文化建设等重要工作任务仍需村级组织主导落实。因此，下一阶段农村基层政权组织建设的目标层级定位仍然在村，建设目标是继续将村级组织建设成为能够有效发挥政权功能的农村基层政权组织。

根据精准扶贫战略下农村基层政权组织建设效果，下一阶段农村基层政权组织建设重点应从组织与制度建设转向治理能力建设方面。历史制度主义认为，事物的发展会受其历史演变脉络的影响，呈现出渐进变化的特征。组织与制度建设是精准扶贫战略下农村基层政权组织建设的重点且收效较好。但组织与制度建设只是基础，有效提升农村基层政权组织的能力、提升其乡村治理水平才是关键。在下一阶段的农村基层政权组织建设过程中，应当着力提升村干部的工作能力并在此基础上形成治理合力，以使农村基层政权组织能够更好地发挥各项基层政权功能。

二　农村基层政权组织功能调整

农村基层政权组织处于乡村治理体系的核心位置，既是政府主导乡村治理的主要承担者，又是村民自我管理、自我教育、自我发展的组织者。[①] 农村基层政权组织承担着贯彻与执行国家意志、回应公共需求并稳定社会秩序、塑造现代公民观念、引领经济发展等多项组织功能。从中央到地方的各级政府需要依靠农村基层政权组织功能的有效发挥，实现对乡村社会的有效治理、引领乡村发展。农村基层政权组织功能的有效发挥及其对于特定时期乡村问题治理的有效性，将对乡村治理成效产生显著影响。

然而在不同的发展时期，政府对农村的发展规划和乡村治理面临的挑战会对农村基层政权组织功能提出不同的要求。在精准扶贫战略下，有效执行扶贫政策、回应公共需求并维护社会稳定是农村基层政权组织所应发挥的重要功能。精准扶贫需要依托农村基层政权组织完成政策资源从政府到农户的有效传递，同时，农村基层政权组织还承担着贫困群

---

① 谢元：《新时代乡村治理视角下的农村基层组织功能提升》，《河海大学学报》（哲学社会科学版）2018 年第 3 期。

体的识别、帮扶、管理等重要职责，以确保精准扶贫政策可以产生其应有的政策效应。在有效执行精准扶贫政策的同时及时回应农民需求并维护乡村社会稳定，能够进一步提升农民对基层政权的认同度、释放精准扶贫政策效能。

乡村振兴战略对农村基层政权组织功能提出了新的要求，农村基层政权组织应当适时进行组织功能的重心调整以适应乡村发展需要。进入乡村振兴战略实施阶段，中央对欠发达地区的发展规划由消除绝对贫困向乡村发展转变。根据2018年5月中共中央、国务院印发的《国家乡村振兴战略规划（2018—2022年）》的相关规定，促进产业发展、提升农村基本服务水平、塑造文明乡风等是乡村振兴战略的发展目标，此系列目标同样需要农村基层政权组织配合各级政府予以实现。基于此，在下一阶段农村基层政权组织建设过程中，应当将组织的重点功能调整至引领地方经济发展、塑造现代公民观念和公共精神等方面，以更好地完成相应的工作任务、引领乡村发展。

三　农村基层政权组织结构调整

前文对精准扶贫战略下农村基层政权组织建设效果的实证研究结果显示，农村基层政权组织结构尚待完善是影响其组织功能进一步发挥的关键因素。合理完善的组织结构是农村基层政权组织功能得以有效发挥的基础性保障。因此，在下一阶段的组织建设过程中应当合理规划其内部的组织结构，以确保其组织功能的有效发挥。

首先，应当进一步凸显村党组织在农村基层政权组织体系中的核心领导地位。村党组织承担着有效贯彻党和政府的意志、回应公共需求、组织动员的功能和作用，是农村基层政权组织的领导核心。2019年1月，中共中央印发的《中国共产党农村基层组织工作条例》进一步加强了村党组织对村民自治、村级经济发展的领导职责，目的在于突出其村级组织领导地位、建立以村党组织为核心的村级治理体系。具体来说，应从以下两个方面着手巩固并加强村党组织的核心领导地位：一是以制度方式强化村党组织对其他村级组织的领导，规范并完善村党组织领导下的公共事务决议机制；二是逐步加大村党组织向其他村级组织的嵌入力度，提升村党组织对其他村级组织及村民的组织与动员能力，切实提升村党组织的组织力。

其次，健全各类村级组织各司其职、多元互动的村级治理格局。农村基层政权组织功能的有效发挥，既需要村党组织的有效领导，同时也需要各村级组织的有力支持和竭力配合。具体来说，应当从以下三个方面着手对各村级组织及其组成的治理结构进行调整：一是进一步完善以村委会为核心的双重治理结构。合理厘定村委会行政任务清单，明确上级政府与村委会的权责界限，以防政府权力对村民自治的侵蚀。与此同时，建议进一步将村民自治单位缩小至村民小组，以提升村民自治效率；二是进一步加强村集体经济组织建设，促进其村庄经济引领功能的有效发挥。前文对精准扶贫战略实施阶段农村基层政权组织建设效果的评估结果表明，村集体经济组织建设效果并不理想。因此，在下一阶段的农村基层政权组织建设过程中，应当着重加大村集体经济组织建设力度。在村集体经济组织培育方面，应适当引入市场经济思维、促进村集体经济组织转型升级。同时，应当推动村集体经济组织功能定位由脱贫带动向带领村民致富转变，并通过吸引更多产业大户、乡村经济精英的加入来提升村集体的经济发展活力；三是提升社会组织服务供给力度。社会组织是农村地区公共服务供给的重要补充性力量，在下一阶段的组织建设过程中，应当通过合理的制度规划提升社会组织的参与度，以进一步拓展农村基层政权组织对社会的服务功能。

第二节　农村基层政权组织建设的政策优化

精准扶贫战略下，国家借助"第一书记"政策进行农村基层政权组织建设，取得了较好的政策效果。乡村振兴战略实施阶段，国家继续将"第一书记"政策设定为农村基层政权组织建设的政策工具，并要探索建立第一书记驻村长效机制。可见，"第一书记"政策的运行效果将会影响下一阶段农村基层政权组织建设质量。因此，有必要根据现阶段"第一书记"政策问题对其进行政策优化。根据前文研究结论，政策目标、资源、执行者和执行环境是影响"第一书记"政策效果的关键因素。因此，

第七章　乡村振兴战略下中国农村基层政权组织建设的优化建议　◀◀　187

本节针对精准扶贫战略下"第一书记"政策执行过程存在的问题，从政策执行目标、政策资源、政策执行者、政策执行环境四个方面着手，提出农村基层政权组织建设的政策优化建议。

一　明确核心政策目标

清晰而明确的政策目标是政策得以有效执行并取得相应政策效果的前提条件。《选派通知》将选派优秀党员干部到村任第一书记定位为"加强农村基层组织建设、解决一些村'软、散、乱、穷'等突出问题的重要举措"，并将建强基层组织、推动精准扶贫、为民办事服务和提升治理水平规定为第一书记的主要职责。从以上表述中可以看出，《选派通知》中并未对政策目标进行一个清晰而又明确的界定，第一书记实际上肩负着组织建设和脱贫攻坚的双重任务，这不免会影响第一书记（政策执行者）对政策的理解，进而影响政策执行效果。调研结果显示，约40%的受访第一书记认为自己是"来村里扶贫的"，组织建设的责任意识不够强烈。在政策目标的模糊性和不断加重的精准扶贫考核压力下，第一书记的农村基层政权组织建设工作很容易被替换成精准扶贫政策执行工作，影响了第一书记农村基层政权组织建设的效果。

应当进一步明确第一书记对农村基层政权组织建设的核心政策目标，理清该目标同其他工作任务（诸如为民办事服务等）之间的主次关系，以便于政策执行者把握政策目标、提高政策执行效率。具体来说：一是从政策文本的语言表述上明晰农村基层政权组织建设的政策目标，并通过设定细化的任务指标将该目标进行分解以利于具体操作和执行，同时也便于考核第一书记的工作绩效；二是明确政策核心目标同其他次级目标之间的关系，同时规定各项目标完成的先后次序，以便于第一书记统筹工作安排、提高工作效率。

二　优化政策资源配置

政策资源是指用以支持政策执行的基础性资源和其他激励措施的统称。政策资源数量与质量是影响政策执行绩效的重要因素。根据前文研究结果，在支持"第一书记"政策执行的基础性资源方面，存在物质资源相对丰富而人力资源匮乏的问题，降低了部分地区农村基层政权组织的建设质量；同时，激励措施兑现率低、激励作用不明显，也是影响政策效果的主要因素之一。

政府应当重视对"第一书记"政策人力资源的支持力度。此处所指的"第一书记"政策的人力资源，既包括具体的政策执行者（第一书记）又涵盖协助政策执行的相关工作人员。其中，政策执行者的个人素质与能力是影响政策执行效果的关键因素，应当从选拔、培训、日常工作支持与服务等各环节入手，提升政策执行者的质量。首先，严格控制政策执行者的选拔标准，从选人环节对政策执行者的质量进行严格把关；其次，对政策执行者进行统一的、系统性的入职培训，帮助其明确工作任务、熟悉相应的技术工具、提高基层工作能力等。除此之外，还应当根据阶段性的工作任务开展专题培训，以提升政策执行者的政策理解能力及其执行效果；再次，增强对政策执行者日常工作的支持与服务力度，协助其能够心无旁骛地完成政策执行任务。除此之外，政府还应当增设协助政策执行工作的专职部门，为政策执行者提供必要的政治资源、信息资源、技术支持与援助等，提高政策执行者的工作效率。

政府应当构建激励措施兑现保障机制，保证"第一书记"政策相关配套激励措施予以兑现，以提高第一书记的工作积极性。《选派通知》规定当第一书记派驻期满后，派出单位会同派驻县党委组织部就第一书记的工作情况进行考核，考核的结果将会成为第一书记晋升、提拔的重要依据。但就实际情况来看，该项激励措施经常无法得到有效兑现。这不仅降低了第一书记的工作积极性，还使准备申请驻村任第一书记的优秀党员干部望而却步。应当制定出台确保第一书记激励政策兑现的政策措施，包括建立优秀第一书记就地升迁制度、明确将第一书记考核指标与派出单位晋升标准挂钩，等等，不断激发第一书记的工作积极性、最大限度地提高政策执行效果。

三 政策执行者的优化

政策执行系统理论认为政策执行的关键在于政策执行者，政策执行者的执行能力和意愿会直接影响政策执行绩效。因此，如何对"第一书

第七章　乡村振兴战略下中国农村基层政权组织建设的优化建议

记"政策进行优化，以使其能够有效提升作为政策执行者的第一书记的个人素质和能力，最终提高政策执行质量，对于提升下一阶段的农村基层政权组织建设质量至关重要。本研究认为，应当从优化政策执行者的权责配置、选派机制和培训保障机制等方面着手，提高政策执行者的质量。

（一）政策执行者权责配置的优化

作为政策执行者的第一书记权责不匹配，责多而权少，严重影响第一书记对农村基层政权组织的建设进度。《选派通知》规定第一书记承担着通过基层组织建设带动脱贫攻坚的工作职责，但并未赋予其与之相对应的职权。作为村庄外来者，第一书记的社会赋权明显不足。因此，第一书记在派驻村的工作开展仍然需要依靠派驻村村干部。由此便直接导致了第一书记农村基层政权组织建设工作开展效率低、进程缓。

应当优化政策执行者权责配置，赋予第一书记建设农村基层政权组织的必要职权。具体包括：政策应当明确第一书记权责清单，明确其在农村基层政权组织建设领域的指导权、监督权等权力，保障第一书记工作的顺利开展；同时，政策还应当进一步明确第一书记同村党组织书记之间的隶属关系，清晰界定二者的职权与职责，以避免具体工作当中的推诿现象，提高工作效率。

（二）政策执行者选派机制的优化

"第一书记"政策的政策执行者选派机制包含两个方面的内容：一是选拔优秀的第一书记；二是根据村庄基本情况，精准派驻与之相匹配的第一书记。应当从以上两个方面着手，对政策执行者的选派机制予以优化。

当下第一书记的选拔标准过于宽泛，政策应当进一步细化第一书记的选拔标准。《选派通知》规定第一书记的选拔要从：政治素质、个人能力、工作经验等方面予以考虑，但依照该标准却很难将真正适合农村工作、适合领导村级组织建设的优秀党员干部选拔出来。应当进一步细化第一书记选拔标准，依据农村基层政权组织建设要求增加部分选拔条件，以便使选拔出来的优秀党员干部更加适合农村基层政权组织建设工作。

地方政府应当进一步提高第一书记与派驻村的匹配度。"因村派人精准"是提高农村基层政权组织建设质量的有力保证。在实际的政策执行中，不仅要根据村庄实际发展状况派驻合适的第一书记，还应该根据派驻村村级组织建设状况选派专人解决特定的组织建设问题，这样才能够有效提高下一阶段农村基层政权组织的建设效率与质量。

（三）政策执行者培训与保障机制的优化

培训是使政策执行者快速熟悉工作内容、提升工作素质与能力的一种有效方式。精准扶贫战略实施阶段各地对第一书记的培训一般一年一次，培训时间7—10天不等，培训内容多以中央出台的扶贫政策为主。可见，对于第一书记的培训存在培训周期长、培训内容单一等问题。应当适当缩短第一书记培训周期，丰富第一书记培训内容并提升培训的专业性和针对性。作为农村基层政权组织的主要建设者，对第一书记的培训不应仅仅停留在政策文本上，而应根据其组织建设的工作内容提供更为专业的培训，以提升其工作的胜任力水平。

以村庄外来者身份驻村工作的第一书记需要政府为其提供适当的保障措施，以使其能够在派驻村顺利地开展工作并安心生活。在精准扶贫战略实施阶段，不少县（市、区）并未建立起第一书记的工作生活保障网。多数派驻入村的第一书记需自行解决衣食住行问题，地方政府和派出单位一般只帮助其解决伙食、交通、住房等资金补贴，这不利于确保第一书记能够安心在基层开展工作。应当构建完善的第一书记工作与生活保障机制，协助解决第一书记入村后的各项生活困难，使其安心工作。

四 改善政策执行环境

政策执行过程处于动态变化的环境之中，外部环境会对政策执行效果产生一定的影响。一般而言，利于政策执行的外部环境能够提升并增强政策执行的效率和效果，反之则会影响政策执行进度并最终影响政策效果。从整体上看，应当着手从政治、经济等方面改善"第一书记"政策执行环境，以利于农村基层政权组织建设。

（一）政策执行政治环境的改善

从中央到地方各级政府应当进一步重视农村基层政权组织建设，树立正确的农村基层政权组织建设观念。正确的农村基层政权组织建设观念，对于营造利于"第一书记"政策执行的政治环境至关重要。自精准扶贫战略实施以来，中央政府已经开始高度关注农村基层政权组织建设问题，并对"第一书记"政策进行大力宣传、要求地方政府高度重视第一书记的选派工作，为"第一书记"政策落实创造条件。相比较而言，地方政府尤其是乡镇政府对农村基层政权组织建设的意识相对薄弱。在脱贫攻坚的政治压力下，地方政府尤其是乡镇政府多将"第一书记"政策视为协助精准扶贫政策落地的配套政策，将第一书记视为精准扶贫政策的主要执行者，对其农村基层政权组织建设的工作任务关注不够。在下一阶段的农村基层政权组织建设中，应当注意扭转地方政府农村基层政权组织建设观念，改善农村基层政权组织建设政策执行的政治环境。

（二）政策执行经济环境的改善

地方政府应当有效改善地方市场环境，为"第一书记"政策执行创造良好的外部经济条件。当下，农村基层政权组织建设的薄弱环节在村集体经济组织，而欠发达地区整体市场环境相对较差是造成村集体经济组织建设效果不佳的主要原因之一。在乡村振兴战略实施阶段，引领村级经济发展将成为"第一书记"政策的中心任务。因此，本研究建议地方政府应当加紧改善地区市场发展环境，为"第一书记"政策执行提供一个良好的外部经济环境。

除此之外，中央政府应当加大对农村基层政权组织建设的财政支持力度，改善"第一书记"政策执行的外部经济环境。财政支持对于激发干部工作积极性、提升公共组织建设效率作用显著。第一书记在村级场域中进行农村基层政权组织建设，离不开村干部的支持与配合。从当下农村基层政权组织建设过程来看，村干部工资水平低是影响其工作积极性的关键因素之一。微薄的工资收入迫使村干部要身兼数职，以确保其收入能够负担家庭正常开支，村干部对于本职工作的积极性并不高。本研究认为在下一阶段的农村基层政权组织建设中，应当通过上级政府财政转移渠道提高村干部工资待遇，以提升其工作积极性、更好地配合第一书记的组织建设工作。针对目前乡镇财政吃紧的现状，本研究建议通过中央财政转移支付的方式提高村干部待遇，为"第一书记"政策执行创造一个良好的外部环境。

第三节　农村基层政权组织建设的路径优化

农村基层政权组织建设路径指的是采取具体的策略和方法实现组织建设目标的过程。设计良好的农村基层政权组织建设目标能否顺利转化成现实，关键在于具体的组织建设路径。基于前文对精准扶贫战略下农村基层政权组织建设实践进路的经验研究结论及对影响农村基层政权组织建设效果的路径因素分析，本节分别针对村党组织、村委会和村集体经济组织提出具体的组织建设路径优化策略。

一　农村基层政权组织中村党组织建设路径优化

村党组织是农村基层政权组织的领导核心，承担着贯彻国家意志、团结村级组织执行政策与政府交办任务、回应农民需求的组织功能。根据前文对精准扶贫战略下农村基层政权组织建设路径的研究结论及村党组织建设过程所存在的问题分析，应当从制度建设、组织建设等方面着手优化村党组织建设路径。

（一）村党组织制度建设路径优化

应当进一步加大对村党组织"三会一课"制度实施的监督力度，切实提升村级党建质量。精准扶贫战略实施阶段，第一书记主要通过恢复"三会一课"制度和纠正"四议两公开"制度执行偏差两种方式加强村党组织制度建设。从实际的建设效果来看，第一书记对"四议两公开"制度纠偏收效较好，有效提升了村党组织对农民公共需求回应的有效性程度、提升了村党组织行为的公正性程度。相比较而言，第一书记对"三会一课"制度的建设效果相对较差。精准扶贫战略下，面对强大的考核压力，第一书记介入下的村级党建很容易陷入形式主义窠臼。基于此，本研究认为在接下来的农村基层政权组织建设过程中，应当进一步加大对村党组织"三会一课"制度实施的监督力度。具体来说，应当从政府部门选派专人对村党组织"三会一课"制度实施情况进行监督考核，并将考核结果与村党组织书记的个人利益直接挂钩，以督促村党组织书记提高"三会一课"制度建设质量。

(二) 村党组织组织建设路径优化

第一，赋予第一书记对村党组织书记工作指导的实质性权力，切实提高村党组织书记的工作能力。村党组织组织能力提升的关键在村党组织书记，村党组织书记个人领导力与工作能力显著影响着村党组织的建设效果。精准扶贫战略下，国家与地方政策均规定第一书记负有对村党组织书记进行工作指导的职责，期望能够在第一书记的工作指导下有效提升村党组织书记的个人能力。但在具体的实践过程中，由于相关政策并未赋予第一书记对村党组织书记工作指导的实质性权力，第一书记对村党组织书记能力提升的促进作用非常有限。应当赋予第一书记指导村党组织书记工作的实质性权力，有条件的地方应当适时地探索村党组织书记培训制度，通过周期性的、专业性的培训提升村党组织书记的个体素质与能力。

第二，进一步加强村级党员队伍建设，提升党员队伍的内部凝聚力。在精准扶贫战略实施阶段，部分地区第一书记通过采取党员结对帮扶和无职党员定岗定责等方式提升党员责任感、提高村级党员队伍的凝聚力。此种举措虽然收效不错，但也存在覆盖面窄、对结对帮扶行为监督能力有限的问题。应当探索更为有效的村级党员队伍建设方式，将更多的党员吸纳进来，以提升村级党员队伍的凝聚力。

二 农村基层政权组织中村委会建设路径优化

村委会肩负着政策执行与领导村民自治的双重任务，是农村基层政权组织的重要组成部分。根据前文对精准扶贫战略下农村基层政权组织建设路径的研究结论及村委会建设过程所存在的问题分析，村委会在职业行为规范、自治能力提升等方面仍存在进一步的优化空间。

(一) 村委会职业行为规范化建设路径优化

应当逐步提高村委会工作的制度化水平，进一步规范村干部的职业行为。当下村委会工作制度建设仍处于起步阶段，制度化水平较低，突出表现在对村委会工作流程的制度化水平不足方面。第一书记派驻以来，基本上是以行为监督的方式约束村干部行为，逐步提高村委会工作流程的规范化程度。但此种方式对监督者提出了很高的要求，作为监督者的第一书记需要时刻监督村干部的每项工作,以保证其工作过程的规范性和公平性。基于此,在接下来的农村基层政权组织建设阶段,应当进一步加强村委会制度建设,逐步完善村委会各项工作制度,以制度化的手段提升组织建设水平,提高村干部职业行为的规范化程度。

(二) 村民自治能力提升建设路径优化

第一,提高对村委会选举过程监督的有效性水平,提升村委会工作的公正性程度。根据前文对精准扶贫战略下农村基层政权组织建设路径的研究,发现由于第一书记无法有效解决村庄派系政治问题,致使其无法从根本上保证村委会政策执行的公正性程度。由于第一书记的村庄外来者身份,第一书记无法通过深入村委会选举过程从根本上解决村庄派系政治问题。因此,进入乡村振兴战略实施阶段,第一书记应进一步加强对村委会选举过程和村委会日常工作过程的监督,不断抑制村庄派系政治对村委会工作的影响。

第二,提高第一书记对村民自治介入的有效性水平,协助提高村民自治能力。精准扶贫战略下,第一书记对非扶贫领域的村民自治事务介入较少,导致政府力量对村民自治能力欠缺的弥补并不完全。在乡村振兴战略实施阶段,第一书记应提高其对村民自治事务介入的有效性程度,进一步协助提升村民自治能力。当然,本研究并不提倡加大政府力量对村民自治的影响力度,只是在当下村民自治力量相对薄弱时期通过政府力量的适当介入有针对性地弥补村民自治的能力欠缺部分。当村民自治能力得到有效提升后,政府力量应当逐渐退出村民自治领域。

三 农村基层政权组织中村集体经济组织建设路径优化

村集体经济组织作为农村基层政权组织的重要组成部分,承担着团结农民进行生产发展、村庄脱贫带动与经济引领的政权功能。根据前文对精准扶贫战略下农村基层政权组织建设路径的研究结论及村集体经济组织建设过程所存在的问题分析,应当从村集体经济组织的机构建设、制度建设和运行模式建设三个方面着手,进一步优化村集体经济组织的建设路径。

（一）村集体经济组织组织机构建设路径优化

权力机构、执行机构与监督机构是组成村集体经济组织的三大核心机构，三大核心机构组织的完整性程度及其职能发挥的有效性，将会对村集体经济组织的发展产生重要影响。在三大核心组织中，权力机构是核心，应当进一步增强村民股东大会对村集体经济组织的实际领导权。在精准扶贫压力型体制下为了提高产业建设效率，村集体经济组织的实际领导权往往由村党组织书记或第一书记掌握，村民往往并不具备对村集体经济发展的决策权，这不利于激发村民的生产积极性。乡村振兴战略下，产业发展将成为农村基层政权组织的重点工作任务，应当将村集体经济组织的领导权逐步归还村民股东大会，激发村民经济发展动力。执行机构是关键，应当积极引导乡村经济精英回流，并将其吸纳至村集体经济组织执行机构中，提高村集体经济组织的经济效益。监督机构是保障，但也是村集体经济组织建设中的薄弱环节。在精准扶贫战略实施阶段，第一书记往往承担起相应的监督责任。然而，由于第一书记往往全程参与村集体经济组织的建设与经营过程，因而由其对村集体经济组织行为进行监督不免会陷入自我监督的形式主义窠臼。在下一阶段的村集体经济组织建设过程中，应当进一步加大村监事会对村集体经济组织运营过程的监督力度，并提高监督效率。

（二）村集体经济组织运行制度建设路径优化

制度是组织得以有效运转的保障，利益分配制度、财务监督制度、信息公开制度是村集体经济组织的三大核心制度。从精准扶贫战略下村集体经济组织建设的整体效果来看，制度建设明显滞后于组织建设，仍处于起步和摸索阶段。在接下来的农村基层政权组织建设过程中，应当从整体上提高村集体经济组织制度建设水平，并着重加大对村集体经济组织财务监督制度建设力度。现阶段，村集体经济组织台账管理工作主要由第一书记和驻村工作队负责，这虽然有利于协助村集体经济组织规范台账管理、提高经营管理效率，但不利于提高村干部自身的财务管理能力。在下一阶段的组织建设过程中，应当逐步将台账管理职责交还村集体经济组织中的专职人员，并逐步建立完善的财务监督管理办法，规范村集体经济组织的财务管理行为。

（三）村集体经济组织运行模式建设路径优化

契合村庄集体经济发展的运行模式是村集体经济组织能够产生可持续的经济收益的保障。就目前村集体经济组织经营实践来看，"龙头企业＋农户""合作社＋农户"是较为普遍的运营模式。其中，"龙头企业＋农户"模式由于无法有效规制私人企业的逐利性，其对村集体经济的帮扶带动效果较为有限；而"合作社＋农户"模式在缺乏乡村经济精英带动的情况下，其成功的概率往往较低。相比较之下，现阶段少数地区探索出的"乡镇产业党总支＋合作社＋农户"模式能够有效发挥产业聚集的规模效应、优化区域产业结构配置，提高村集体经济组织的生产经营效益。在下一阶段的村集体经济组织建设过程中，应当继续完善、优化"乡镇产业党总支＋合作社＋农户"模式，使该模式发挥更好的经济引领功效。

第八章

结论与展望

本章对本研究所得出的主要结论进行总结，并立足于本研究对后续研究进行展望，指出研究领域中值得进一步深入探究的议题。

第一节 主要结论

目前针对农村基层政权组织建设过程的理论研究还比较薄弱。农村基层政权组织所承担的组织功能的特殊性、所处位置的独特性、所处外部环境的复杂性，使其与其他一般公共组织的建设过程存在区别。精准扶贫战略对农村基层政权组织提出了新的要求，触发了新一轮的组织调整。本研究在梳理既有研究成果的基础上，遵循"理论研究—实证分析—政策建议"的研究思路，对中国农村基层政权组织建设过程进行了系统研究，主要研究结论如下：

第一，"多阶段组织建设过程模型"对精准扶贫战略下农村基层政权组织建设过程具有解释力，能够为分析研究中国农村基层政权组织建设过程提供理论支撑。

在综合借鉴既有研究成果和实际建设经验的基础上，本研究提出并验证了农村基层政权组织建设所经历的"建设目标调整期—组织建设实施期—建设效果测度期—组织建设优化期"四阶段过程，揭示出农村基层政权组织建设从酝酿、实施、评估到优化的全过程，共同构成一个多阶段组织建设周期。

从政府与社会关系研究视角出发，政府与社会之间存在一个互嵌的、动态变化的场域，政府力量通过农村基层政权组织实现对社会力量的吸纳、控制或赋权，以维持政府与社会力量在基层治理中的平衡。当此种平衡被打破时新一轮组织建设进程开启，农村基层政权组织建设即进入目标调整期。在该阶段，被中央政府认知并准确界定的组织建设问题、由组织建设问题所引发的政治紧迫感、与组织建设问题解决相匹配的行动方案三要素将合力开启"政策之窗"，推动指导农村基层政权组织建设的新政策出台。政策制定并合法化后，农村基层政权组织建设即进入实施期。在实施阶段，基层政府通过为组织建设者提供政治、技术支持等，协助其进行组织建设，并影响组织建设效果。同时，农村基层政权组织所处的外部政治、经济、社会环境也会对组织建设效果产生影响。在建设效果测度期，出于政权组织建设独特的目的性，农民对农村基层政权认同度的提升是检测农村基层政权组织建设效果的核心指标。根据测度结果形成优化建议反馈给下一个组织建设目标调整期，进一步提升农村基层政权组织建设质量。以上共同构成"多阶段组织建设过程模型"，该理论对精准扶贫战略下农村基层政权组织建设过程具有解释力，能够为分析研究农村基层政权组织建设过程提供理论支撑。

第二，精准扶贫战略下村级组织治理能力不足所引发的农村基层政权组织贫困治理功能障碍，推动中央启动农村基层政权组织建设，并明确了将村级组织建设成为有效发挥基层政权功能的农村基层政权组织的建设目标。

从中国近百年农村基层政权组织建设的历史脉络上看，中国农村基层政权组织建设呈现出渐进变化的特征。欠发达地区农村基层政权组织建设既具备农村基层政权组织建设历史演变的一般共性，在精准扶贫战略下又表现出一定的组织建设特性。精准扶贫战略下农村基层贫困治理的核心工作由村级组织承担，村级组织治理能力不足所引起的扶贫政策入村"走样"，严重影响国家脱贫进度并产生了严重的社会问题，形成了引起中央政府关注农村基层政权组织建设的"问题流"；地方政府为解决村级组织能力不足选派第一书记的政策实践，推动了有效催化中央政府出台农村基层政权组织建设政策"政策流"的出现；中央领导集体对基层组织建设问题的关注，形成了推动中央出台农村基层政权组织建设政策的"政治流"。"三流"交汇共同开启"政策之窗",国家用于农村基层政权组织建设的"第一书记"政策出台,并明确了将村级组织建设成为有效发挥基层政权功能的农村基层政权组织的建设目标。

第三,精准扶贫战略下国家通过"第一书记"政策进行农村基层政权组织建设,双重政策目标、政策资源配置失衡、政策执行者权责不匹配、政治环境压力等因素显著影响农村基层政权组织建设进程。

本研究对精准扶贫战略下农村基层政权组织建设实践进路的研究表明,第一书记依托乡镇驻村制派驻入村,逐步实现对村党组织、村委会和村集体经济组织的改造,使各组织能够有效发挥特定的农村基层政权功能。但农村基层政权组织建设和脱贫攻坚的双重政策目标,降低了第一书记的农村基层政权组织建设效率;农村基层政权组织建设的政策资源存在物质资源丰富但人力资源相对不足的问题,使部分地区农村基层政权组织建设相对滞后;第一书记权责不匹配,责多而权少,严重影响第一书记对农村基层政权组织的建设进度;同时,强大的脱贫攻坚压力易使部分地区的农村基层政权组织建设流于形式。

第四,实证测度结果显示,第一书记派驻下农村基层政权组织建设效果呈现非均质特征,村集体经济组织建设效果较差。

本研究利用结构方程模型实证检验了第一书记派驻下农村基层政权组织的建设效果,结果显示:从农民对农村基层政权组织功能发挥效果评价来看,农民对村党组织建设的满意度略高于对村委会建设的满意度,农民对村集体经济组织建设的满意度较低;从农村基层政权组织建设对提升农民农村基层政权认同度方面看,村党组织建设和村委会建设显著提升了农民对农村基层政权的认同度,且村党组织建设对认同度提升的贡献率高于村委会,村集体经济组织建设对提升农民农村基层政权认同度的效果不显著。

第五,应当从"顶层设计—政策优化—路径优化"三个方面着手,形成乡村振兴战略实施阶段农村基层政权组织建设的优化建议。

本研究基于精准扶贫战略下农村基层政权组织建设效果及问题,从"顶层设计—政策优化—路径优化"着手设计乡村振兴战略实施阶段农村基层政权组织建设的优化建议。首先,应从组织建设目标定位调整、功能提升、结构优化层面进行农村基层政权组织建设的顶层设计；其次，应从政策目标优化、政策资源优化、政策执行者优化和政策执行环境优化等方面完善农村基层政权组织建设的政策；最后，应针对村党组织、村委会、村集体经济组织建设过程中存在的具体问题，对其建设路径进行优化。

第二节 研究展望

城市化伴随着农村衰败似乎是现代国家所无法避免的发展陷阱。农村基层政权组织建设指向稳定乡村秩序、提升乡村治理能力、引领乡村发展，是解决农村衰败问题、实现农村地区可持续发展的核心举措。本研究认为后续应当从以下几个方面深化对该领域的研究。

第一，深化农村基层政权组织治理能力研究。本研究认为，精准扶贫战略下农村基层政权组织建设的重点在于组织和制度建设，治理能力的培育与提升稍显不足。乡村振兴战略对农村基层政权组织治理能力提出了更高的要求，如何培育与提升农村基层政权组织的治理能力，应当成为后续研究的重点。同时，2020年过后农村绝对贫困将会归入历史，相对贫困问题将会成为治理重点。如何提升农村基层政权组织社会福利服务供给能力，以满足相对贫困群体的生产生活需求应当给予重点关注。

第二，关注村干部队伍调整的相关研究。2019年9月，中共中央印发的《中国共产党农村工作条例》指出，要加强党对农村工作的全面领导，实行村党组织书记"三肩挑"、村"两委"干部交叉任职。这说明，以村党组织书记为核心的村干部在未来的农村工作中将要承担更多的工作任务、发挥更大的作用。与此同时，乡村振兴战略下第一书记仍然承担着农村基层政权组织建设的任务，在村干部队伍中处于领导位置。那么，如何优化村干部的权责配置，使第一书记与本地村干部之间相互配合、形成村治合力，将会成为后续研究的重点之一。

参考文献

一 中文文献

［英］安东尼·吉登斯：《民族、国家与暴力》，胡宗泽等译，生活·读书·新知三联书店1998年版。

［苏］A. B. 巴库林：《中国大革命武汉时期见闻录（1925—1927年中国大革命札记）》，郑厚安等译，中国社会科学出版社1985年版。

班固：《汉书》，中华书局1962年版。

陈明通：《派系政治与台湾政治变迁》，月旦出版社股份有限公司1995年版。

陈振明主编：《政策科学》，中国人民大学出版社1998年版。

陈庆云：《公共政策分析（第二版）》，北京大学出版社2013年版。

［美］杜赞奇：《文化、权力与国家：1900—1942年的华北农村》，刘东、王福明译，江苏人民出版社1996年版。

邓正来：《市民社会理论的研究》，中国政法大学出版社2002年版。

邓正来：《国家与社会：中国市民社会研究》，北京大学出版社2012年版。

杜润生：《杜润生自述：中国农村体制变革重大决策纪实》，人民出版社2005年版。

［美］费正清：《剑桥中华民国史·第二部》，上海人民出版社1995年版。

［美］弗朗西斯·福山：《国家构建：21世纪的国家治理与世界秩序》，黄胜强、许铭原译，中国社会科学出版社2007年版。

费孝通：《乡土中国生育制度》，北京大学出版社1998年版。

风笑天：《社会研究方法》，中国人民大学出版社2013年版。

［美］葛德塞尔：《为官僚制正名：一场公共行政的辩论》，张怡译，复旦大学出版社2007年版。

冈纳·缪尔达尔：《亚洲的戏剧——对一些国家贫困问题的研究》，谭立文、张卫东译，北京经济学院出版社1992年版。

黄宗智：《华北的小农经济与社会变迁》，中华书局2000年版。

黄宗智：《中国研究的范式问题讨论》，社会科学文献出版社2003年版。

孔繁斌：《公共性的再生产：多中心治理的合作机制建构》，江苏人民出版社2008年版。

廖建平主编：《中外学者论农村》，华夏出版社1994年版。

梁漱溟：《乡村建设理论》，上海世纪出版集团2006年版。

李学举、王振耀、汤晋苏：《中国乡镇政权的现状与改革》，中国社会出版社1994年版。

李培林：《村落的终结——羊城村的故事》，商务印书馆2004年版。

荣敬本、崔之元：《从压力型体制乡民主合作体制的转变：县乡两级政治体制改革》，中央编译出版社1998年版。

［英］迈克尔·曼：《社会权力的来源》（第二卷·上），陈海宏译，上海世纪出版集团2007年版。

马克斯·韦伯：《支配社会学》，康乐、简惠美译，广西师范大学出版社2004年版。

田穗生、罗斌：《地方政府知识大全》，中国档案出版社1994年版。

汪晖：《文化与公共性》，生活·读书·新知三联书店1998年版。

［美］W. 理查德·斯科特、杰拉尔德·F. 戴维斯：《组织理论：理性、自然与开放系统的视角》，高俊山译，中国人民大学出版社2011年版。

阎云翔：《私人生活的变革——一个中国村庄里的爱情，家庭与亲密关系（1949—1999）》，上海书店出版社2006年版。

俞可平：《治理与善治》，社会科学文献出版社2000年版。

张集馨：《道咸宦海见闻录》，中华书局1981年版。

张静：《基层政权——乡村制度诸问题》，上海人民出版社2007年版。

张静：《国家与社会》，浙江人民出版社1998年版。

张静：《现代公共规则与乡村社会》，上海书店出版社 2006 年版。

张仲礼：《中国绅士研究》，上海人民出版社 2019 年报版。

中央档案馆：《中共中央文献研究室．中共中央文件选集》（第一册），中共中央党校出版社 1982 年版。

毕国光：《云南省首批"村建"工作队成绩斐然》，《民族工作》1996 年第 2 期。

鲍勃·杰索普、漆燕：《治理的兴起及其失败的风险：以经济发展为例的论述》，《国际社会科学杂志》（中文版）1999 年第 1 期。

陈勋：《行政"嵌入"的公共空间：村庄关联与共同体重构的可能路径——乡村文化礼堂研究》，《广东行政学院学报》2019 年第 6 期。

陈朋、齐卫平：《后农业税时代农民政治认同类型的实证分析——基于粤湘川陕辽 72 个村庄的调查考察》，《社会科学》2008 年第 2 期。

陈道银：《政治认同建设与构建社会主义和谐社会》，《天府新论》2006 年第 5 期。

陈方南：《中国乡村治理问题研究的方法论考察——"国家—社会"理论是否适用》，《江海学刊》2011 年第 1 期。

陈澍：《乡镇基层政权组织的现状与改革的基本方向》，《农业经济问题》2003 年第 12 期。

崔超：《农村集体经济组织发展的内部困境及其治理》，《山东社会科学》2019 年第 4 期。

常书红、王先明：《清末农会的兴起和士绅权力功能的变化》，《社会科学研究》1999 年第 2 期。

蔡家麒：《试论田野作业中的参与观察法》，《云南民族学院学报》1994 年第 1 期。

柴宝勇、周君玉：《农村网格化管理政策执行研究——基于政策执行系统理论的实证分析》，《中国行政管理》2020 年第 1 期。

董伟玮：《国家治理现代化的基层行政基础》，《理论探讨》2020 年第 2 期。

丁惠平：《"国家与社会"分析框架的应用与限度——以社会学论域中的研究为分析中心》，《社会学评论》2015 年第 5 期。

董磊明、陈柏峰、聂良波：《结构混乱与迎法下乡——河南宋村法律实践的解读》，《中国社会科学》2008 年第 5 期。

董磊明：《村庄公共空间的萎缩与拓展》，《江苏行政学院学报》2010 年第 5 期。

邓正来：《中国发展研究的检视——兼论中国市民社会研究》，《中国社会科学季刊（香港）》1994 年总第 8 期。

邓正来、景跃进：《建构中国的市民社会》，《中国社会科学季刊（香港）》1992 年总第 1 期。

付建军：《精英下乡：现代国家整合农村社会的路径回归——以大学生村官为例》，《青年研究》2010 年第 3 期。

桂华：《"三农"形势新变化与我国乡村治理转型》，《长白学刊》2018 年第 3 期。

仝志辉：《村委会和村集体经济组织应否分设——基于健全乡村治理体系的分析》，《华南师范大学学报》（社会科学版）2018 年第 6 期。

高鸣、芦千文：《中国农村集体经济：70 年发展历程与启示》，《中国农村经济》2019 年第 10 期。

耿曙、庞保庆、钟灵娜：《中国地方领导任期与政府行为模式：官员任期的政治经济学》，《经济学》（季刊）2016 年第 3 期。

贺雪峰：《论村民自治对国家层面民主的贡献》，《理论与现代化》1999 年第 11 期。

贺雪峰：《试论 20 世纪中国乡村治理的逻辑》，《中国乡村研究》2007 年第 00 期。

贺雪峰：《村民自治的功能及其合理性》，《社会主义研究》1999 年第 6 期。

贺雪峰、董磊明：《农村乡镇建制：存废之间的思考》，《中国行政管理》2003 年第 6 期。

贺雪峰、仝志辉：《论村庄社会关联——兼论村庄秩序的社会基础》，《中国社会科学》2002 年第 3 期。

何建中：《深化乡镇行政体制改革的几点思考》，《中国机构改革与管理》2013 年第 2 期。

何艳玲、汪广龙：《"政府"在中国：一个比较与反思》，《开放时代》2012年第6期。

洪燕：《乡村振兴战略背景下农村集体经济组织的职能重构》，《农村经济》2019年第9期。

霍军亮、吴春梅：《乡村振兴战略下农村基层党组织建设的理与路》，《西北农林科技大学学报》（社会科学版）2019年第1期。

黄建红：《三维框架：乡村振兴战略中乡镇政府职能的转变》，《行政论坛》2018年第3期。

黄建红、何植民：《农业现代化进程中的乡镇政府职能三维定位》，《社会科学家》2016年第8期。

黄宗智：《集权的简约治理——中国以准官员和纠纷解决为主的半正式基层行政》，《开放时代》2008年第2期。

黄冬娅：《国家基础权力研究述评：基于财政分析的视角》，《中山大学学报》（社会科学版）2010年第4期。

郝娜：《政治学语境中的"国家政权建设"——一个关于理论限度的检视》，《中共浙江省委党校学报》2010年第3期。

韩鹏云：《乡镇政权研究：何在、何为又走向何处——兼评欧阳静〈策略主义：桔镇运作的逻辑〉》，《中国农业大学学报》（社会科学版）2012年第3期。

韩鹏云：《乡村研究视阈中的国家与社会关系理论——脉络检视与范式反思》，《天津行政学院学报》2012年第6期。

韩鹏云、徐嘉鸿：《乡村社会的国家政权建设与现代国家建构方向》，《学习与实践》2014年第1期。

胡新丽、吴开松：《民族地区基层政权建设的现状及改善对策——基于武陵山区的调研》，《江西社会科学》2014年第4期。

胡雪、项继权：《乡村治理转型中基层政权公共性的重构》，《云南社会科学》2018年第4期。

江永清：《基于多源流模型的我国双创政策之窗开启分析》，《中国行政管理》2019年第12期。

纪程：《"国家政权建设"与中国乡村政治变迁》，《深圳大学学报》（人文社会科学版）2006 年第 1 期。

蒋荣、戴均：《政治认同结构的实证研究——基于结构方程建模法（SEM）的分析》，《社会主义研究》2013 年第 3 期。

蒋达勇：《建国以来农村基层政权的建构与发展——对农村基层政权改革进路的一点思考》，《江汉论坛》2005 年第 6 期。

金太军、董磊明：《近年来的中国农村政治研究》，《政治学研究》1999 年第 4 期。

李新廷：《新时代中国特色社会主义国家治理的理论进路、政治逻辑与价值追求》，《山东师范大学学报》（人文社会科学版）2019 年第 2 期。

李姿姿：《国家与社会互动理论研究述评》，《学术界》2008 年第 1 期。

李小云：《我国农村扶贫战略实施的治理问题》，《贵州社会科学》2013 年第 7 期。

李素华：《意识形态：政治认同的理念性资源》，《上海行政学院学报》2013 年第 3 期。

李素华：《政治认同的辨析》，《当代亚太》2005 年第 12 期。

李春峰：《新中国成立初期农村基层政权建设研究》，《广西社会科学》2011 年第 1 期。

刘水长：《农村集体资产管理立法若干问题探析》，《农村合作经济经营管理》2001 年第 6 期。

刘京：《"公共精神"和近代中国民主政治的道德探索历程》，《社会科学战线》2005 年第 6 期。

刘金海：《工作队：当代中国农村工作的特殊组织及形式》，《中共党史研究》2012 年第 12 期。

刘涛：《基层治理：正在发生的政权建设》，《中国图书评论》2008 年第 4 期。

刘金志、申端锋：《乡村政治研究评述：回顾与前瞻》，《开放时代》2009 年第 10 期。

卢小平：《乡村经济精英参与贫困村产业培育的激励机制——基于广西地区部分县域的观察与思考》，《中国特色社会主义研究》2018 年第 4 期。

龙太江：《乡村社会的国家政权建设：一个未完成的历史课题——兼论国家政权建设中的集权与分权》，《天津社会科学》2001年第3期。

吕德文：《"后税费时代"的基层政权变革》，《调研世界》2008年第1期。

吕元礼：《现代化进程中的政治认同危机及其克服》，《社会主义研究》1996年第3期。

马骏：《中国公共行政学：回顾与展望》，《中国行政管理》2012年第4期。

梅立润、唐皇凤：《党建引领乡村振兴：证成和思路》，《理论月刊》2019年第7期。

马洪伟：《国家安全场域中边疆民族地区基层政权建设探析》，《云南社会科学》2011年第2期。

尼玛次仁、吴春宝：《西藏农牧业特色产业精准帮扶模式探析——以拉萨净土健康产业为例》，《西藏大学学报》（社会科学版）2016年第4期。

欧阳静：《"维控型"政权 多重结构中的乡镇政权特性》，《社会》2011年第3期。

欧阳静：《乡镇驻村制与基层治理方式变迁》，《中国农业大学学报》（社会科学版）2012年第1期。

欧阳静：《村级组织的官僚化及其逻辑》，《南京农业大学学报》（社会科学版）2010年第4期。

彭勃：《自我、集体与政权："政治认同"的层次及其影响》，《上海交通大学学报》（哲学社会科学版）2010年第1期。

潘维：《对"乡镇行政体制改革"的另一种看法》，《税务研究》2004年第6期。

曲延春：《乡镇机构改革三十年：实践演进与理论研究的双重审视》，《东岳论丛》2014年第8期。

饶静、叶敬忠：《税费改革背景下乡镇政权的"政权依附者"角色和行为分析》，《中国农村观察》2007年第4期。

舒全峰、苏毅清、张明慧、王亚华：《第一书记、公共领导力与村庄集体行动——基于CIRS"百村调查"数据的实证分析》，《公共管理学报》

2018 年第 3 期。

沈小平：《解读农村干部、群众"两不找"现象》，《上海党史与党建》2007 年第 4 期。

沈延生：《中国乡治的回顾与展望》，《战略与管理》2003 年第 1 期。

沈延：《村政的兴衰与重建》，《战略与管理》1998 年第 6 期。

申恒胜：《"分配型政权"：惠农政策背景下基层政权的运作特性及其影响》，《东南学术》2013 年第 3 期。

申端锋：《乡村政治研究评述：回顾与前瞻》，《中国农村观察》2006 年第 5 期。

束锦：《农村民间组织与村民自治的共生与互动——基于市民社会语境下的探讨》，《江海学刊》2010 年第 4 期。

唐鸣、朱可心：《对基层政权定位的重新认识》，《中州学刊》2019 年第 12 期。

陶振：《从传统到现代：农村基层政权公信力的生成与变迁》，《中南大学学报》（社会科学版）2012 年第 2 期。

万江红、苏运勋：《精准扶贫基层实践困境及其解释——村民自治的视角》，《贵州社会科学》2016 年第 8 期。

万海玲、杨源：《国家—农民关系的调整与农民政治认同的互动关系》，《社会科学家》2018 年第 7 期。

王家峰：《国家治理的有效性与回应性：一个组织现实主义的视角》，《管理世界》2015 年第 2 期。

王丽：《公共治理视域下乡村公共精神的缺失与重构》，《行政论坛》2012 年第 4 期。

王海娟、胡守庚：《新时期政权下乡与双层治理结构的形成》，《南京社会科学》2019 年第 5 期。

王留鑫、何炼成：《农村集体经济组织的制度困境与治理之道——基于制度经济学分析视角》，《西北民族大学学报》（哲学社会科学版）2017 年第 3 期。

王亚华、高瑞：《走向稳定、秩序与良治——现代化进程中的乡村公共事务治理》，《人民论坛·学术前沿》2015 年第 3 期。

王亚华、高瑞、孟庆国：《中国农村公共事务治理的危机与响应》，《清华大学学报》（哲学社会科学版）2016 年第 2 期。

王亚华、舒全峰：《第一书记扶贫与农村领导力供给》，《国家行政学院学报》2017 年第 1 期。

王锐：《从严落实好"三会一课"等制度探析》，《理论学刊》2019 年第 3 期。

王向阳：《当前留守型农村基层党建的困境与出路——基于湖北 F 村基层党建实践的考察》，《社会主义研究》2018 年第 6 期。

王向阳：《改革开放后村干部职业化和行政化之路——基于我国东中西部乡村治理实践的考察》，《西北农林科技大学学报》（社会科学版）2018 年第 6 期。

王卓、罗江月：《扶贫治理视野下"驻村第一书记"研究》，《农村经济》2018 年第 2 期。

王卓、胡梦珠：《民族地区产业扶贫效果及影响因素研究——以川滇彝区为例》，《经济体制改革》2019 年第 3 期。

王卓、胡梦珠：《家庭禀赋、家庭决策与民族地区产业扶贫效果——兼析乡村振兴战略中产业发展的路径与策略》，《西南民族大学学报》（人文社科版）2019 年第 9 期。

吴蓉、施国庆：《后税费时代乡村治理问题与治理措施——基于文献的讨论》，《农业经济题》2018 年第 6 期。

吴毅：《治道的变革——也谈中国乡村社会的政权建设》，《探索与争鸣》2008 年第 9 期。

吴毅：《缺失治理资源的乡村权威与税费征收中的干群博弈——兼论乡村社会的国家政权建设》，《中国农村观察》2002 年第 4 期。

吴传毅：《乡镇政权建设的调查与思考》，《国家行政学院学报》2012 年第 2 期。

吴理财：《村民自治与国家政权建设》，《学习与探索》2002 年第 1 期。

吴思红、李韬：《村"两委"选举中派系贿选现象研究》，《政治学研究》2015 年第 1 期。

吴春梅、席莹：《村庄治理转型中农民公共精神的核心向度》，《青海社会科学》2014年第4期。

徐勇：《村民自治：中国宪政制度的创新》，《中共党史研究》2003年第1期。

徐勇：《在乡镇体制改革中建立现代乡镇制度——税费改革后的思考》，《社会科学》2006年第7期。

徐勇：《论农民劳动的国家性建构及其成效——国家整合视角下农民劳动的变化》，《山西大学学报》（哲学社会科学版）2008年第3期。

徐勇：《政权下乡：现代国家对乡土社会的整合》，《贵州社会科学》2007年第11期。

徐勇：《"政党下乡"：现代国家对乡土的整合》，《学术月刊》2007年第8期。

徐勇：《"行政下乡"：动员、任务与命令——现代国家向乡土社会渗透的行政机制》，《华中师范大学学报》（人文社会科学版）2007年第5期。

徐勇：《"政策下乡"及对乡土社会的政策整合》，《当代世界与社会主义》2008年第1期。

徐勇：《县政、乡派、村治：乡村治理的结构性转换》，《江苏社会科学》2002年第2期。

徐明强、许汉泽：《新耦合治理：精准扶贫与基层党建的双重推进》，《西北农林科技大学学报》（社会科学版）2018年第3期。

徐琳、樊友凯：《乡村善治视角下精准扶贫的政治效应与路径选择》，《学习与实践》2017年第6期。

薛中国：《政治认同概念解读》，《吉林省教育学院学报》2007年第3期。

薛中国：《政治认同的心理结构和过程》，《吉林省教育学院学报》2007年第4期。

谢小芹：《"双轨治理"："第一书记"扶贫制度的一种分析框架——基于广西圆村的田野调查》，《南京农业大学学报》（社会科学版）2017年第3期。

谢元：《新时代乡村治理视角下的农村基层组织功能提升》，《河海大学学报》（哲学社会科学版）2018年第3期。

邢成举、李小云：《精英俘获与财政扶贫项目目标偏离的研究》，《中国行政管理》2013 年第 9 期。

熊万胜：《合作社：作为制度化进程的意外后果》，《社会学研究》2009 年第 5 期。

熊红星、张璟、叶宝娟、郑雪、孙配贞：《共同方法变异的影响及其统计控制途径的模型分析》，《心理科学进展》2012 年第 5 期。

杨志军、尹红群：《"国家政权建设"范式与民国时期地方政权研究》，《求索》2006 年第 10 期。

郁建兴：《治理与国家建构的张力》，《马克思主义与现实》2008 年第 1 期。

袁祖社：《"公共精神"：培育当代民族精神的核心理论维度》，《北京师范大学学报》（社会科学版）2006 年第 1 期。

于建嵘：《乡村自治：根据和路径》，《战略与管理》2002 年第 6 期。

杨心宇、王伯新：《中国农村市民社会发展的路径选择》，《求是学刊》2005 年第 5 期。

印子：《发展型基层政权：乡镇政府的行为逻辑与角色属性——基于浙东 Z 镇乡村旅游产业案例的分析》，《北京社会科学》2019 年第 11 期。

赵晓峰、魏程琳：《行政下乡与自治下沉：国家政权建设的新趋势》，《华中农业大学学报》（社会科学版）2018 年第 4 期。

朱达金、刘怡伟：《新形势下农村基层政权建设方略》，《农村经济》2013 年第 8 期。

郑卫东：《"国家与社会"框架下的中国乡村研究综述》，《中国农村观察》2005 年第 2 期。

郑自俭、李丽：《近代以来中国乡村基层政权的三次转型》，《河北学刊》2007 年第 4 期。

郑法：《农村改革与公共权力的划分》，《战略与管理》2000 年第 4 期。

曾庆捷：《乡村中的国家与社会关系：理论范式与实践》，《南开学报》（哲学社会科学版）2018 年第 3 期。

张康之：《走向合作治理的历史进程》，《湖南社会科学》2006 年第 4 期。

张静：《国家政权建设与乡村自治单位——问题与回顾》，《开放时代》2001 年第 9 期。

张强、肖珍珍、谢晓娟：《重构农村基层组织》，《华南师范大学学报》（社会科学版）2016 年第 2 期。

张紧跟、周勇振：《以治理现代化深化基层政府机构改革》，《华南师范大学学报》（社会科学版）2018 年第 6 期。

张厚安：《乡政村治——中国特色的农村政治模式》，《政策》1996 年第 8 期。

张开云、李倩、石虹霞：《农村村社治理研究——基于"中山模式"的分析》，《中南民族大学学报》（人文社会科学版）2010 年第 5 期。

张书维、李纾：《行为公共管理学探新：内容、方法与趋势》，《公共行政评论》2018 年第 1 期。

张书维、景怀斌：《政治信任的制度——文化归因及政府合作效应》，《武汉大学学报》（哲学社会科学版）2014 年第 5 期。

周飞舟：《从汲取型政权到"悬浮型"政权——税费改革对国家与农民关系之影响》，《社会学研究》2006 年第 3 期。

周小李、刘琪：《大学生网络政治参与对其政治认同影响的实证研究》，《高教探索》2018 年第 12 期。

周浩、龙立荣：《共同方法偏差的统计检验与控制方法》，《心理科学进展》2004 年第 6 期。

Bob Jessop, "The Rise of Governance and the Risks of Failure: The Case of Economic Development", *International Social Science Journal*, No. 155, 1998.

Bob Jessop, *The Future of the Capitalist State*, Cambridge: Polity Press, 2002.

Charles Tilly, ed., *Coercion, Captital and European Stater: AD 1900 – 1990* Cambridge University Press, 190.

Charles Tilly ed, *The Formation of National States in Western Europe*, Princeton: New Jersey Princeton University Press, 1975.

Cheng, J. Y. S., "The Emergence of Radical Politics in Hong Kong: Causes and Impact." *China Review*, No. 14, 2014.

Devereux, P. J. & Weisbrod, B. A., "Does 'Satisfaction' with Local Public Services Affect Complaints (Voice) and Geographic Mobility (Exit)?",

Public Finance Review, No. 34, 2006.

Eva Srensen and Jacob Torfing, "Making Governance networks Effective and Democratic through Meta-governance", *Public Administration*, Vol. 87, No. 2, 2009.

F. W. Scharpf, "Games Real Actors Could Play: Positive and Negative Co-Ordination in Embedded Negotiations", *Journal of Theoretical Politics*, No. 1, 1994.

Font, J. and Blanco, I., "Procedural Legitimacy and Political Trust: The Case of Citizen Juries in Spain", *European Journal of Political Research*, No. 4, 2007.

Grimmelikhuijsen, S. G., Jilke, S., Olsen, A. L. & Tummers, L. G., "Behavioral Public Administration: Combining Insights from Public Administration and Psychology", *Public Administration Review*, No. 77, 2016.

John W. Kindon, *Agendas, Alternatives and Public Policies*, Boston: Little, Brown and Company, 1984.

Jones, B. D., "Bounded Rationality and Political Science: Lessons from Public Administration and Public Policy", *Journal of Public Administration Research and Theory*, Vol. 13, No. 4, 2003.

Lewis, C., "The Howard Government: The Extent to Which Public Attitudes Influenced Australia's Federal Policy Mix", *The Australian Journal of Public Administration*, Vol. 66, No. 1, 2007.

Liu Y, Li Y, "Revitalize the World's Countryside", *Nature*, Vol. 548, No. 7667, 2017.

Lindell, M. K. & Whitney, D. J., "Accounting for Common Method Variance in Cross-sectional Research Designs", *Journal of Applied Psychology*, Vol. 86, No. 1, 2001.

Margetts, H. Z, "Experiments for Public Management Research", *Public Management Review*, Vol. 13, No. 2, 2011.

Ostrom E., Burger J., Field C. B., et al, "Revisiting the Commons: Local Lessons, Global Challenges", *Science*, Vol. 284, No. 5412, 1991.

Rhodes, R. A. W., "The New Governance: Governing without Government", *Political Studies*, Vol. 44, No. 4, 1996.

Rhodes, R. A. W., "Understanding Governance: Ten Years On", *Organization Studies*, Vol. 28, No. 8, 2007.

Stephen Bell and Alex Park, "The Problematic Meta-governance of Network: Water Reform in New South Wales", *Journal of Public Policy*, Vol. 26, No. 1, 2006.

Spires A. J., "Contingent Symbiosis and Civil Society in an Authoritarian State: Understanding the Survival of China's Grassroots NGOs", *American Journal of Sociology*, Vol. 117, No. 1, 2011.

Tyler, T. R., "Psychological Perspectives on Legitimacy and Legitimation", *Annual Review of Psychology*, No. 57, 2006.

Ved P. Nanda, "The 'Good Governance' Concept Revisited", *Annals of the American Academy of Political and Social Science*, Vol. 603, No. 1, 2006.

Xu Y., Yao Y., "Informal Institutions, Collective Action, and Public Investment in Rural China", *American Political Science Review*, Vol. 109, No. 2, 2014.